Das Kloster
Modell einer Gesellschaftsform

Von Gerhart und Inge Kürn

Arbeitsheft für den Schüler

Calwer Verlag Stuttgart / Kösel-Verlag München

ISBN 3-7668-0471-5 (Calwer)
ISBN 3-466-50037-0 (Kösel)
© 1974 Calwer Verlag Stuttgart und Kösel-Verlag München
Alle Rechte vorbehalten
Schreibsatz: Calwer Verlag Stuttgart
Zeichnungen: Gerh.Kurt Hofmann
Druck: Druckhaus Schwaben Stuttgart/Heilbronn

Inhaltsverzeichnis

Ansichten des Modells — 5

Grundriß und Längsschnitt der Kirche — 6

Grundriß der Klausur — 7

Gesamt-Grundrißplan der Anlage
  mit Numerierung wie in der Beschreibung — 8

Teil 1 grün

Modellbeschreibung der Klosteranlage Inhaltsverzeichnis — 9

Modellbeschreibung der Klosteranlage — 13

    I. Der geistliche Bereich — 13
    II. Der geistig-wissenschaftliche und diakonische Bereich — 17
    III. Der manuelle Bereich — 21
    IV. Der weltliche Bereich, auch "Zuflucht" genannt — 30

Teil 2 weiß

A - M   Zwölf sachbezogene Beiträge zu Grundstrukturen
  von Kirche und Kloster — 33

N - T   Kurzdarstellungen einzelner Kulturepochen unter
  Berücksichtigung des Klosterwesens — 47

Graphiken: Klösterlicher Tageslauf
  Schema für andere Tagesabläufe
  Kirchenjahr
  Verschiedene Jahresläufe zum Vergleich

Ansichten des Modells — 51/52

Teil 3 rosa

Historische Tabelle vom 5. bis 17. Jahrhundert — 53

Teil 4 gelb

Alphabetisch geordnetes Sachregister mit Verweisstellen — 73
Literaturverzeichnis — 103

Ein → vor einem Wort zeigt an, daß dieses im Teil 4 des Schülerheftes im alphabetisch geordneten Sachregister vorkommt und erklärt wird.

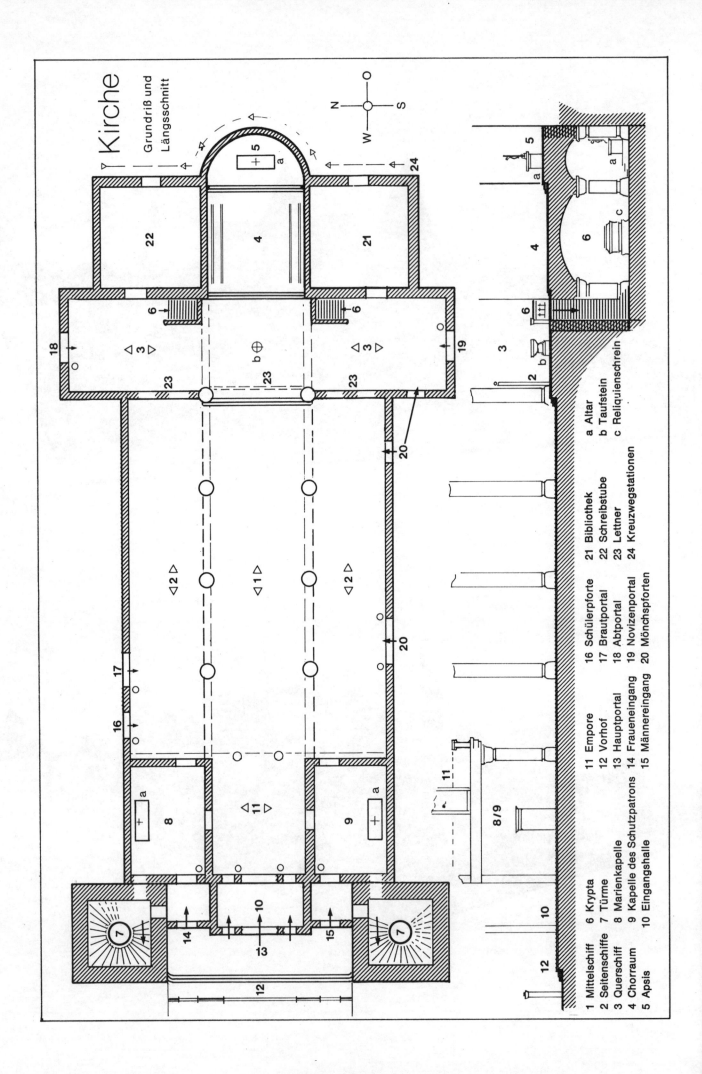

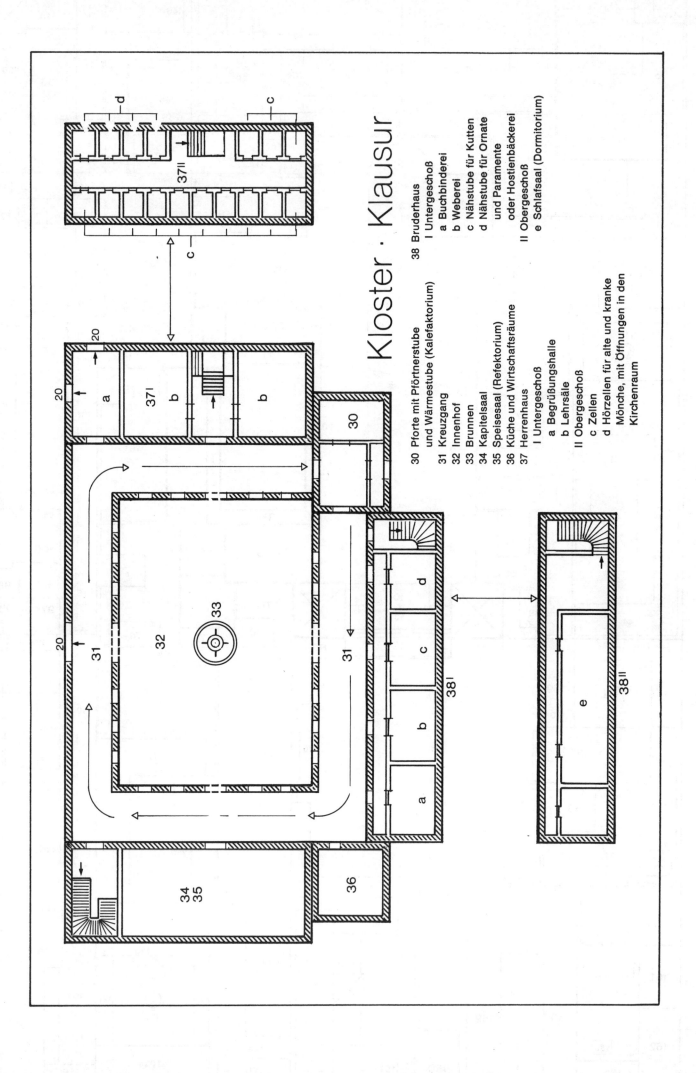

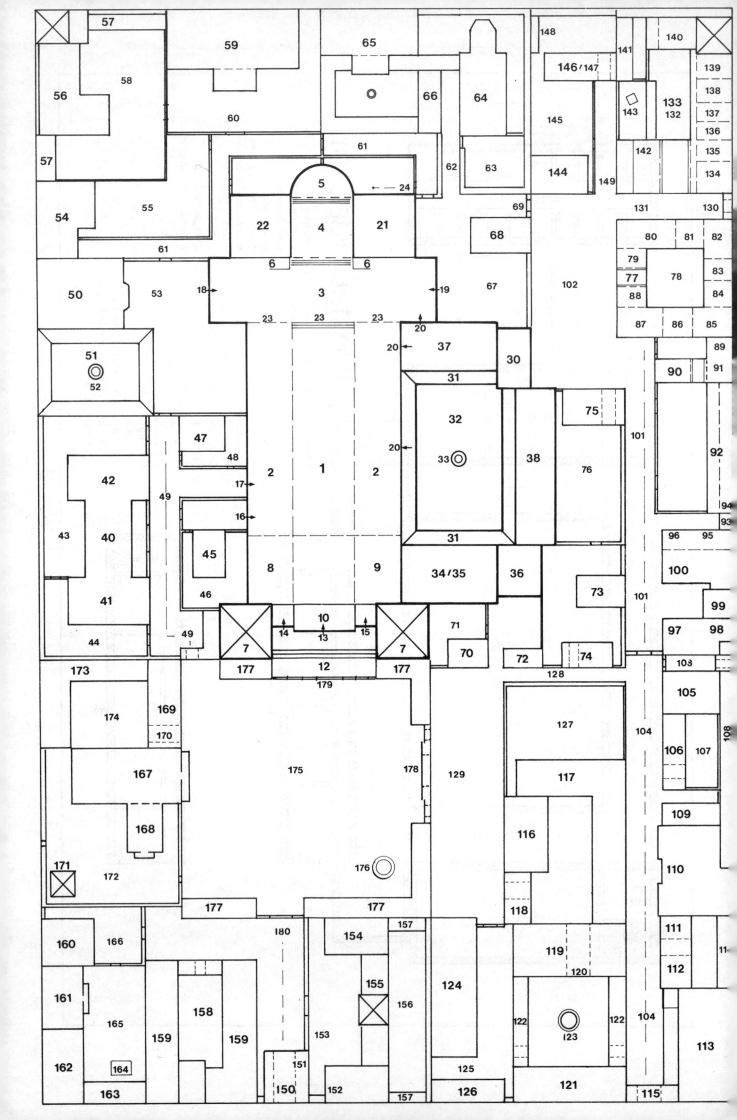

Modellbeschreibung der Klosteranlage.

Inhaltsverzeichnis des ersten Teiles

Der Gesamtkomplex gliedert sich in vier Bereiche:

    I. Der geistliche Bereich ——————————————————— 13
   II. Der geistig-wissenschaftliche und diakonische Bereich ——— 17
  III. Der manuelle Bereich ————————————————————— 21
  IV. Der weltliche Bereich, auch "Zuflucht" genannt ——————— 30

I. Der geistliche Bereich:

Kirche:

1. Mittelschiff ⎫ Längsschiffe oder
2. Seitenschiffe ⎭ Langhaus
3. Querschiff mit Türmchen
4. Chorraum, Chor
5. Apsis — 13
6. Krypta
7. Türme und Türmerhäuschen
8. Seitenkapelle links: Marienkapelle
9. Seitenkapelle rechts: Kapelle des Schutzpatrons
10. Eingangshalle
11. Empore
12. Vorhof (Paradies)
13. Hauptportal — 14
14. kleines Portal links: Fraueneingang
15. kleines Portal rechts: Männereingang
16. Schülerpforte mit Versammlungshof
17. Brautportal
18. Abtportal
19. Novizenportal
20. Mönchspforten
21. Bibliothek, auch Sakristei für Priester
22. Schreibstube, auch Sakristei für Ministranten — 15
23. Lettner
24. 14 Kreuzwegstationen

Kloster (Klause, Klausur):

30. Klosterpforte
31. Kreuzgang
32. Innenhof
33. Brunnen — 16
34. Kapitelsaal
35. Refektorium
36. Küche und Wirtschafsräume
37. Herrenhaus: Zellen und Lehrsäle
38. Bruderhaus: Dormitorium (Schlafsaal), Werkräume für Buchbinder und Weber, Nähstube für das Anfertigen von Mönchskutten, Meßgewänder und Paramenten, Hostienbäckerei — 17

II. Der geistig-wissenschaftliche und diakonische Bereich:

Schulbezirk:

40. Schule
41. Internat
42. Aula — 17
43. Schulhof
44. Internatsgarten
45. Kantorenhaus mit Übungsräumen (und Versammlungshof, 16)
46. Kantorengarten — 18
47. Pedellhaus
48. Pedellhof
49. Schulgasse mit Schultor

Abtbezirk, Prälatur:

50. Abthaus
51. Abtgarten mit Säulengang — 18
52. Innenhof mit Brunnen
53. Abthof - Prälatenhof — 19

Hospitalbezirk:

54. Medicus- und Pharmaziehaus mit Kräuterkammer
55. Heilkräutergarten
56. Siechenhaus mit Infektionsstation im Turm
57. Liegehallen mit Badehaus — 19
58. Rekonvaleszenzgarten
59. Hospital
60. Hospitalhof
61. Medicusgasse mit Spitaltor

Friedhofbezirk:

62. Friedhofgasse
63. Friedhof (abgeteilte Grabfelder) — 19
64. Friedhofkapelle - Novizenkirche — 20

Novizenbezirk:

65. Novizenhaus mit Innenhof und Lernweg — 20
66. Haus des Novizenmeisters

Waisenhausbezirk:

67. Stephanusplatz — 20
68. Waisenhaus
69. Heiligkreuztor — 21

III. Der manuelle Bereich:

Küster- und Wächterbezirk:

70. Küster- oder Messnerhaus
71. Küstergarten — 21
72. Wächter- und
    Aufseherhaus mit Hof (Markt) — 22

Der handwerkliche Bezirk:

73. Fruchtkasten
74. Obst- und
    Beerengarten mit Torhaus (Markt)
75. Gärtnerhaus
76. Gemüsegarten — 22
77. Handwerkerhof
78. Innenhof im Handwerkerhof
79. Korbflechter
80. Schnitzer
81. Drechsler
82. Tischler oder Schreiner
83. Glaser
84. Maler
85. Schlosser
86. Sattler — 23
87. Schuster
88. Bürstenbinder
89. Schmied
90. Schmiede und Schmiedehof
91. Stellmacher oder Wagner
92. Remise
93. Töpfer
94. Seiler
95. Schneider
96. Krämerladen — 24
97. Bäcker
98. Metzger oder Schlachter
99. Seifensieder
100. Waschhäuser,
     Trockenplatz, Badestube
101. Bäckergasse mit Bäckertor
102. Floriansplatz
103. Sündergasse mit Schuldtoren
104. Fischergasse — 25
105. Fischhaus
106. Fischerhaus
107. Fischhof
108. Mühlbach
109. Müller
110. Mühle und Stampfe
111. Schäffler oder Kübler
112. Brauer oder Biersieder — 26
113. Brauerei
114. Lagerschuppen

Innerer Bezirk der Landwirtschaft:

115. Erntetor
116. Bauernhaus
117. Rinderställe — 26
118. Käserei
119. Scheune
120. Durchlaß — 27

121. Pferdestall
122. Lager- und Geräteschuppen
123. Brunnen
124. Kornhaus und
     Zehntscheuer (in einem Gebäude) — 27
125. Holzhof
126. Holzschuppen
127. Jungviehkoppel
128. Bauerngasse
129. Dreifaltigkeitshof

Bezirk der Bauhütte:

130. Holztor
131. Meistergasse
132. Maurergasse
133. Bauhütte mit Turm
134. Baumeister
135. Anstreicher und
     Fassadenmaler — 28
136. Pflasterer
137. Zimmermann
138. Stukkateur
139. Maurer
140. Steinmetz

Äußerer Bezirk der Landwirtschaft:

141. Schweinemeisterei — 28
142. Geflügelhof
143. Taubenschlag
144. Samenzüchter
145. Blumengarten
146. Imker — 29
147. Wachszieher
148. Bienenkörbe
149. Blumengasse

IV. Der weltliche Bereich:

Verwaltungsbezirk und Außenwache:

150. Einlaß
151. Wächterstube
152. Pforte und Anmeldung — 30
153. Vorgarten am Einlaß
154. Administration

Wohnbezirk für alte Menschen und Gesinde:

155 Pfründe
156. Pfründegarten
157. Gartenlaube — 30
158. Gesindehof
159. Gesindehäuser

Bezirk für das Herbergswesen:

160. Herberge - Pilgerhaus
161. Gaststube
     für Edle und Bürger — 31
162. Gaststube
     für Diener und Gesinde

163. Laube, offener Raum
164. Tanzboden
165. Wirtsgarten — 31
166. Herbergshof
    - Pilgerhof und Pilgertor

Fürstenbezirk:

167. Wohn- und Gästehaus
    für weltliche Würdenträger
168. Festsaal des Gästehauses:
    Fürstensaal — 31
169. Pferdestall
    und Kutscherkammern
170. Durchgang zum Fürstenhof — 32

171. Gartenhäuschen
172. Fürstengarten — 32
173. Wohnungen für das Gefolge
174. Fürstenhof

Bezirk des Kirchplatzes:

175. Kirchplatz
176. Brunnen
177. Arkaden
178. Dreifaltigkeitstor — 32
    und Durchgänge
179. Gitter und Treppen
    zum Hauptportal der Kirche
180. Kirchgasse

Modellbeschreibung der Klosteranlage.
I Der geistliche Bereich.

Kirche:

1 Mittelschiff ⎫
2 Seitenschiffe ⎬ Längsschiffe
3 Querschiff

Der Hauptraum einer →Kirche heißt →Kirchenschiff. In ihm hat das Kirchenvolk (→Laien) seinen Platz.
Im Grundriß ergeben die →Längsschiffe und das →Querschiff zusammen mit dem →Chor eine Kreuzform. Der Raum, der bei der Durchschneidung von Lang- und Querhaus entsteht, heißt →Vierung. Er ist oft von einem kleinen Turm, einem →Dachreiter oder von einer →Kuppel gekrönt.
Nach Fertigstellung des Baues wurde die Kirche vom →Bischof geweiht (→Kirchweihe). An diesen Tag erinnert das jährlich gefeierte Kirchweihfest.

4 Chorraum / Chor

Der →Chorraum ist ein meist durch drei Stufen erhöhter Kirchenraum, der von der Vierung zur →Apsis führt. In ihm haben die →Priester (→Patres) ihre besonderen, meist kunstvoll →verzierten Betstühle. Sie heißen in ihrer Gesamtheit →Chorgestühl.
Im Chorraum werden kirchliche Amtshandlungen vollzogen (z.B.: Aussendung, Amtseinführung, Abtweihe u.ä.). Dies war auch der Raum, in dem die →Liturgie gehalten und die →Sakramente verwaltet wurden.

5 Apsis

→Apsis heißt der halbkreisförmige Abschluß des →Chores. Meist zeigt sie nach Osten. Zwei Deutungen sollen für diese Apsisanordnung erwähnt sein: Die im Osten aufgehende Sonne wurde zum Symbol für den auferstandenen Christus; das →Heilige Land (Wirkungsstätte Jesu) liegt von Europa aus im Osten.
In der Regel gibt die Apsis Raum für den durch drei Stufen erhöhten →Altar.

6 Krypta

→Krypta ist der Name für einen unter dem →Chor gelegenen Raum. Er diente zur Aufnahme von →Reliquien (→Gebeine von →Heiligen, die →verehrt werden).
Auch →geistliche und →weltliche →Würdenträger (Abt, Bischof, Landesfürst) konnten in einer Krypta bestattet werden.

7 Türme und Türmerhäuschen

Damit das →Kloster Tag und Nacht in Sicherheit leben konnte, teilten sich mehrere →Türmer in die Wachzeiten. Nachts, wenn die Tore geschlossen waren, mußte der Türmer aufmerksam über die Dächer des Klosters schauen, um ein ausbrechendes Feuer rasch zu erkennen, Alarm zu blasen und die Feuerglocke zu läuten. Am Tage mußte er das Gebiet um das Kloster beobachten. Er behielt alle Wege im Auge, um frühzeitig räuberische Banden oder kriegerische Horden zu sehen. Er meldete die Gefahr dem →Torwächter, der sofort alle Tore schliessen ließ.
Die Türmer bewohnten die Turmstube und das Türmerhäuschen. Um von einem Turm zum anderen zu kommen, benützten sie den Weg über die →Empore in der Kirche.
In der Glockenstube über der Turmstube hingen die →Glocken. Sie waren verschieden groß, klangen heller oder dunkler, waren aber so im Klang aufeinander abgestimmt, daß auch beim Zusammenklingen aller Glocken (volles Geläut) kein Mißklang entstand.
Zu jeder vollen Stunde schlug der Türmer die →Stundenglocke an, →Tauf- und Sterbeglocke wurden zu den Anlässen geläutet, die ihnen den Namen gegeben hatten.
Der →Meßner läutete die Betglocke zum täglich jeweiligen →Stundengebet. (Ebenso zu →Vater unser und →Glaubensbekenntnis, wenn diese Teile der →Liturgie im →Gottesdienst gesprochen wurden.) Die Glocken riefen an Sonn- und Feiertagen die →Gemeinde zur →Messe. Sie wurden von den Schülern des →Internats an starken Seilen geläutet. Erklang außerhalb der Gottesdienstzeiten festliches Geläut, wußte man, daß ein Brautpaar in die Kirche zog. Auch hohe kirchliche →Würdenträger wurden bei einem Besuch im Kloster so begrüßt.
An der Südseite des Turmes befand sich in früherer Zeit manchmal eine →Sonnenuhr. Durch die "Bewegung der Sonne" bzw. durch die Erdumdrehung wanderte der Schatten eines Stabes über die geschwungen angeordnete Reihe von →Ziffern an der Wand. Daran konnte man ablesen, wieviele Stunden des Tages vergangen waren.
Für die Nacht und für Tage, an denen die Sonne hinter den Wolken blieb, hatten die Türmer →Stundengläser zum Zeitmessen in der Turmstube aufgestellt. Das waren →Sanduhren, nach deren Art unsere heutigen Eieruhren gebaut sind.
Den Abschluß des Turmes bildete ein →Turmhelm. Seine Form war landschaftlich verschieden. Die oberste Spitze zierte →Kreuz oder Wetterhahn.
Das Kreuz will sagen: Christus ist der Herr der Kirche. Der Hahn ist ein →Symbol der Wachsamkeit, er soll die Menschen erinnern, ihrem Glauben treu zu bleiben und nicht Gott zu ver-→leugnen wie es →Petrus tat: "ehe der Hahn krähte..." (Matth. 26/34,74,75). Der Hahn auf

der Kirchturmspitze ist meist bei evangelischen Kirchen zu finden.

8 Seitenkapelle links: Marienkapelle

→Kapellen innerhalb der Kirche, meist an den Außenwänden der Längsschiffe oder in besonderen, abgeteilten Räumen, nennt man Seitenkapellen. Sie sind mit kleineren →Altären geschmückt und der →Verehrung einzelner →Heiliger vorbehalten.
Jede katholische Kirche beherbergt zur Verehrung der →Maria eine Marienkapelle, einen Marienaltar oder eine Statue der Gottesmutter. Besonders die Frauen fühlten sich von ihr verstanden und angenommen, man sah in ihr das Vorbild der Mutter. Es entstand der fromme Brauch, in dieser Kapelle stets brennende →Kerzen aufzustellen.

9 Seitenkapelle rechts: Kapelle des Schutzpatrons

→Schutzpatron heißt der →Heilige, um dessen besonderen Schutz für diese Kirche gebetet wird. Meist trägt die →Kapelle oder das gesamte Bauwerk seinen Namen. Das →Altarbild zeigt oft eine Szene aus seinem Leben oder von seinem Tode (→Märtyrer). Man findet häufig eine Plastik (→Statue, Standbild) in der Seitenkapelle, die von den Gläubigen mit →Kerzen und Blumen geschmückt wird.

10 Eingangshalle

In der Eingangshalle sind Becken mit →Weihwasser aufgestellt. Die katholische Kirche versteht unter Weihwasser: Brunnenwasser, das vom →Priester durch →Gebet, →Exorzismus, (=→Bannung böser Gewalten durch heilige Worte) und Beigabe von Salz als geweihtes Wasser gilt und zu vielen →Segnungen verwendet wird.
Beim Betreten des →Gotteshauses benetzt sich der →Gläubige mit Weihwasser und bekreuzigt sich anschließend. Von →Bekreuzigen spricht man, wenn der Gläubige mit der rechten Hand über Kopf und Brust das →Kreuzzeichen "schlägt", oder sich mit dem Daumen der rechten Hand je ein kleines →Kreuz auf Stirn, Mund und Brust zeichnet. Er spricht dazu die →Trinitätsformel: "Im Namen des Vaters und des Sohnes und des Heiligen Geistes". Auch in den →orthodoxen Kirchen ist das Bekreuzigen üblich.

11 Empore (über 8, 1, 9)

→Empore heißt man ein balkonartiges Zwischengeschoß (Stockwerk) über den →Längsschiffen, bzw. den →Kapellen.
Sie ist über Turmtreppen zu erreichen und gibt den Blick über die →Brüstung in den Innenraum der Kirche frei.
Zunächst wurden Emporen gebaut, um verschiedenen Menschengruppen die Teilnahme am gleichen →Gottesdienst zu ermöglichen (z.B.: auf der Empore, dem →Nonnen-Chor, die Klosterfrauen - unten im Kirchenschiff →Knechte und →Mägde). Später baute man die →Orgel auf die Empore; →Chorsänger, Kirchen- und Posaunenchöre hatten dort auch ihre Plätze zum Musizieren.

12 Vorhof - Paradies

Der →Vorhof wird auch →"Paradies" genannt. Zu manchen Zeiten war der Vorhof ein Ort der →Zuflucht für Verfolgte. Er ist vom Kirchplatz her durch ein Gitter begrenzt und von rechts und links durch die →Arkaden erreichbar.

13 Hauptportal

Ein großes, reich →verziertes Tor heißt →Portal. Das Hauptportal wird nur an hohen Feiertagen oder für →geistliche und →weltliche Würdenträger (→Bischof, Kaiser) geöffnet.
Auch der Brautzug wurde nach der →Trauung durch das Hauptportal in den weltlichen Bereich entlassen. Das Öffnen des Hauptportals war in diesem Fall ein Zeichen der Würdigung des Ehestandes. Im weltlichen Bereich des Klosters, der Gaststube und dem Wirtsgarten, gingen die Feierlichkeiten weiter.

14 Kleines Portal links: Fraueneingang

15 Kleines Portal rechts: Männereingang

Durch diese beiden Portale betraten die Männer und Frauen getrennt die Kirche. Die Frauen gingen durch die →Marienkapelle zu ihren Plätzen, die Männer erreichten ihre Plätze durch die Kapelle des →Schutzpatrons. In unserem Sprachraum war sie häufig dem →"Apostel der Deutschen", →Bonifatius, geweiht. Die Sitte des getrennten Sitzens in der Kirche war unterschiedlich; sie verliert sich heute immer mehr.

16 Schülerpforte mit Versammlungshof

Die →Zöglinge des →Internats, oder die Schüler der einzelnen Klassen versammelten sich morgens und abends im Hof und wurden durch die Schülerpforte zur Andacht in die Kirche geführt.

17 Brautportal

Nachdem sich Brautpaar und →Hochzeitsgesellschaft in der →Aula versammelt hatten, zogen sie unter →Glockengeläut durch das Brautportal in die Kirche.

18 Abtportal

Das Abtportal liegt dem Abthaus gegenüber und ist durch den Abthof mit ihm verbunden. Dort erwarteten die →Priester den →Abt und zogen mit ihm durch das →Querschiff in den →Chorraum der Kirche zum →Gottesdienst.
Manchmal findet man am Abtportal ein kleines

Ziehglöckchen, das derjenige betätigte, der den Abt sprechen wollte. Der Bittsteller verweilte so lange andächtig im Gotteshaus, bis er abgeholt wurde, um vor den Abt geführt zu werden.

19 Novizenportal

Am anderen Ende des Querschiffes liegt das Novizenportal. Es ist der Eingang, der dem Novizenbezirk am nächsten liegt. Durch ihn betreten die →Novizen das →Gotteshaus und werden im Querschiff von den anderen Mönchen erwartet, begrüßt und in ihren Zug aufgenommen.

20 Mönchspforten

Die →Patres und →Fratres, die im Kloster wohnen, versammeln sich zum →Stundengebet im →Kreuzgang, durchschreiten ihn singend und betend und betreten dann die Kirche durch getrennte Türen: die Patres benützen die Pforte zum →Querschiff, die Fratres gelangen über die Pforte des →Seitenschiffs am →Lettner ins Querschiff. Bei →Gottesdiensten, an denen auch die →Gemeinde teilnimmt, bleiben die Fratres im Querschiff, die Patres haben ihre Plätze im →Chorgestühl des Chorraums.

21 Bibliothek
   auch Sakristei der Priester

→Bibliothek ist der griechische Name für Bücherei. Im Kloster ist sie der Sammlungs- und Aufbewahrungsort für →Schriftrollen, →Pergamentblätter, Bücher und Bilder. Besonders großformatige Bücher heißen →Folianten. Auch der Name →Codex ist für eine alte Handschrift üblich. Die Bibliothek umfaßte neben Bibeln in hebräischer, griechischer und lateinischer Sprache Werke der →Kirchenväter, →Gebetbücher, geschichtliche Erzählungen von Kaiser und Reich sowie Lieder- und Notenblätter.
In manchen Klöstern diente der Raum der Bibliothek den →Priestern als →Sakristei zum Anlegen der →Gewänder für die →Messe. Diese sind aus kostbaren Stoffen gefertigt und reich →verziert. Man nennt sie →Ornat; in der katholischen Kirche werden sie zu den →Paramenten gezählt.

22 Schreibstube,
   auch Sakristei für Ministranten

In der Schreibstube des Klosters (=→Scriptorium) wurden nicht nur Briefe und andere Schriftstücke angefertigt, in ihr standen viele Mönche ihr Leben lang am →Pult und schrieben Bücher ab. Damals waren alle Bücher handgeschrieben, man lieh sich das →Original aus; wenn der Inhalt wichtig war, mußte er abgeschrieben werden. Erst 1455, als →Gutenberg die erste, mit beweglichen Lettern gedruckte Bibel herausgegeben hatte, trat eine Wende ein. Bücher konnten gedruckt werden.
Vorher wurden in den Klöstern einzelne Blätter, Teile der Bibel oder →Gebete in liebevoller Kleinarbeit abgeschrieben. Die Mönche gestalteten jede Seite durch →verzierte Großbuchstaben (→Initialen) und in den Text eingefügte Bilder (→Miniaturen) zu einem Kunstwerk eigener Art. Sie verstanden es, Farben zum Schreiben und Malen, ja sogar Goldtusche herzustellen. Für jedes Kloster war es eine große Ehre, für den Landesherrn (Kaiser, König, Herzog) ein →Gebetbuch anzufertigen. Ein solches →Evangeliar enthielt die →Evangelien oder Ausschnitte aus ihnen, für den →Gottesdienst nach der Ordnung des →Kirchenjahres zusammengestellt (→Perikopen). Die Blätter dieses Buches waren in kunstvoller Schrift geschrieben und reich verziert, auch der Bucheinband war ein Meisterwerk. Wir besitzen zum Beispiel heute noch edelsteinbesetzte Elfenbeinschnitzereien als Buchdeckel, die Szenen aus der Bibel oder den Empfänger des Buches darstellen.
In der Schreibstube legten die →Ministranten (Meßdiener) ihre →Gewänder (→Chorhemden) an und bereiteten sich durch Sammlung im →Gebet auf den Dienst am →Altar vor.

23 Lettner

→Lettner heißt die Trennwand zwischen →Chorraum (für die Geistlichkeit) und Kirchenraum (für das Kirchenvolk). Er ist meist reich →verziert und hat fensterähnliche Öffnungen. Durch sie war es möglich mitzuhören und mitzusehen bei gottesdienstlichen Handlungen in Chor und Apsis. Durchgänge gaben den Weg frei zur →Kommunionbank, wo die →Gläubigen zum Empfang des →Abendmahles niederknieten.
Am Lettner waren zwei →Pulte angebracht. Von diesen wurden die für den jeweiligen Tag aus →Evangelium und →Epistel entnommenen Teile verlesen. Diese Bibelabschnitte nennt man in ihrer Zusammenstellung →Perikopen.

24 Die Kreuzwegstationen

An der Außenwand der Kirche, entlang der Medicusgasse, sind im Modell →Kreuzwegstationen angebracht. Diese Darstellungen des Leidensweges Jesu durch vierzehn einzelne Bilder oder →Reliefs sind ab dem 15. Jahrh. üblich und an manchen Kirchen zu finden. Vor ihnen wird besonders in der →Passionszeit / →Fastenzeit →gebetet und →meditiert. Ihre Betrachtung kann auch Bußübung sein.

Kloster (Klause, Klausur):

30 Klosterpforte

Die →Klausur ist ein von der Außenwelt streng abgeschlossener Bezirk. Das Betreten der Klausur ist für Außenstehende verboten. Deshalb wird sie von einer darin lebenden Person bewacht. In einem Männerkloster hat keine Frau, auch keine →Nonne Zutritt; im Nonnenkloster kein Mann, auch kein →Mönch.
An die →Klosterpforte kamen arme Leute, denn der Türhüter verteilte an sie Suppe und Brot (→"Werke der Barmherzigkeit").
In die Türe der Klosterpforte ist ein →Sprechgitter eingelassen. In dringenden Angelegenheiten kann man mit Menschen der Außenwelt in Verbindung treten und ein kurzes Gespräch führen. In manchen Klöstern befand sich bei der Pforte eine →Wärmestube (→Kalefaktorium), sie wurde im Winter als einziger Raum im Kloster beheizt und die Mönche oder Nonnen konnten sich für kurze Zeit dort aufwärmen.

31 Kreuzgang

Der →Kreuzgang eines Klosters ist eine überwölbte Wandelhalle, die sich in →Arkadenform zum Innenhof öffnet. Meist umschließt der Kreuzgang den Innenhof von allen Seiten. Er ist reich mit plastischem und malerischem Schmuck versehen. Er verbindet die Haupträume des Klosters miteinander, dient den Mönchen als →Prozessionsweg, als Versammlungsort vor dem Kirchgang, aber auch zur Erholung. Hier schöpfen sie frische Luft und gehen →betend und →meditierend auf und ab. Meditieren ist eine wichtige Übung im klösterlichen Leben, es heißt: sich auf geistliche Gedanken zu →konzentrieren, nachdenken, betrachten, sich nicht ablenken lassen, sich versenken.

32 Innenhof
33 Brunnen

Im Innenhof sind meist Blumen und Sträucher angepflanzt, sie unterstreichen die friedliche Stille des Ortes. Entweder im Innenhof oder in einer im Kreuzgang dafür geschaffenen Nische findet man einen Brunnen (Brunnenhaus). Er ist meist künstlerisch gestaltet und dient nicht nur der Wasserentnahme (Trinken, Waschen), sondern ist auch als →Symbol des Lebens zu verstehen. (→Taufe, "Wasser des Lebens").

34 Kapitelsaal

Der →Kapitelsaal ist der Versammlungsraum der Mönche. Er hat seinen Namen davon, daß hier jeden Tag ein →Kapitel der →Klosterregel vorgelesen wurde. Später ging der Name über auf die Mitglieder eines Ordens, die zu einer beschlußfassenden Versammlung zusammentraten. Auch die Bezeichnung →Konvent ist für eine Zusammenkunft stimmberechtigter →Ordensbrüder üblich.

Im Kapitelsaal wurde der vorgelesene Abschnitt der →Ordensregel ausgelegt; Fragen des Zusammenlebens, der geistlichen Haltung und der →diakonischen Aufgaben wurden besprochen. Hatte ein Mönch Unrecht getan, wurde hier →klösterliches Recht gesprochen, ein sogenanntes Schuldkapitel gehalten.
Briefe an die →Bruderschaft wurden geöffnet und verlesen, auch Berichte heimkehrender Mönche dem Konvent vorgetragen. Dieser beriet und besprach das Gehörte, versuchte Antwort auf Briefe zu geben und wenn der Bruder wieder fortreiste neue Weisungen zu erteilen. Die letzten Entscheidungen blieben dem →Abt vorbehalten.
Auch Feste wurden im Kapitelsaal gehalten, zum Beispiel Aufnahme der →Novizen, ein Jubiläum der →Priesterweihe, Verleihung der Würde eines →Magisters an einen Bruder, oder der Besuch eines →Bischofs oder Abtes aus einem anderen Kloster.

35 Refektorium
  (beim Deutsch-Ritterorden = Remter)

→Refektorium heißt der Speisesaal der Mönche. Die Tische waren im offenen Viereck aufgestellt; damit keiner dem anderen den Rücken zuwandte, saßen die Brüder nur an den Außenseiten. Die Mahlzeit begann mit einem →Tischgebet und endete mit einem Lobgesang. Während des Essens wurde nicht gesprochen, ein Mönch (→Lektor) las Lebensbilder von Heiligen und andere erbauliche Erzählungen von einem Lesepult aus vor. Anfang und Ende der Mahlzeit wurde durch das Läuten der →Tischglocke angezeigt.
An kalten Tagen wurde in die Fensteröffnungen ölgetränkte Tierhaut gespannt, sie ließ mattes Tageslicht in den Raum dringen und hielt Wind und Kälte ab. Erst gegen Ende des Mittelalters lernte man, Fenster zu verglasen. Zur Erwärmung wurden Schalen mit glühenden Holzscheiten aufgestellt.
In strengen Klöstern schrieb die Regel nicht nur vor, daß die Mönche während des Essens nicht reden sollten, sondern befahl noch außerdem besondere →Schweigezeiten. Allerdings war meist ein Raum eingerichtet, in dem man zeitweise Gespräche führen durfte. Man nannte diesen Raum →Parlatorium.

36 Küche und Wirtschaftsräume

In Küche und Wirtschaftsräumen wurden die Speisen zubereitet und Lebensmittel gelagert. In der Regel gab es neben warmen und kalten Getränken nur Suppen und Eintopfgerichte. Brot war das Hauptnahrungsmittel; Butter, Käse, Speck, Fisch, Eier oder Früchte gab es dazu. Nur an Festtagen wurde Braten und Beilagen gereicht.
In der Klausur männlicher Orden wurden diese Arbeiten, sowie das Sauberhalten der Räume von Mönchen selbst verrichtet (→Fratres).

37 Herrenhaus

Im Herrenhaus liegen die Schlaf- und Lehrräume der →Patres. Ein Mönch, der →Theologie (manchmal danach noch andere Wissenschaften) →studiert und die →Priesterweihe erhalten hat, heißt →Pater (Vater). Er bewohnt eine →Zelle, das ist ein kleiner Raum, der mit einem einfachen Bett, einer Kniebank zum Beten und mit Tisch und Hocker zum Schreiben und →Studieren eingerichtet ist. Als einziger Schmuck ziert ein →Kruzifix (Kreuz mit dem Körper des Heilands) die Wand.
Die Patres arbeiten als Lehrer der Mönche und →Novizen, sie erziehen die Schüler im →Internat, lehren an der →Schule und verwalten das Kloster und seinen Besitz.
Mancher Mönch war ein großer Gelehrter seiner Zeit, z.B. Albertus Magnus (Albert der Große). Er war →Dominikanermönch und Priester, lehrte in Köln, schrieb →dogmatische Schriften, erkannte den Wert der griechischen vorchristlichen →Philosophen, verfaßte →Kommentare zu Werken anderer Gelehrter, war →Zoologe und →Botaniker - einer der Gebildetsten seines Jahrhunderts. 1280 starb er in Köln.
In den Lehrsälen werden neben wissenschaftlichen vor allem die theologischen Fächer unterrichtet. →Latein ist die Umgangssprache.

38 Bruderhaus

Im Bruderhaus leben die →Fratres (= Bruder). Das sind die sogenannten dienenden Brüder; Mönche, die keine →Priesterweihe und kein theologisches →Studium haben.
Sie tragen durch ihre handwerklichen und wirtschaftlichen Tätigkeiten zum Wohl des Klosters bei. Ihr gemeinsamer Schlafraum heißt →Dormitorium, zu →Gebet und →Meditation gehen sie in den Kreuzgang.
In den Arbeitsräumen des Bruderhauses arbeiteten Buchbinder und Weber, in der Nähstube wurden die Kleider der Mönche, die →Kutten, genäht und auch →Gewänder (→Ornate) für den →Gottesdienst gefertigt.
In Nonnenklöstern wurden die Arbeiten des Webens und Nähens zu künstlerischer Meisterschaft gebracht. Weiße Decken für →Altäre und Altartücher in den →liturgischen Farben (→Paramente) wurden kunstvoll bestickt.
Manchmal befanden sich im Bruderhaus Räume, in denen →Hostien gebacken wurden. Hostien sind Oblaten aus ungesäuertem Weizenmehlteig. Sie werden als dünne Scheiben zu →Kommunion bzw. →Abendmahl den Gläubigen gereicht. Das Backen wurde von den ältesten Brüdern (in Nonnenklöstern durch betagte Schwestern) übernommen. Die Hostien wurden auch an andere Klöster und Pfarreien weitergegeben.

II Der geistig-wissenschaftliche und diakonische Bereich

Schulbezirk:

40 Schule

Die Klosterschule wurde von besonders begabten Knaben des Waisenhauses und von Söhnen vornehmer Eltern besucht. Töchter konnten erst in späterer Zeit in Schulen der Nonnenklöster erzogen werden. Es gab keine Schulpflicht, vielmehr war es für jedes Kind eine Auszeichnung, wenn es eine Schule besuchen durfte. Die Eltern zahlten an das Kloster Schulgeld und →Kostgeld.
In den Schulen wurden die →Kulturtechniken erlernt: Schreiben, Lesen und Rechnen. Biblische Geschichten des Alten- und Neuen Testaments sowie →Kirchenkunde wurden gelehrt.
An →Höheren Schulen kamen →Latein und Griechisch, ferner →Mathematik, Astronomie und →Botanik dazu. Bei der Ausbildung der Mädchen traten die häuslichen Beschäftigungen in den Vordergrund.

41 Internat

Die Kinder reicher Eltern blieben jahrelang im Kloster und lebten dort im →Internat. Zu den Festzeiten (z.B.: Weihnachten) durften die Eltern sie manchmal nach Hause holen.
Bei der →Ganzheitserziehung im Internat wurde neben den schulischen Leistungen großer Wert auf gutes →Benehmen, →Charakterbildung und →Körperbeherrschung gelegt.
Im Internatsgebäude gab es Arbeitsräume zum →Studieren, den Speisesaal, Aufenthaltsräume zum Erledigen von häuslichen Arbeiten und zum Verbringen der Freizeit; ferner Schlafräume für einzelne Altersgruppen. Als Lehrer und Erzieher waren →Priester bzw. →Nonnen tätig.

42 Aula

Die →Aula ist der Festsaal der Schule, in ihr wurden alle schulischen Ereignisse gefeiert.
Bei →Hochzeiten wurde die Aula auch als Versammlungsort der Brautleute und deren Gäste benützt. Der Brautzug wurde vom →Pedell zusammengestellt und durch das Brauttor in die Kirche geleitet.

43 Schulhof

Im Schulhof gingen während der Unterrichtspausen die Schüler nach Klassen geordnet unter Aufsicht spazieren.
Um →Körperbeherrschung zu üben, spielten sie mit Bällen und trieben →Gymnastik.

44 Internatsgarten

Der Internatsgarten war so angelegt, daß die

jüngeren Schüler spazierengehen und spielen konnten.

45 Kantorenhaus

Ein →Kantor ist der Leiter der →Kirchenmusik. Meist spielt er die →Orgel (Organist). Seine Hauptaufgabe ist es, in der →Kirche für den liturgischen Ablauf des →Gottesdienstes und seine musikalische Ausschmückung zu sorgen, sowie in der Schule den Musikunterricht zu halten. In späterer Zeit, als die Klosterschulen in den Städten einen festen Platz hatten, bildeten sich unter der Leitung des Kantors →Kurrenden. Man nannte das Singen armer Schüler vor den Häusern der Reichen "Kurrendesingen". Sie erbaten auf diese Weise Geldspenden, um damit das →Kostgeld im Kloster zu bezahlen. Manchmal erhielten sie auch eßbare Gaben.
Im Haus des Kantors befand sich der Übungsraum für →Chor und Instrumentalisten.

46 Kantorengarten

Der Kantorengarten war zur Erholung des Kantors angelegt. Er benötigte zwischen Gottesdiensten, Proben und Schulstunden ungestörte Zeiten, um über neu zu schaffende Chorwerke und Instrumentalstücke nachzudenken, ehe er sie aufschrieb.

47 Pedellhaus

→Pedell heißt der Verwalter und Hausmeister des Schulbezirks. Er beaufsichtigte die Schüler beim Sauberhalten der Internats- und Schulräume, er verwaltete Geräte und →Materialien, die für den Unterricht benötigt wurden.
Er stellte →Chor und Orchester auf, sorgte für Notenständer und war der Ordner bei allen Ereignissen im Schulbezirk, besonders bei Veranstaltungen in der Aula. Dort ordnete er auch den Brautzug und geleitete ihn zur Kirche.
Der Pedell führte die Schüler, die sich im Versammlungshof vor der Schülerpforte aufgestellt hatten, in die Kirche, wies ihnen die Plätze an, beaufsichtigte sie und brachte sie nach der →Andacht zurück.
Die vom Rektor der Schule verhängten →Schulstrafen mußte der Pedell durchführen. Das konnten sein: →Karzer = →Arrest; Strafarbeiten verschiedener Art; →Züchtigungen.

48 Pedellhof

Im Pedellhof befanden sich neben anderen Geräten vor allem Brennmaterial sowie Hackstock und Sägebock. Manchmal sah man dort Schüler Holz hacken und sägen. Sie mußten diese Arbeiten zur Strafe vor aller Augen tun, um ihre Trägheit zu überwinden oder Hochmut durch Knechtsarbeit zu verlieren.

49 Schulgasse mit Schultor

Schulgasse nannte man den Geh- und Fahrweg im Schulbezirk. Er war durch ein Tor vom weltlichen Bereich getrennt.

Abtbezirk (Prälatur):

50 Abthaus

→Abt ist ursprünglich die Bezeichnung für einen →Einsiedlermönch, der andere ins Mönchsleben einführt (Aramäisch: Abba = Vater). Seit dem Bestehen von →Klöstern ist der Abt der →Vorsteher. Andere Namen für dieses Amt, je nach Art eines →Ordens, heißen: →Prior, →Superior, →Rektor oder →Guardian. Im Nonnenkloster ist die Oberste aller Schwestern die →Äbtissin.
Ein Abt wird in →geheimer Wahl vom →Konvent gewählt und vom zuständigen →Bischof oder vom →Papst bestätigt. Äußere Zeichen seiner Würde sind →Stab, →Ring, →Mitra, Brustkreuz und →Handschuhe.
Jeder →Mönch muß seinem Abt →absolut →gehorsam sein. Diese Haltung darf nicht erzwungen sein, sondern soll freiwillig, aus dem Glauben, dem Abt entgegengebracht werden: "so, wie ein rechter Sohn seinem rechten Vater zugetan ist". Der Abt ist Gott gegenüber verantwortlich für jeden einzelnen Mönch. →Benedikt sagte vom Abt: "Er wisse, daß die Schuld auf den Hirten fällt, wenn der Herr an seinen Schafen wenig Nutzen findet".
Ein Abt ist weitgehend von den Arbeiten im Kloster befreit, damit er umso mehr für die Mönche Zeit hat. Er hat sich nach dem →Willen Gottes, der →Heiligen Schrift und den →Dogmen der Kirche zu richten und danach zu handeln. Er lebt von den anderen Mönchen getrennt, meist in einem eigenen Hause. In seiner Hand vereinigen sich die →geistlichen, →geistigen, wissenschaftlichen und →diakonischen Belange des →Klosters (wirtschaftliche Belange, siehe 154).
Ab dem Mittelalter führte der Abt →Wappen und →Siegel des Klosters. Er hatte sie von seinem Vorgänger übernommen und gab sie an seinen Nachfolger weiter. War er selbst aus →adliger Familie, hatte er zwar ein eigenes Siegel, in Klosterangelegenheiten verwendete er aber nur das Klostersiegel. Sein Wappen war am Abthaus angebracht.
→Abtei heißt ein selbständiges Kloster; ihm können →Filial- oder Nebenklöster untergeordnet sein.

51 Abtgarten mit Säulengang
52 Innenhof mit Brunnen

Der Garten des Abtes ist mit einer hohen Mauer umgeben, an sie ist ein offener Säulengang angebaut (→Arkaden). Mit rankenden Pflanzen bewachsen ist er, zusammen mit Brunnen und Blumenbeeten in der Gartenmitte, ein Ort der Erholung, der Stille und der Besinnung für den Abt.

53 Abthof, Prälatenhof

Der Abthof verbindet Abthaus und -garten mit dem Abtportal, durch das der →Abt die Kirche betritt. Der Hof ist von hohen Mauern begrenzt, →prächtig→verzierte Gittertore schließen ihn von den anderen Bezirken des Klosters ab. Nur an hohen Feiertagen sind sie geöffnet; mit dem feierlichen Abholen des Abtes beginnen die →Prozessionen.
In Deutschland wird dieser Hof gerne nach dem Hl. →Bonifatius genannt, weil er der →Organisator der christlichen →Kirche war.
Wenn ein →Kloster durch →Filialklöster sehr groß geworden war und die Verwaltungsarbeiten sehr umfangreich, errichtete man im Abthof zusätzliche Gebäude (etwa an der Verbindungsmauer vom Abtgarten zur Kirche). In ihnen lagen die Amtsstuben der →Prälaten. Sie waren die nächsten Mitarbeiter des Abtes, vor allem auf juristischen und verwaltungstechnischen Gebieten.
Der Abthof wurde dann Prälatenhof genannt; der Abtbezirk Prälatur.

Hospitalbezirk:

54 Medicus- und Pharmaziehaus mit Kräuterkammer
55 Heilkräutergarten

In diesem Haus arbeiteten die →Priester-Mönche, die dem Kloster als →Arzt (→Medicus) und →Apotheker (→Pharmazeut) dienten. Sie bemühten sich, Heilmittel und -Methoden zu finden, um kranken und gebrechlichen Menschen zu helfen. Die Mönche arbeiteten zusammen daran, Heilmittel herzustellen und sie richtig anzuwenden (→Medikamente). Deshalb liegt um ihr Haus der →Heilkräutergarten. Hier wurde →Züchtung und Pflege von Pflanzen betrieben, die in Blatt, Blüte, Frucht oder Wurzel heilende Säfte und →Substanzen enthalten. Versuche mit neuartigen Pflanzen wurden gemacht, die Erkenntnisse aufgeschrieben und von →Kloster zu Kloster weitergegeben. In der Kräuterkammer wurden die Vorräte aufbewahrt.

56 Siechenhaus mit Infektionsstation im Turm

→Siechenhaus heißt das →Pflegeheim für Kranke und Alte, die einer ständigen Pflege bedurften. Für Leute, die an einer ansteckenden Krankheit litten, hielt man gesonderte Räume im Turm bereit (→Pest). Die ärztliche Betreuung geschah durch den →Medicus, die →Novizen pflegten die →Patienten, damit übten sie sich im "Dienst am Nächsten" (→Diakonie).

57 Liegehalle, Badehaus
58 Rekonvaleszenzgarten

Halle und Garten gehörten zum Krankenhaus. Hier hielten sich solche →Patienten stundenweise auf, die schon auf dem Wege der Besserung waren, man hieß sie →Rekonvaleszenten. Liegen, Sitzen und Bewegen in frischer Luft halfen mit, daß sie sich von schweren Krankheiten erholen konnten. Auch warmes Baden und →heilkräftiges Wasser (Baden und Trinken) kannte man schon.

59 Hospital

Der →Medicus war der Leiter des →Hospitals, die Pflege übernahmen die →Novizen. Weil die Behandlung von Krankheiten damals meist in →intensiver Pflege bestanden hatte (Einreibungen, Packungen mit →Heilkräutern, Einatmen von lindernden Dämpfen u.ä.), war das Vorhandensein eines Hospitals für Mönche und für die Bevölkerung der Umgebung von großer Bedeutung. Im →Kloster fanden sie Hilfe und jedermann spürte, daß gerne - um Gotteslohn - geholfen wurde.
Der Vergleich mit einem heutigen →Krankenhaus zeigt deutlich eine Weiterentwicklung der →Medizin.
Zu bestimmten Stunden hielten →Medicus und →Pharmazeut Sprechzeiten ab; man konnte sie um Rat fragen und bekam Arznei verordnet.

60 Hospitalhof

Im Hospitalhof standen Krankenkarren bereit, um bei Unfällen Verletzte rasch in das →Hospital zu bringen.

61 Medicusgasse und Spitaltor

Die Medicusgasse zeigte durch ihren Namen den Weg zu →Arzt und →Apotheker. Diese Gasse führte an der östlichen Außenwand der Kirche entlang; durch sie hatten die →Gläubigen Zugang zu den →Kreuzwegstationen.
Das Spitaltor schließt den Medicusbereich ab.

Friedhofbezirk:

62 Friedhofgasse

Die Friedhofgasse führte vom Stephanusplatz zum Friedhof und dessen Kapelle. Ihm gegenüber lag das Haus des Novizenmeisters, am Ende der Gasse befand sich der Zugang zum Novizenbezirk.

63 Friedhof

Der Friedhof war die letzte Ruhestätte der →Mönche und der anderen Menschen, die im Kloster lebten. Mönche und →Laien wurden in gesonderten Teilen des Friedhofes bestattet, auch verstorbenen Säuglingen und Kleinkindern räumte man ein eigenes Grabfeld ein. Der Totengräber beerdigte sie, dem Sterbedatum entsprechend in langen Reihen nebeneinander. In südlichen Ländern wurden die →Gebeine schon nach wenigen Jahren aus den Gräbern in ein →Beinhaus (→Ossuarium) umgebettet. Dadurch konnten an der gleichen Stelle neue Bestattungen vorgenommen werden.

Unter Beteiligung der gesamten →Gemeinde des Klosters wurde der Sarg vom Trauerhaus zum Friedhof getragen. Dem Zug voran schritt der →Küster mit einem →Kreuz, dem Sarg folgten →Priester und Hinterbliebene. Unter →Gebet und →Segnung wurde der Verstorbene der Erde übergeben. Die Gemeinde wurde mit einem Wort der →Heiligen Schrift erinnert: "Herr, lehre uns bedenken, daß wir sterben müssen, auf daß wir klug werden." (Ps. 90/12;).

Die Gräber wurden von Angehörigen und →Novizen gepflegt; bei ihren Friedhofsbesuchen besprengten sie das Grab mit Weihwasser und sprachen →Bittgebete für den Verstorbenen. An →Allerheiligen und →Allerseelen (1. bzw. 2. November) gedachte man in besonderer Weise der Toten. Die Gläubigen waren der Ansicht, daß fürbittendes Gebet dem Verstorbenen eine Hilfe beim →Jüngsten Gericht bringe. Deshalb wurden in der →Kapelle des Friedhofs →Seelenmessen gelesen.

Die →Äbte wurden meist im →Kreuzgang bestattet. Noch heute sind →Grabplatten und Gedenktafeln erhalten. Sie geben uns über vieles Aufschluß, vor allem dann, wenn →Kirchenbücher im Laufe der Jahrhunderte verlorengegangen waren (Raub, Feuer, Krieg), denn neben →Verzierungen und →Wappen waren auch →Jahreszahlen, Namen und Orte eingemeißelt.

64 Friedhofkapelle

Die →Kapelle des Friedhofs ist eine kleine Kirche für →Gottesdienste bei Beerdigungen. Wie in den Seitenkapellen der großen Kirchen konnte hier der Gläubige in der Stille beten. Es werden die Angehörigen von Verstorbenen gewesen sein, die nach Besuch des Grabes in die Kapelle kamen, niederknieten und für den Toten einen Rosenkranz beteten.

Der →Rosenkranz ist eine in der katholischen Kirche geübte →Gebetsform. Die geweihte Perlenschnur mit fünf großen und fünfzig kleinen Perlen ist in fünf Gruppen ("Gesetze") gegliedert und trägt den gleichen Namen. Man betet anhand dieser Perlengruppen je ein →Pater noster (= →Vater unser) und zehn →Ave Maria (= gegrüßt seist du, Maria).

Die Friedhofskapelle diente auch den →Novizen als Gottesdienstraum.

Novizenbezirk:

65 Novizenhaus mit Innenhof und Lernweg
66 Haus des Novizenmeisters

Im Novizenhaus bereiteten sich die →Novizen (Neulinge) unter Anleitung eines Novizenmeisters vor, die →Gelübde abzulegen. Im Laufe eines Jahres (→Noviziat) mußten sie sich an die →lateinische Sprache gewöhnen, sie sprechen und schreiben lernen. Sie trugen ein Novizengewand ähnlich dem ihrer Mönchsbrüder. Die Novizenzeit betrug mindestens ein Jahr, konnte aber bis auf sieben Jahre ausgedehnt werden.

Ihre täglichen Arbeiten waren Hilfsdienste an Kranken, Armen, Alten und Kindern; sie übten sich in der →Diakonie, wie sie Jesus im Liebesgebot befahl. Ferner lernten sie die →Psalmengesänge (z.B.: "Gregorianischer Choral"), das →Stundengebet, biblische Geschichten und →Heiligenlegenden kennen. An oberster Stelle stand die →Klosterregel. Sie wurde den Novizen in festgelegten Abständen vorgelesen. Der Klostergründer des abendländischen Mönchtums,
→Benedikt von Nursia, sprach im Anschluß an jede wichtige Regel zum Neuling: "Kannst du sie halten, so tritt ein, kannst du das nicht, so gehe frei von hinnen." Diese →benediktinische Art der Novizenerziehung wurde beibehalten. Um den angehenden Mönchen ein →Studieren an frischer Luft zu ermöglichen, waren im Novizenbezirk Lernwege angelegt.

Während einer →Messe legte der Novize das Gelübde ab; er versprach, auf Lebenszeit der Klosterfamilie anzugehören, die klösterliche Regel zu achten und dem →Abte gehorsam zu sein. In benediktinischen Ordensgemeinschaften stellte der Abt dann drei Fragen: nach dem freiwilligen →Gehorsam gegenüber den geistlichen →Oberen, nach der Bindung an persönliche →Armut und nach dem Schwur der ewigen →Keuschheit. Der Novize antwortete: Ich verspreche es. Er unterschrieb eine →Urkunde und legte sie auf dem →Altar nieder.

Die →Mönche kleideten ihn mit der →Kutte und dem →Gürtel und scherten die →Tonsur, umarmten ihn, gaben ihm den Friedenskuß und unter →Gebeten und Gesängen endete die Feier.

Waisenhausbezirk:

67 Stephanusplatz

Der Platz beim →Waisenhaus war nach →Stephanus benannt. Das hatte seinen Grund in der Gedankenverbindung, daß Stephanus zwar als der erste →Märtyrer gilt, die Allerersten aber, die ihr Leben für Jesus gelassen haben, die →"Unschuldigen Kindlein" waren, die →Herodes in →Bethlehem umgebracht hatte. Im Kalender der frühen Kirche wurde nach Weihnachten beider →Blutzeugen gedacht (26. bzw. 28. Dezember). Ein →Waisenkind wurde für ein →"unschuldiges Kind" gehalten und um Gotteslohn im →Kloster aufgenommen und erzogen.

68 Waisenhaus

Im →Waisenhaus lebten Kinder, die Vater und Mutter verloren hatten. Durch mitfühlende Menschen waren diese Kinder zum Kloster gebracht worden. Aber auch →Findelkinder wuchsen im →Kloster heran, von denen man weder den Namen wußte, noch die Eltern kannte. Es war damals möglich, nachts einen Säugling an die →Klosterpforte oder den →Einlaß zu legen: das Kind →auszusetzen. Die Eltern oder eine alleinstehende Mutter wußten in ihrer Not keinen anderen Ausweg mehr. Das im Grunde unverantwortliche Verhalten wurde stillschweigend geduldet, weil manchem Kind dadurch das Leben gerettet wurde. Auch schwerkranke und völlig geschwächte Kleinkinder, die der ständigen Obhut des Arztes bedurften, schenkte man dem Kloster; dadurch erhielten diese Kinder eine letzte Möglichkeit am Leben zu bleiben.

Für die Kinder im →Waisenhaus wurde so gut wie möglich gesorgt. In manchen Orden →bettelten die →Mönche für ihre →Waisenkinder an den Häusern der Reichen; immer wieder wurde das Waisenhaus in einem →Testament mit Geldmitteln bedacht. Die Kinder bekamen gute und reichliche Nahrung, bei Krankheitsfällen waren →Arzt und →Apotheker nahe.

Die Knaben wurden je nach Begabung schulisch oder handwerklich gefördert; Mädchen wurden in Nonnenklöstern erzogen. Manches Findel- oder Waisenkind blieb im →Kloster und legte die →Ordensgelübde ab.

Schon in der →Urgemeinde war es ein →Werk der Barmherzigkeit, sich um Verlassene, Witwen und Waisen zu kümmern. Die Klöster führten diesen Dienst der →Diakonie weiter, denn sie wollten dem →Evangelium gehorsam sein.

69 Heilig-Kreuz-Tor

Das Tor am Stephanusplatz - vom Floriansplatz kommend - heißt Heilig-→Kreuz-Tor, weil es zu den Bildern der vierzehn →Kreuzwegstationen an der Außenwand der Kirche führt.
Außerdem bildete das Heilig-Kreuz-Tor den Zugang durch die Friedhofsgasse zum Friedhof. Der Anblick der →Kreuze auf den Grabfeldern und das Gedenken an die Ewigkeit (→Allerheiligen und →Allerseelen - Ewigkeitssonntag) brachte die richtige Verbindung zum Tornamen. Den Neuling, der, aus dem →manuellen Bereich kommend, unter dem Heilig-Kreuz-Tor hindurch in den Wohn- und Studierbezirk der →Novizen ging, mahnte es mit seinem Namen, ob er das Kreuz der Nachfolge Jesu auf sich nehmen und die →Gelübde abzulegen bereit sei.
Der ganzen →Gemeinde sollte mit dem Namen Heilig-Kreuz-Tor (das für sie den einzigen Zugang zum Waisenhaus offen läßt) gesagt sein, daß sie durch die Pflege der →Waisenkinder "Nachfolge unter dem Kreuz Jesu" üben kann ("um Christi Leiden willen").
Mancher Kranke, der durch das Heilig-Kreuz-Tor auf dem Weg zum →Medicus war, wußte, daß ihm mit seiner Krankheit ein persönliches Kreuz auferlegt ist.

III Der manuelle Bereich

Küster- und Wächterbezirk:

70 Küster- oder Meßnerhaus

Der →Küster oder →Meßner wohnte im →manuellen Bereich nahe bei der →Kirche. Dort war er für jedermann erreichbar, denn bei ihm wurden →Taufe, →Trauung, Beerdigung, Fürbittgottesdienste u.ä. angemeldet. Der Küster gab diese Meldungen an die →Priester weiter und besorgte die Vorbereitungen.
Als →Kirchendiener schmückte er die →Kirche nach den →Farben des Kirchenjahres mit entsprechenden →Paramenten, er schlug die →Kirchenbücher auf und brachte sie zu den →Pulten. Er goß →Öl in die Schale des →"Ewigen Lichtes" nach, das Tag und Nacht am →Altar beim →Tabernakel brannte. Der Tabernakel ist ein meist kostbar geschmücktes Behältnis, in dem geweihte →Hostien und die →Monstranz zur →Eucharistiefeier aufbewahrt werden. Wenn der →Gläubige vor den Altar tritt, erweist er mit einem →Kniefall den →konsekrierten Hostien seine →Verehrung.

Die priesterlichen →Ornate (→Meßgewänder, →Chorhemden), →Paramente und →Geräte wurden dem Meßner zu Pflege und Bereitstellung anvertraut. Ferner mußte er für die Sauberkeit der Kirche sorgen, abgebrannte →Kerzen durch neue ersetzen und frische Blumen auf die Altäre verteilen.
Der Küster stellte →Weihwasser, →Taufwasser und →Sterbekreuz bereit; auch füllte er die Gefäße, in denen wohlriechende Stoffe zu →Weihrauch verbrannt wurden.
War es die Aufgabe des Türmers, die Stunden mit der Glocke zu schlagen, so läutete der Küster die verschiedenen →Glocken zu →Gebet, →Gottesdienst, →Taufe und Beerdigung. Er öffnete und verschloß die →Portale und Kirchentüren. Meßner waren meist betagte →Mönche, die ganz in ihrem Dienst aufgingen. Sie kannten sich in Gottesdienstordnung und Brauchtum der Kirche gut aus. Sie wußten auch über die Geschichte ihres →Klosters Bescheid und wurden oft von Besuchern danach befragt. Das Amt des Meßners übertragen zu bekommen, war ein Vertrauensbeweis der Klostergemeinde und des →Abtes.

71 Küstergarten

Als Ausgleich zu seinem anstrengenden Dienst

war dem Küster ein kleiner Garten gestattet. Dorthin konnte er sich zu →Meditation und Erholung zurückziehen.

72 Wächter- und Aufseherhaus mit Hof

Weil das Kloster Tag und Nacht bewacht werden mußte, gab es Mönche, die den Dienst des →Wächters und →Aufsehers übernahmen. Sie bewohnten ein eigenes Haus, denn die nachts wachten, mußten tagsüber Ruhe haben. Nur die →Türmer wohnten in der Turmstube oder im Türmerhäuschen.
Die →Torwächter hatten die Tore zu öffnen und zu schließen und den Verkehr der Kommenden und Gehenden zu überwachen. Der Torwächter konnte Leuten den Zutritt in den Klosterbereich verwehren, wenn sie nicht den genauen Grund ihres Besuches angeben wollten und dem Wächter fremd waren. Außer der abgeschlossenen →Klausur waren auch andere Klosterteile durch Mauern und Gittertore abgegrenzt (z.B.: Schule). Die Torwächter mußten außerdem auf die Zeichen der Türmer achten.
Der weltliche Bereich des Klosters stand allen Menschen offen, die einen guten →Leumund hatten. Man nannte diesen Teil auch →"Zuflucht", denn bei Kriegsgefahr suchten Alte, Gebrechliche und Mütter mit kleinen Kindern vorübergehend im Kloster Schutz und Zuflucht.
Die →Kirchenwächter achteten darauf, daß die →Gläubigen ordnungsgemäß gekleidet die Kirche betraten und die →rituellen Handlungen (→Weihwasser, →Bekreuzigen, →Kniefall) ehrfürchtig ausführten. Kein lautes Wort durfte gesprochen werden, um die →Andacht der Betenden nicht zu stören.
Die Kirchenwächter hüteten auch die Schätze des →Klosters, die innerhalb der Kirche aufbewahrt wurden (Goldene und silberne Altargeräte - Kelch, Hostienschale, Kännchen, Leuchter. Kostbare, mit Edelsteinen verzierte Meßbücher, Standbilder und →Reliquienschreine.).
Die →Nachtwächter schritten nachts durch alle Gassen und Höfe, leuchteten mit Laternen in alle Winkel, prüften, ob alle Türen verschlossen waren und riefen zu jeder vollen Stunde ihren Wächterruf (z.B.: "Hört ihr Herrn und laßt euch sagen...").
Ging ein Gewitter nieder, hatten sie auf Blitzschläge zu achten, damit ein Brand schnell gelöscht werden konnte.
Die →Aufseher mußten darauf sehen, daß Plätze, Höfe und Gassen im Kloster saubergehalten wurden, am Abend die Feuerstellen gelöscht waren, zur rechten Zeit der Ausschank in den Gaststuben beendet wurde, daß das Vieh versorgt, Werkzeuge und Geräte aufgeräumt und die Arbeitszeiten eingehalten wurden.
Sie wachten auch über dem sittlichen Zusammenleben dieser großen Gemeinschaft (Mönche, Knechte, Mägde, Kinder, Schüler, Zöglinge, Alte, Kranke, Sieche, Besucher, Pilger).
Die →Feldhüter wachten über den Zustand der Felder und Fluren. Sie führten Aufsicht über die Arbeit der →Knechte und →Mägde.

Der handwerkliche Bezirk:

73 Fruchtkasten

Zusammen mit Kornhaus und →Zehntscheuer gehörte der Fruchtkasten zu den Vorratsspeichern des Klosters. Hier wurden Gemüse (Erbsen, Bohnen) für den Winter gelagert, Kraut eingesalzen, Obst, Beeren und Pilze getrocknet und aufbewahrt. Im Sommer und Herbst wurden Früchte abgestellt, die man rasch geerntet hatte, weil Hagelschlag drohte oder ein früher Nachtfrost die Früchte gefährdete.

74 Obst- und Beerengarten mit Torhaus
75 Gärtnerhaus
76 Gemüsegarten

Mitten in ihrem Tätigkeitsbereich wohnten die Gärtner. Ihre Arbeit war notwendig um die täglichen Mahlzeiten der Gemeinschaft zu sichern. Je mehr Güter das →Kloster selbst →produzieren konnte, desto unabhängiger war es von der Außenwelt. Ertragsüberschüsse an Obst, Beeren und Gemüse verkaufte das →Kloster im Torhaus. Der nahe am Torhaus gelegene Aufseherhof wurde sogar an einem Wochentag zum Markt. Dann kamen die Blumengärtner und die Mönche vom Geflügelhof und boten ihre Erzeugnisse an. Auch die Mägde von der Käserei hatten in einer Ecke ihren Verkaufsstand.
Die Gärtner arbeiteten mit dem Samenzüchter zusammen. Von ihm bekamen sie junge Pflanzen und Samen und durch seine neuen →Züchtungen einen reichlicheren Ertrag.

77 Handwerkerhof
78 Innenhof

Die wichtigsten handwerklichen Berufszweige hatten ihre Werkstätten in einem großen Haus, das einen Innenhof umschloß. Von diesem aus führten Türen in die einzelnen Werkstatträume (Nr. 79 - 88 dieser Beschreibung). Mancher Handwerker arbeitete im Hof vor seiner Türe; in der Werkstatt hatte er Handwerkszeuge und Hilfsmittel. Manche Werkzeuge hatten besonderen Wert, weil sie von einem alten Meister eigens angefertigt waren.

79 Korbflechter

Der Korbflechter fertigte Behälter für Küche, Haus und Keller; von groben Erntekörben, Wäschekörben, Körbe für Säuglinge, Körbchen für das geschnittene Brot zu den Mahlzeiten bis zu feinsten Flechtarbeiten an den Sesseln im Abthaus und Gästehaus.
An den Bachufern schnitt er Weidenruten in ver-

schiedener Länge und Stärke, schälte die Rinde ab und legte sie →sortiert in Bündeln ins Wasser zum Weichen. Zum Flechten trug er sie in die Werkstatt.
Öfters kam auch der Imker zu ihm in die Werkstatt, denn er brauchte zur Fertigung seiner Bienenkörbe ganz besonders biegsame Weiden und getrocknete Binsenblätter.
Daß auch manchmal dem Pedell nichts anderes übrig blieb, als den Korbflechter aufzusuchen (er benötigte wieder einmal eine Rute um eine →Schulstrafe durchzuführen) sei nur am Rande erwähnt.

80 Schnitzer
81 Drechsler
82 Tischler oder Schreiner

Die drei Meister, die mit Holz arbeiteten, grenzten ihre Gebiete genau ab:
Der Schnitzer war der Künstler unter ihnen, er schuf Bildwerke aus weichem Lindenholz, kleine Gestalten für die →Weihnachtskrippe, vielleicht auch große für die →Altäre der Kirchen. Beim Bau einer Kirche fiel ihm die Aufgabe zu, mit seinen Helfern die Kirchenbänke und das →Chorgestühl zu gestalten. Er schnitzte auch verzierte Leisten für Schränke und Stühle.
Der Drechsler versetzte mit einfachen Mitteln ein Stück Holz in Drehung, bearbeitete es bis es rund wurde und als Stuhl- oder Tischbein geeignet war.
Der Tischler oder Schreiner fertigte an, was zum täglichen Leben benötigt wurde: Bett, Stuhl, Tisch, Schrank und Truhe. Meist gab er sein Werkstück noch in eine andere Werkstatt, der Drechsler hatte die Schrankfüße schon vorbereitet, der Schnitzer eine Zierleiste, der Schlosser baute ein Schloß ein und schließlich bemalte der Maler den Schrank, ehe er hinüber in eine Stube des Klosters getragen wurde.
Der Schreiner hat den Namen von →Schrein erhalten. Das ist eine aus Holz gefertigte Lade, ein Kasten oder Schrank, der reich →verziert als Teil des →Altares (→Flügelaltar) oder zur Aufbewahrung von →Reliquien diente (Altarschrein, Heiligenschrein).

83 Glaser

Der Glaser gehört zu einer Berufsgruppe, die sich erst im ausgehenden Mittelalter entwickelt hat. Zuvor war Glas so kostbar, daß nur Kirchenfenster damit versehen wurden. Die Kunst mit Glasstücken zu arbeiten und auf Glas zu malen kam von Italien. Als man anfing, anstelle der geölten Tierhaut, die bis dahin in eine Fensteröffnung gespannt worden war, die Fenster zu verglasen, wurden die Scheiben aus vielen Einzelteilen mit Bleiruten zusammengesetzt (→Butzenscheiben). Man war noch nicht in der Lage, große Scheiben herzustellen.

84 Maler

Der Maler gab Möbelstücken und Gebrauchsgegenständen durch Bemalen oder →Beizen ein gutes Aussehen und dem verwendeten Holz lange Haltbarkeit.

85 Schlosser
86 Sattler
87 Schuster

Schlosser, Sattler und Schuster hatten den Zugang zu ihren Werkstätten auch vom Innenhof her, sie benützten noch eine Türe, die zum Schmiedehof führte. Dort an Schmiedefeuer und →Amboß hatten sie auch manchmal zu tun. Der Schlosser bog Metallstücke, Sattler und Schuster brauchten seine Hilfe, wenn in ihren Werkstücken Metallteile eingearbeitet werden sollten (→Pferdegeschirr, Nagelschuhe).
Der Sattler benötigte vom Korbflechter starke Weidenruten, an sie flocht oder knüpfte er dünne Lederriemen und fertigte so für die Kutscher Peitschen an.

88 Bürstenbinder

Der Bürstenbinder lieferte viele Reinigungsgeräte, Bürsten in allen Größen, Besen und Staubwedel für den großen Klosterhaushalt. Er nahm dazu Borsten von Pflanzen (Wurzeln, Reisig) und Tieren (Schwein, Dachs).

89 Schmied
90 Schmiede und Schmiedehof

Die kräftigsten Mönche und Handwerker arbeiteten in der Schmiede. Eisenteile wurden im Schmiedeofen zum Glühen gebracht, auf dem →Amboß mit Zangen in die gewünschte Form gebogen und mit Hammerschlägen gestaltet und schließlich in kaltem Wasser gehärtet. In der Schmiede wurden Ketten für die Tiere im Stall angefertigt, Pferde beschlagen, Handwerkszeug hergestellt und Gitter geschmiedet.
An manchem kunstvoll entworfenen und ausgeführten Gitter an Fenstern, Portalen, am Lettner oder Tor wird deutlich, daß fast jedes Handwerk den Beginn einer besonderen künstlerischen Tätigkeit in sich trägt.

91 Stellmacher oder Wagner

Auf der anderen Seite des Schmiedehofes hatte der Wagner oder Stellmacher seine Werkstatt. Er formte in mühsamer Arbeit einzelne Holzteile zur Rundung des Wagenrades und umgab es mit Eisenbändern. Die Speichen hatte er aus langfaserigem Holz gespalten; beim Zusammenfügen der Radteile half der Schmied. Ein geschickter Stellmacher konnte nicht nur gebrochene Räder ausbessern, er baute auch Wagen, →Kutschen und Karren. War er ein guter Meister, konnte man kostbare Lasten sicher transportieren, und auch der Kutsche aus seiner Hand vertraute man sich für lange Reisen an. Für den Winter fertigte der Stellmacher Schlitten an, sie hatten in der Remise Platz.

92 Remise

Neben der Wagnerwerkstatt lag die →Remise, ein langgestreckter, nach einer Seite hin offener Schuppen. In ihm standen Wagen und →Kutschen. Für ihre Wartung war der Wagner verantwortlich. Die Gefährte mußten in gutem Zustand sein, besonders vor der Ernte.

93 Töpfer

An der anderen Seite der Remise arbeitete der Töpfer an der →Töpferscheibe. Er formte aus sorgfältig durchgeknetetem Ton Teller, Becher, Schüsseln, Krüge und andere Gefäße und verzierte sie. An der Wand hatte er lange Tische stehen, um seine Erzeugnisse - vor der Sonne geschützt - langsam zu trocknen. Waren genügend Gegenstände entstanden, bereitete er sie zum Brennen vor. Durch Auftragen einer →Glasur sollten sie ansehnlich, glatt und farbig werden. Der Töpfer mußte jedoch jedes Mal neu einen Ofen über den Tonwaren errichten. Im Hof stellte er die Tongefäße zusammen, füllte die Zwischenräume mit dürrem Reisig aus, umbaute sie kunstvoll mit Steinen und Lehm, ließ Öffnungen zum Anzünden, Anfachen und für den Rauchabzug. Nach Brennen und langsamem Erkalten wurde der Ofen vorsichtig abgebrochen. Die fertigen Töpferwaren wurden herausgenommen, gesäubert, in Gebrauch genommen oder im Krämerladen verkauft.

94 Seiler

Über der Remise arbeitete der Seiler. Er brauchte den langen Raum zum Spannen der Seile. Aus Pflanzenfasern (Hanf) drehte er dünne Stricke, spannte und drehte sie so oft zusammen, bis er schließlich ein dickes Seil erhielt. Es war so kunstvoll ineinander verschlungen und gefestigt, daß es schwere Lasten aushielt. Am stärksten Seil wurden die Glocken im Turm geläutet; der Sattler brauchte Seile für die Geschirre der Pferde, der Fischer ganz feine Schnüre für Angel und Fischernetz. Zur Erntezeit kam der Bauer, er benötigte kurze feste Stricke zum Garbenbinden, der Gärtner holte breite, weiche und doch wetterfeste Seile, um junge Obstbäume an Pfähle oder ans →Spalier zu binden. Im Fruchtkasten wurden auf glatten, dünnen Schnüren Äpfel und anderes Obst und Pilze zum Trocknen aufgereiht. Die Bauleute brauchten starke Seile, die ihre Gerüste zusammenhielten und Lasten mit Seilwinden nach oben trugen.
Eine besondere Art von Seil mußte der Seiler für manche Mönche und →Nonnen schlingen: Um die →Kutte zusammenzuhalten, trugen die Franziskaner als →Gürtel einen weißen, fein gedrehten Strick.

95 Schneider

Der Schneider nähte für →Knechte, →Mägde, Gesellen und Meister, die nicht zum Orden gehörten und um Lohn im →Kloster arbeiteten. Auch für deren Familienmitglieder fertigte er die Bekleidung an.
(Die Kutten für die Mönche wurden von diesen selbst in der Nähstube im Bruderhaus angefertigt (siehe 38)).

96 Krämerladen

Für den gleichen Personenkreis war ein →Krämerladen eingerichtet. Hier konnten Erzeugnisse des Klosters gekauft werden; z.B. Kerzen aus der Wachszieherei, Peitschen, Schuhe u.a. Außerdem wurden von fahrenden Händlern Dinge zum Weiterverkauf erworben: Kämme und Knöpfe, Nadeln und Garn, Tuche und Stoffe.

97 Bäcker oder Pfister

Der Bäcker, auch →Pfister genannt, backte in seinem Ofen Schrot-, Roggen- und Weizenbrot. Brot war damals Bestandteil jeder Mahlzeit, da man weder Kartoffeln (erst ab 1548) noch Reis (nicht vor dem 17. Jahrh.) als Beilage kannte. Auch Mehlklöße, Hirsebrei und in der Pfanne gebackene Fladen wurden dazu verwendet. Unter den Bäckern gab es geschickte Meister, die im Laufe der Zeit süße Köstlichkeiten erfunden haben: Honigkuchen, Springerle oder Brot mit getrockneten Früchten und Nüssen (→Hutzelbrot). Vor allem zu kirchlichen Festen wurde Gebäck in verschiedenen Formen zubereitet: Brezeln, Kringel, Wecken, Zöpfe, Kränze. In der →Fastenzeit mußte der Bäcker täglich einige Stunden mehr arbeiten, denn es wurde wegen der fehlenden Fleischgerichte mehr Brot verzehrt.

98 Metzger und Schlachter

Der Metzger schlachtet im Schlachthaus die Tiere und versorgt die Klostergemeinde mit Fleisch, einfachen Würsten und Speck. In der →Fastenzeit durften seine Erzeugnisse nicht gegessen werden, deshalb bot sie ihm Gelegenheit zur Vorratswirtschaft. Manches Stück Fleisch wurde eingesalzen, →gepökelt oder geräuchert, um für längere Zeit haltbar zu sein.

99 Seifensieder

Zwischen Schlachthaus und Klostermauer hatte der Seifensieder seine Werkstatt. Die Fensteröffnungen der Seifensiederei waren nur in die Außenmauer gebrochen, denn so konnte bei günstigem Wind der üble Geruch des Siedens vom Kloster ferngehalten werden. In Kesseln wurde aus Knochen, Fetten und anderen Abfäl-

len des Metzgers unter Zugabe einfacher chemischer Mittel ein→Sud gekocht, durchgesiebt und zum Erkalten auf Bretter gestrichen. Später wurde die Masse in handliche Stücke geschnitten und nach dem Trocknen als Seife verwendet.
Es ist anzunehmen, daß in ähnlicher Weise auch Knochenleim entstanden ist, der in anderen Berufen benötigt wurde (Buchbinder, Schreiner, Holzschnitzer u.ä.).

100 Wäschehäuser mit überdachtem Trockenplatz, Badestube

Aus allen Teilen des Klosters wurde Schmutzwäsche ins Waschhaus gebracht. Dort wurde die zuvor eingeseifte Wäsche in großen Kesseln ausgekocht. Danach zog man sie durch mehrere, mit klarem Wasser gefüllte→Zuber, bis alle Seifenreste ausgespült waren. Auf gespannten Seilen des überdachten Trockenplatzes wurden die nassen Stücke aufgehängt oder sie lagen draußen vor der Klostermauer auf der Wiese zum→Bleichen.
In manchen Klöstern waren Badestuben errichtet worden. Sie dienten der Reinigung des Körpers.
Vielleicht besaß ein Kloster sogar eine→Quelle mit→heilkräftigem Wasser. Das benützte der →Medicus zu ersten Versuchen der Heilung durch Wasserkuren (Baden und Trinken).

101 Bäckergasse

Die Bäckergasse bekam diesen Namen, weil sie zum Bäcker führte; vielleicht auch deshalb, weil es auf dieser Wegstrecke besonders herzhaft nach frisch gebackenem Brot duftete.

102 Floriansplatz

→Florian ist nach dem Kalender der katholischen Kirche der→Heilige, der um Schutz vor Feuer für Haus und Hof angerufen wird. Mitten in den Werkstätten und Lagerräumen, wo z.B. täglich das offene Schmiedefeuer brannte, hätte eine Feuersbrunst schrecklichen Schaden angerichtet. Die→Statue des Florian erinnerte daran, ihn um Bewahrung zu bitten, sie galt aber auch als Mahnung, mit Feuerstellen und Lichtern sorgsam umzugehen.

103 Sündergasse

Die Sündergasse führte durch ein Tor eng an Hausmauern entlang zu einer weiteren Pforte in der Klostermauer. Beide Zugänge waren verriegelt, sie wurden nur geöffnet, um einen Menschen hinauszuführen, der es durch sein schlechtes Verhalten unmöglich gemacht hatte, weiterhin im Kloster zu leben. Er wurde aus der Gemeinschaft ausgestoßen und den weltlichen→Gerichten überlassen (Mörder, Räuber, Ehebrecher, Kirchenschänder).
Später, in den Städten, führten Gassen mit diesem oder ähnlichem Namen zur→Richtstätte vor den Stadtmauern. (In Ulm zum Beispiel gibt es ein→"Vater-unser-Gäßchen". Es ist gerade so lang, daß der→Priester, der einen verurteilten Sünder zu begleiten hatte, ein letztes Vater unser für ihn sprechen konnte).

104 Fischergasse

Die Fischergasse zeigte den Weg zu einem wichtigen Berufsstand im Kloster. Vielleicht hat der Geruch der Fische auch hier beigetragen, die Gasse so zu benennen.

105 Fischhaus

Mit Hilfe von Netzen,→Reusen und Angeln versuchte der Fischer, die Fische zu fangen. Er ging dazu an mancherlei Gewässer, Seen und Flüsse oder er hatte Fischteiche vor der Klostermauer angelegt. Ein Nebenarm des Mühlbaches floß durch das Fischhaus. Die überreichlich gefangenen Fische konnten dort in Kästen, durch die das Wasser strömte, lebend aufbewahrt werden.

106 Fischerhaus

Der Fischer war im Kloster ein angesehener Mann; er versorgte die Menschen mit einem wichtigen Nahrungsmittel. An→Fasttagen (jeder Freitag, zur Erinnerung an den Tod Jesu) und in den langen Wochen der Fastenzeit (→Passionszeit, zum Gedenken an Christi Leiden) durfte kein Fleisch gegessen werden. Die Christen behalfen sich mit Speisen aus Mehl, Eiern, Milch und Käse, vor allem aber mit Fischgerichten.

107 Fischhof

Im Fischhof wurde in der Regel freitags Fischmarkt gehalten. Dort konnten sich die Käufer den noch lebenden Fisch aussuchen. Er wurde vom Fischer geschlachtet, ausgenommen und geschuppt. In einigen→Bottichen waren keine Frischfische, sondern eingesalzene Weißfische angeboten.
Zwischen den Markttagen benutzte der Fischer den Hof zum Netze spannen und flicken.

108 Mühlbach

Der Müller war bei seiner Arbeit abhängig vom Wasserstand des Mühlbaches. Er staute ihn, ehe er ins Kloster geleitet wurde. Je nach Bedarf öffnete oder schloß er die Schleuse und erzielte damit eine gleichmäßige Kraft des Wassers. Diese trieb das große Schaufelrad der Mühle an.

109 Müller

Der Müller mußte darauf achten, daß das Getreide im Kornhaus nicht feucht lagerte, sonst keimte es und war verdorben. Er bestimmte Menge und Art bei der Verarbeitung einzelner

Getreidesorten (Dinkel, Hirse, Roggen, Gerste, Hafer, Weizen). Sein Können entschied, ob gemahlen oder gestampft werden sollte und wie lange die Vorgänge dauern durften, um Mehl, Gries, Grütze oder Graupen zu erhalten. So sorgte er, daß alle im Kloster satt wurden.

110 Mühle und Stampfe

Durch die Umdrehung des Mühlrades wurden die Mühlsteine übereinander bewegt und die dazwischenliegenden Körner immer feiner zerrieben. Anfänglich wurde das Korn mit der Schale gemahlen, erst später mahlte man zuerst die Schale weg, säuberte die Mühlsteine und mahlte ein zweites Mal die Körner zu weißem Mehl. Hirse und andere Getreidesorten wurden in der Stampfe grob zerkleinert (gequetscht). Sie wurden zum Kochen von Brei und Suppe verwendet (vor allem in der →Fastenzeit). Eine Mühle zu besitzen, war für ein Kloster ein großer Reichtum.

111 Schäffler

Der Schäffler - auch Kübler, Böttcher, Küfer oder Faßbinder genannt - hatte seinen Arbeitsplatz nahe am Bach. Darin konnte er dünne, schmale Bretter einweichen, sie zu sogenannten →Faßdauben biegen, zurechtschneiden und sie mit Hilfe von Eisenringen zu Gefäßen zusammenfügen (Faß, →Bottich, Schaff, Kübel, Eimer, Kanne, Becher). Sie wurden vom Bierbrauer, Fischer, Bauer, Gastwirt, Imker und vielen anderen benützt. Zum Wasserschöpfen am Brunnen benötigte man in jedem Haus Gefäße.

112 Brauer
113 Brauerei

→Brauen und Biertrinken mögen nach heutiger Auffassung nur schlecht in ein Kloster passen; man denkt jedoch anders, wenn man folgendes weiß:
Während der →Fastenzeit war den Christen das Essen von Fleischgerichten nicht erlaubt. In diese Wochen fallen aber die schweren körperlichen Arbeiten der Feldbestellung bzw. des Holzschlagens. Da brauchten die Männer kräftige Nahrung. Den wöchentlichen Fasttag konnten sie mit Fisch, Eiern, Käse, Milch und Brot überstehen, aber nicht die Zeit von →Septuagesimae bis Ostern (siebzig Tage) und die Adventszeit (vier Wochen). Deshalb erfanden die Mönche ein Getränk, das zur Mahlzeit genossen, kräftig machte. Es war aus gebrannter Gerste (Malz), Hopfen, Hefe und Wasser hergestellt, wurde vergoren und →gesotten und in Fässern gelagert.
Noch heute werden im süddeutschen Raum besondere Starkbiere als "Fastenbier" angeboten und in Klosterbrauereien hergestellt (z.B.: Weihenstephan, Andechs).
Bier war also ein Nahrungsmittel; zum Genußmittel wurde es erst später.
In Gegenden des Weinanbaues wurde in den Klöstern das →Keltern des Weines betrieben. Auch Wein täglich mäßig genossen, gab Mönchen und Knechten neue Kraft.

114 Lagerschuppen

Zwischen Mühle und Brauerei lag ein Schuppen, in dem leere Fässer gestapelt wurden. Teils waren sie vom Schäffler geliefert, teils leergetrunken und wieder gereinigt. Gefüllte Fässer lagerten in tiefen, kühlen Kellergewölben und wurden erst zum "Anstechen" nach oben gebracht. In Kannen und Krügen wurde das Bier ausgeschenkt. Flaschen aus Glas kannte man noch nicht.

Innerer Bezirk der Landwirtschaft:

115 Erntetor

Durch das Erntetor brachten die Bauern auf ihren Wagen Feldfrüchte, Getreide und Heu ein. Die im Frühjahr und Herbst stattfindenden →Feldprozessionen zogen durch dieses Tor aus und ein.

116 Bauernhaus

Im Bauernhaus wohnten →Knechte und →Mägde. Sie arbeiteten in der Landwirtschaft unter Anleitung eines Mönches.
Eine der ersten Aufgaben der Mönche nach einer Klostergründung waren Urbarmachung (Roden) und Bewirtschaften des Landes (Landwirtschaft). Je mehr eine Klosteranlage wuchs, desto mehr mußte dieser Zweig ausgebaut werden, um unabhängig zu sein.

117 Rinderställe

Die Rinderställe waren dreigeteilt: Zugtiere, Milchvieh und Jungtiere. Die Ochsen wurden zu schwerer Feldarbeit vor die Ackergeräte gespannt. Im größten Raum des Stalles waren Milchkühe untergebracht.

118 Käserei

Um gleich an Ort und Stelle die Milch zu verarbeiten, lagen die Räume der Käserei gegenüber den Rinderställen. Die Milch wurde verteilt: Sahne zur Butterbereitung abgeschöpft, Milch und Sauermilch zum Trinken bereitgestellt, Quark und Käse zubereitet und Molke, ein Abfallprodukt, als Schweinefutter weitergegeben.

119 Scheune

Die Scheune unterteilte den Bauernhof; in ihr waren Futtermittel für Pferde und Rinder gelagert (Heu, Hafer, Rüben, Stroh u.ä.). Der mächtige Bau war in Stockwerke gegliedert und enthielt mehrere Heuböden, um auf ihnen die Vorräte richtig aufzubewahren (Brandgefahr). Sie mußten bis zur neuen Ernte ausreichen.

120 Durchlaß

Ein breiter Durchlaß in der Scheune verband die beiden Teile des Bauernhofes, damit auch von den Rinderställen her ein Zugang zum Brunnen bestand. Der Vorteil dieser Bauweise war, daß durch ein wiederholtes Wassertragen viele Leute durch die Scheune kamen und ein entstehender Brand sofort bemerkt worden wäre.

121 Pferdestall

Im Pferdestall standen die Pferde in langen Reihen. Sie wurden für verschiedene Aufgaben gehalten. Sie unterschieden sich im Körperbau: schwere, kräftige Rosse zogen die Ackerwägen, Holz- und Baufuhrwerke; vor →Kutschen wurden flinke, lauffreudige Gäule gespannt; einige schlanke, edle Pferde wurden zum Reiten verwendet.

122 Lager- und Geräteschuppen

Die Lager- und Geräteschuppen grenzten den Hof ein. In ihnen standen bäuerliche Geräte: Pflug, Egge, Sensen, Hacken, Spaten und Schaufeln. Auch Saatgut wurde gelagert.

123 Brunnen

Zum Brunnen im Hof kamen alle, die in diesem Teil des Klosters wohnten und arbeiteten. Die Menschen tranken aus ihm, die Tiere wurden mit diesem Wasser versorgt und die Werkstätten, die nicht vom Mühlbach Wasser entnehmen konnten, schöpften es hier. Vielleicht floß das Wasser aus einer gefaßten →Quelle, in späterer Zeit wird es wohl ein Pumpbrunnen gewesen sein, der Grundwasser nach oben brachte.

124 Kornhaus und Zehntscheuer

Zusammen mit dem Fruchtkasten sind Kornhaus und →Zehntscheuer die großen Vorratskammern des Klosters. Vom Kornhaus holen sich Müller und Bierbrauer Getreide. Die Menge setzte der →Administrator fest, er hatte Überblick über alle Vorräte und trug die Verantwortung über ihre Verteilung.
Auch die Zehntscheuer ist ein Lagerhaus. Es hat seinen Namen von den Abgaben der Frommen, die von jeder Ernte den zehnten Teil Gott und damit den Armen geschenkt haben.
Diese Abgabe geht zurück bis in die Zeit des Alten Testaments. Dort wurde vom Gesetz geboten, daß jedermann von allen Gütern den Zehnten zu geben hatte, auch von Vieh und Handelsertrag. Er wurde einmal im Jahr, am Erntefest, zum →Heiligtum (→Tempel) gebracht und diente zu dessen und der Priester Unterhalt. Jedes dritte Jahr wurde der Zehnte an die Armen verteilt.
Zu allen Zeiten wird der →Altar am →Erntedankfest mit den schönsten Früchten und Garben geschmückt.

125 Holzhof

Die verschiedenen Feuerstellen im Kloster machten einen großen Holzvorrat nötig. Im Holzhof wurde das Brennholz gesammelt, zersägt, gespalten und gestapelt. Im Moor gestochener →Torf und Tannenzapfen aus den Wäldern wurden getrocknet, Reisig gebündelt.

126 Holzschuppen

Je trockener das Brennmaterial im Schuppen lagerte, desto einfacher war es im Winter Feuer anzuzünden. Durch geschicktes Schichten der Scheite in Längs- und Querrichtung konnte die Luft durch den Stapel streichen und das Holz austrocknen.
In den Anfängen der Klöster gab es noch wenig beheizte Räume (Kalefaktorium; Wärmeschalen).

127 Jungviehkoppel

Die Kuh-, Ziegen- und Schafherden des Klosters hatten vor der Klostermauer eingezäunte Weideplätze. Die Jungtiere blieben in der →Koppel am Rinderstall.

128 Bauerngasse

Der Name Bauerngasse sagte, daß man sich im Bezirk des Bauernhofes befand. Durch sie pulsierte reges Leben und Treiben: Menschen, die in den handwerklichen Bezirken arbeiteten oder kauften; die zum Friedhof, Arzt und Hospital mußten; die den Waisenkindern Gaben bringen oder an der Klosterpforte um Almosen bitten wollten.

129 Dreifaltigkeitshof

Morgens und abends kamen →Knechte und →Mägde im Hof zusammen, um mit →Gebet und →Segen den Tag zu beginnen und zu beschließen. Ein →Pater hielt die kurze →Andacht, er begann und beendete sie mit →Bekreuzigen und den Worten: "Im Namen des Vaters und des Sohnes und des Heiligen Geistes." Von diesem Anrufen der →Dreifaltigkeit bekam der Hof seinen Namen.

Bezirk der Bauhütte:

130 Holztor

Das Holztor hieß nicht so, weil es aus Holz erbaut war, sondern weil durch diesen Einlaß in der Mauer die Holzfuhrwerke ins Kloster kamen. Sie luden Nutzholz bei den Zimmerleuten und Brennholz am Holzschuppen ab.

131 Meistergasse

Die Meistergasse führte vom Floriansplatz zum Holztor. Sie hatte ihren Namen vom vielseitigen und wichtigen Beruf des Baumeisters.

132 Maurergasse

Die Maurergasse führte an den Werkstätten der Bauhütte vorbei zur abgelegenen Schweinemeisterei. Ihr Name zeigte das Handwerk an, das in der Bauhütte am bekanntesten war.

133 Bauhütte

→Bauhütte ist der Sammelname für alle Handwerker, die bei einem Kirchen- oder→Klosterbau beschäftigt waren.
Noch heute findet man bei großen Kirchen Bauhütten und Baumeister (z.B.: Kölner Dombauhütte; Ulmer Münsterbaumeister).

134 Baumeister

Die meisten Handwerker hatten die Meisterprüfung abgelegt, ordneten sich aber freiwillig dem Baumeister unter. Er war ein angesehener Mann im→Kloster, denn er plante und überwachte alle Neubauten, erhielt das Bestehende in gutem Zustand und vergrößerte dadurch Besitz und Reichtum des Klosters.

135 Anstreicher und Fassadenmaler

Der Beruf des Anstreichers und Fassadenmalers gehört in die große Gruppe der Maler. Sie bemalten die Außenwände (→Fassaden) an Kirchen und Häusern oder versahen sie mit farbigen →Verzierungen. In früherer Zeit schufen sie vielleicht→Fresken in den→Kirchen und→Kreuzgängen und malten Bilder auf Kirchen- und Häuserwände (→"Lüftlmalerei" in Gebirgsdörfern).

136 Pflasterer

Um bei Regenwetter sicher gehen und fahren zu können, wurden Straßen, Gassen, Plätze und Höfe mit kleinen und großen Steinen belegt und in die Erde geklopft (runde Steine =→Kopfsteinpflaster; eckige Steine = Pflastersteine). Für große Plätze wurden kunstvolle Muster entworfen (Mosaikkunst).

137 Zimmermann

Die Zimmerleute bekamen von den Holzfällern die Holzstämme geliefert und bearbeiteten sie zu Balken. Diese Bauhölzer wurden als Decken-, Trag- und Stützbalken für Dachstuhl und Gerüstbau verwendet.

138 Stukkateur

Der→Stukkateur war beim Innenausbau von→Kirchen, →Kapellen und→Palästen beschäftigt. Aus Gips, Sand, Kalk und Wasser mischte er eine gut formbare Masse, die an Wänden und Decken zu→Verzierungen künstlerisch gestaltet wurden. Als sich in späteren Zeiten Fürsten und Könige prunkvolle Schlösser bauen ließen, hatte dieser Beruf seine Blütezeit (→Barock).

139 Maurer

Je höher der Baumeister zu bauen wagte, desto tüchtiger mußten die Maurer sein. Sie hatten die Verbindung der einzelnen Steine mit Mörtel so fest und haltbar zu machen, daß nicht die untersten Mauerschichten nachgaben und das Bauwerk einzustürzen drohte.

140 Steinmetz

Der Steinmetz gehört zu den künstlerischen Handwerkern. Zum Schmuck der Kirchen→fassade meißelte er→Ornamente mit Blättern, Blüten, Tieren und vor allem→Heiligenfiguren aus dem Stein. Er schuf die reich verzierten Fensteröffnungen und Säulen in→Kreuzgang und →Kirche, bearbeitete→Grabplatten und die →Kreuze für den Friedhof und errichtete →prächtige→Portale. Beim Bau einer Kirche lieferte er die vorgefertigten Steine für→Gewölbe und Stützsäulen und bereitete die Stufen für →Chorraum und→Altar vor. Auch steinerne Brunnentröge und die Verankerungen für Gittertore kamen aus seiner Werkstatt.
Die Blütezeit des Steinmetzberufs lag in der Zeit der→Gotik.

Äußerer Bezirk der Landwirtschaft:

141 Schweinemeister

Wegen des üblen Geruches lag der Schweinestall abseits vom Bauernhof. Weil Schweine zartes, schmackhaftes Fleisch gaben, wollte man nicht auf sie verzichten. Ihr Unterhalt war billig, sie lebten von Abfällen aus Küche und Garten sowie von Restprodukten aus Mühle (Kleie) und Käserei (Molke). Ein Schweinemeister war für die Tierhaltung verantwortlich.

142 Geflügelhof

Der Geflügelhof lieferte dem Kloster wertvolle Nahrungsmittel. Hühner wurden aufgezogen, weil man viele Eier, besonders in der →Fastenzeit, verbraucht hat. In der Küche sah man im Geflügel eine willkommene Abwechslung. Für Herbst und Winter wurden Gänse und Enten gemästet und an →Kirchweih, Martini und Weihnachten als Festbraten zubereitet.

143 Taubenschlag

Wie das Geflügel wurden die Tiere des →Taubenschlages durch Abfallprodukte aus Küche und Mühle ernährt. Tauben galten als →Krankenkost und wurden ins Hospital, Siechenhaus und in die Pfründe geliefert.

144 Samenzüchter

Der Beruf des Samenzüchters leitet sich von dem des Gärtners ab. Es wurden in jahrelangen mühsamen →Züchtungsversuchen gute Nutzpflanzen gezogen, die größere Erträge brachten, widerstandsfähiger gegen Kälte waren oder durch angezüchteten Niederwuchs weniger Schaden bei Sturm und Hagelschlag nahmen. Der Samenzüchter half mit, daß die Ernte so reich ausfiel, daß der Anschluß an die nächste erreicht wurde und niemand hungern mußte. Obwohl er seine Arbeit im Verborgenen tat, war sie für die Gemeinschaft des →Klosters und die Bauern des Landes von großer Bedeutung.

145 Blumengarten

Im Blumengarten wuchsen viele Arten von Blumen. Die Gärtner sorgten, daß man das ganze Jahr über Schmuck für die Altäre der Kirche hatte.
Für das Anlegen der Blumenbeete in Abtgarten, Internatsgarten, Friedhof und Pfründeanlagen zogen sie Pflanzen heran. Für den Fürstengarten im weltlichen Bereich gaben sie sich besondere Mühe.

146 Imker

Der →Imker hat seinen Namen von den Bienen, die früher →Immen hießen. Er hütete und betreute die Bienenvölker und gewann durch Schleudern den von ihnen gesammelten Honig. Dieser gilt bis heute als →Medizin bei Erkältungskrankheiten.
In der Küche wurde Honig neben →Sirup aus Rüben zum Süßen der Speisen verwendet; der Bäcker brauchte ihn, vor allem zu Honiglebkuchen. Weißen Zucker, wie wir ihn kennen, gab es damals noch nicht.

147 Wachszieher

Neben der Imkerei lag die Werkstatt des →Wachsziehers. Er bekam die ausgeschleuderten →Waben der Bienen, schmolz das Wachs, reinigte es von Rückständen und hatte damit das →Material zur Herstellung von →Kerzen gewonnen.
Er zog den geflochtenen →Docht durch das erwärmte, flüssige Wachs. Je öfter das Durchziehen wiederholt wurde, desto dicker wurde die Wachsschicht, die den Docht umgab und die Kerze gewann an Umfang. Kleine Kerzen dienten in Haus, Küche und Keller; lange, schlanke, brannten auf den Leuchtern in →Abthaus und →Refektorium; die schönsten und größten wurden für →Kirche und →Kapitelsaal reich →verziert.
Zum →Wachs- oder →Lichtstock wurde eine meterlange dünne Kerze in warmem Zustand gebogen und spiralig übereinandergelegt. Um auch in stürmischen Nächten im Freien Licht zu haben - Kerzen hätte der Wind gelöscht - brauchte man →Fackeln. Das waren Stäbe, die am oberen Ende mit wachsgetränktem →Werg (Fasern von Hanf und Flachs) umwickelt wurden und hell brannten. Der untere Teil des Stabes diente als Griff.
Wachs verwendete man in der Küche, um Gefäße luftdicht zu verschließen.
Das gut formbare Material fand Verwendung beim Modellieren von Figuren für →Weihnachtskrippen und diente Schnitzer und Steinmetz zur Modellherstellung.
Besonderes, tiefrot gefärbtes Wachs benötigte der →Abt zum Abdruck seines →Siegels unter →Urkunden und zum Verschließen der Briefe.

148 Bienenkörbe

An der windgeschützten Südseite der Friedhofmauer - unmittelbar am Imkerhaus - standen in langer Reihe Bienenkörbe. Der →Imker flocht aus Binsen tiefe gewölbte Körbe, stellte sie mit der Öffnung nach unten auf und schnitt in sie ein kleines Loch, das die Bienen als Flugloch benutzten. Ein im Wald eingefangener wilder Bienenschwarm bewohnte den Korb (Bienenstock), legte →Waben aus Wachs an und füllte sie mit Honig. In anderen Waben zogen die Bienen die von der Königin gelegten Eier heran, und zwar Arbeitsbienen, Drohnen (männlich) und Weiseln (Königinnen).

149 Blumengasse

Wie sollte die Blumengasse anders heißen: Sie führte an der Pracht vieler Blüten vorbei zu Wachszieher und Imker. Vielleicht machten mächtige Sonnenblumen, duftende Rosensträucher, das Summen der Bienen und schön gezeichnete Falter den Weg besonders reizvoll.

IV Der weltliche Bereich

Der weltliche Bereich wurde auch "ZUFLUCHT" genannt, denn in ihm durften bei Kriegsgefahr Alte, Kranke, Gebrechliche und Mütter mit ihren Kindern Schutz suchen.

Verwaltungsbezirk und Außenwache:

150 Einlaß

→Einlaß hieß das große Tor in der Klostermauer. Es war Tag und Nacht bewacht. Nur wer "Rede und Antwort stand" und "nichts Böses im Schilde führte", wurde eingelassen.

151 Wächterstube (nachts)
152 Pforte und Anmeldung (tags)

Der Wächter erlaubte bereitwillig, zu →Medicus, →Pharmazeut oder zu Handwerkern und Bauern zu gehen. Die Wege zeigten durch ihre Namen, wohin man sich wenden mußte.
Wollte jemand zu einem →Mönch, wurde er zur →Pforte der →Klausur geführt und konnte sein Anliegen durch das →Sprechgitter vorbringen.
Dem Abt wurden Besucher erst angemeldet und nur nach seiner Zustimmung zu ihm geführt.
War ein Fürst auf Reisen, schickte er seine Diener voraus, um ein Nachtlager zu erbitten. Es gab zu dieser Zeit kaum Gasthäuser und ein Übernachten war dort mitunter gefährlich.
Wollte ein →Adliger seinen Sohn in die →Klosterschule schicken, mußte er ihn zuerst dem Abt vorstellen und dessen Erlaubnis einholen.
Ein anderer suchte z.B. nach traurigen Erlebnissen einen Ort der Stille, um zu beten und nachzudenken.
Sie alle wurden aufgenommen und gut versorgt. Zum Dank und anstelle einer Bezahlung gaben sie dem Kloster Geschenke. Das konnten ein Reitpferd, Stoffe, Getreide oder Goldstücke sein. Geld war sehr wenig in Umlauf; es hatte meist nur Gültigkeit an dem Ort, an dem es geprägt worden war. Das Bezahlen durch Güter war einfacher.
Nachts saß ein Wächter im Tor. Er öffnete beim Klopfen nicht gleich das große Tor, sondern sah durch einen Klappladen nach. Wenn der Medicus zu einem Kranken oder ein →Priester zu einem Sterbenden gerufen wurde, kam der Hilfesuchende nie umsonst zum Kloster.

153 Vorgarten am Einlaß

Nahe am Einlaß, vor dem großen Gebäude der Pfründe und Administration war ein Vorgarten angelegt. Sträucher, Blumen und Bänke zum Ausruhen gaben dem Klostereingang ein freundliches, gepflegtes Aussehen.

154 Administration

Hinter dem Vorgarten stand das Haus der →Administration. So wurde die Verwaltung des Klostergutes genannt. Sie geschah durch einen tüchtigen Mann, der Rechnen, Planen und Wirtschaften konnte, der Überblick hatte über Felder und Wälder, Ernte und Vorräte sowie Verbrauch und Verkauf. Er war einzig dem →Abt verantwortlich.

Wohnbezirk für alte Menschen und Gesinde:

155 Pfründe

Nahe beim Tor lag die →Pfründe, das Altenheim. In ihm wohnten →Knechte und →Mägde, die ein Leben lang im →Kloster gearbeitet hatten. Für sie fühlte sich der →Abt gerade dann verantwortlich, wenn sie alt und hilfsbedürftig waren.
Die Lage des Hauses am Tor bot den Alten Abwechslung und Zeitvertreib, mancher wird zu kleinen Aufträgen und Botengängen bereit gewesen sein, um sich immer noch als nützliches Glied der Gemeinschaft zu fühlen.

156 Pfründegarten

Der Garten hinterm Haus war zur Erholung der Pfründner angelegt. Sie konnten in der Sonne (ungefährdet von Fuhrwerken) spazieren gehen und unter schattigen Bäumen ausruhen.
Bekamen sie Besuch von Verwandten, durften die Enkel im Garten bleiben und spielen. Im Altenheim selbst sah man Kinder nicht gern.

157 Gartenlaube

In die Gartenlaube beim Altenheim trug man die Schwachen, damit sie die Gemeinschaft mit den anderen nicht vermissen mußten und sich an Blumen und Bäumen freuen konnten. Nach den langen Wochen des Winters war ihnen Sonne und frische Luft eine Wohltat.

158 Gesindehof
159 Gesindehäuser

In den Gründungszeiten der →Klöster wurden alle Arbeiten von Mönchen verrichtet. Später wurde es nötig, →Knechte und →Mägde anzustellen; sie nannte man →Gesinde. Im Gesindehaus wohnten und lebten sie, teils mit ihren Familien. Morgens gingen sie an verschiedene Arbeitsplätze und kehrten abends zurück.
Betrat man tagsüber den Gesindehof, tummelte sich dort eine fröhliche Kinderschar. Sie spielten mit Bällen, Kreiseln und Steckenpferden, bestimmten durch Abzählverse wer fangen und suchen mußte und sangen zum Reigen. Seilhüpfen und "Blinde Kuh" waren beliebte Spiele der größeren Kinder.

Bezirk für das Herbergswesen:

160 Herberge - Pilgerhaus

Die →Herberge bot Übernachtungsmöglichkeit für Reisende. Sie wurde gern benutzt, denn Gasthäuser waren selten und unsicher. Die meisten Herbergsuchenden waren ohnedies →Pilger oder Pilgergruppen auf Fahrt. Ihnen war das →Kloster mit →Kirche und Seelsorge sowie die Geborgenheit der umfriedeten Anlage willkommen.

161 Gaststube für Edle und Bürger

Unmittelbar an die Herberge gebaut waren die Gaststuben. Für →Edle und Bürger hatten sie einen stattlichen Eingang. Innen fand man vornehm ausgeschmückte Räume. In ihnen nahm man Speisen und Getränke zu sich; besprach mit Freunden und Reisegefährten die Tagesereignisse und schloß manchen Handel ab.

162 Gaststube für Gesinde und Diener

Eine ebenerdig gelegene Gaststube war dem →Gesinde und den Dienern zugänglich. Hier ging es oft mit Reden und Späßen derb zu. Speise und Trank waren dort einfach, reichlich und herzhaft.

163 Laube, offener Raum
164 Tanzboden
165 Wirtsgarten

Im Wirtsgarten wurde Bier und Wein des →Klosters ausgeschenkt, wenn zum Beispiel das →Gesinde →Hochzeit, →Kirchweih oder →Erntedank feierte. Man konnte in der Laube sitzen und den tanzenden Paaren zusehen. Musikanten spielten auf, vielleicht berichteten fahrende Gesellen von ihren Reisen, Abenteuern und von fremden Ländern. Oder ein Bänkelsänger zeigte in vielen, oft schaurigen Bildern irgend eine →Moritat mit ihren schrecklichen Folgen. Auch Schausteller führten Kunststücke mit gezähmten Tieren vor, liefen und tanzten auf dem Seil oder verblüfften die Zuschauer mit Taschenspielereien.

166 Herbergshof - Pilgerhof und Pilgertor

Hier standen die →Kutschen der Gäste. An Eisenringen in der Mauer waren Pferde und Esel angebunden, solange ihre Herren in der Gaststube Rast machten.
Manchmal lehnte ein schweres →Kreuz aus Holz an der Hofwand. Eine Pilgergruppe war in der Herberge eingekehrt. Sie trug ein solches Kreuz als Zeichen der Buße auf ihrer →Wallfahrt mit. Entweder ließen sie es zur Erinnerung an ihre Pilgerfahrt am Wallfahrtsort oder brachten es geweiht zu ihrer heimatlichen →Kirche zurück.

Dort bekam es einen Ehrenplatz an der Kirchenmauer oder im Friedhof.

Zu festgelegter Stunde - wenn die Mönche ihr Complet beendet hatten - wurde das Pilgertor geschlossen. Dann war in den Gaststuben das Licht gelöscht und es herrschte Nachtruhe.

Fürstenbezirk:

167 Wohn- und Gästehaus für weltliche Würdenträger

Im Mittelalter begaben sich wiederholt →weltliche Würdenträger, Kaiser, Könige und Fürsten mit großem →Gefolge, auf Reisen, z.B. nach Italien, um in Rom dem →Papst gemeinsame Probleme vorzutragen. Der Reiseweg wurde gern von Kloster zu →Kloster genommen. Jeder →Abt war über die Ehre eines solchen Besuches erfreut. Er benutzte die Gelegenheit und gab Botschaften an den →Heiligen Vater mit und konnte dabei sicher sein, daß sie nicht verloren gingen.
Um standesgemäße Quartiere zu haben, wurde ein prunkvolles Haus mit Wohn- und Schlafgemächern errichtet. Die Handwerker des Klosters schufen in der äußeren Form und bei der Innenausstattung schöne Meisterwerke ihres Faches: Schnitzwerk an Möbeln, gewobene und gestickte Teppiche und Wandmalereien im Stil der Zeit.
Im Gästehaus wohnten auch solche, die wegen eines →Erbstreites ins Kloster gekommen waren. Der Abt versuchte zu schlichten, aber es dauerte oft mehrere Tage.

168 Festsaal des Gästehauses: Fürstensaal

Der Festsaal hieß zu Ehren der Gäste Fürstensaal. Er diente zu Empfängen, festlichen Versammlungen und als Speisesaal. In ihm musizierten Spielleute höfische Weisen, auch Gedichte in →Latein und Griechisch wurden rezitiert (vorgetragen). Vielleicht zeichnete den Fürstensaal ein spiegelnder, besonders kunstvoll verlegter Fußboden aus (Intarsien), oder der →Stuck an Decke und Wänden galt als meisterlich. War der Saal von vielen Kerzen festlich erleuchtet, schien er wohl eines Kaisers würdig.

169 Pferdestall und Kutscherkammern

Kutscher, Pferde und →Kutsche gehörten auf der Reise stets zusammen.
Deshalb sind sie auch hier in einem Haus ("unter einem Dach") untergebracht. Ihre Unterkunft ist in unmittelbarer Nähe ihrer Herrschaft.

170 Durchgang zum Fürstenhof

Der Durchgang zum Fürstenhof läßt eine bequeme Einfahrt in den Hof zu, hält aber zugleich Neugierige ab, dem Geschehen zu nahe zu kommen. →Edle und ihre Bediensteten wollten unter sich sein.

171 Gartenhäuschen
172 Fürstengarten

Um den Gästen nach einem anstrengenden Reise- oder Verhandlungstag Erholung in frischer Luft zu bieten, war um den Fürstensaal ein Garten mit Bänken, Sitzgruppen und einem Häuschen angelegt worden.

173 Wohnungen für das Gefolge

Das →Gefolge der →Würdenträger bestand oft aus einer Schar von →Adeligen. Auch Diener und Zofen, Sachverwalter und Leibwächter waren im Gefolge. Sie mußten stets für die Dienste ihrer Herren bereit sein, deshalb war ihre →Herberge nur über den Hof in unmittelbarer Nähe gelegen. Die Würdenträger wollten nicht mit ihnen unter einem Dach wohnen.

174 Fürstenhof

Der Name Fürstenhof gab auch dem →Gefolge ein entsprechendes Ansehen; es unterschied sich bewußt vom →Gesinde.

Bezirk des Kirchplatzes

175 Kirchplatz

Vor der mächtigen →Fassade der →Kirche liegt der Kirchplatz. Er ist eingeschlossen von Häusern und →Arkaden. Seine fast quadratische Form ist ausgerichtet auf die →prächtigen →Portale, durch die der →Gläubige das →Gotteshaus betritt. Die Kirche ist nicht nur weithin sichtbarer Mittelpunkt der →Klosteranlage, sie ist Mittelpunkt im Leben der Menschen.

176 Brunnen

In der Ecke bei den →Arkaden stand der Brunnen. In einen reich →verzierten Brunnentrog floß Wasser aus mehreren Röhren. Er war die einzige Wasserstelle im weltlichen Bereich, an ihr schöpften die →Mägde in Krüge und Kannen. Ihr Kommen und Gehen belebte den Kirchplatz.

177 Arkaden

→Arkaden sind einseitig offene Säulen- oder Bogengänge. Sie schmücken den Kirchplatz und grenzen ihn ein. Von der →Administration bis zur →Kirche - am Brunnen vorbei, durch das Dreifaltigkeitstor unterbrochen - ziehen sie sich hin und spenden den Menschen Schatten und Schutz vor Regen und Wind.

178 Dreifaltigkeitstor und Durchgänge

Durch das Dreifaltigkeitstor gingen →Knechte und →Mägde in den Dreifaltigkeitshof, um an Beginn und Ende ihrer täglichen Arbeit zu beten und vom →Pater gesegnet zu werden. Alle, die zur Klosterpforte, zu Arzt und Apotheker, in die Bauhütte, zum Bauernhof, zu den Handwerkern oder zum Friedhof gingen, benützten das Dreifaltigkeitstor und seine Durchgänge. Manchem Menschen im →Kloster war es vielleicht zur lieben Gewohnheit geworden, am Tor sich durch →Bekreuzigen und Anrufen der →Trinität daran zu erinnern, daß er überall in Gottes Hand steht.

179 Gitter und Treppen zum Hauptportal
    der Kirche

Um die Schönheit des →Portals zu betonen und um die →Gläubigen zur Sammlung zu führen (ehe sie die →Kirche, das →Gotteshaus betraten), hatte der Baumeister drei Stufen angelegt. Damit wollte er die Kirchgänger erinnern, daß sie das Haus des →dreieinigen Gottes, betraten. Das Gitter, das die →Arkaden vor den Türmen verband, grenzte das →Paradies (Zufluchtsort) vom Kirchplatz ab.

180 Kirchgasse

Betrat man den →Klosterbereich durch den →Einlaß, führte die Kirchgasse auf den weiten Kirchplatz. Vor dem Besucher stand mächtig, einladend und schützend die →Kirche mit hohen Türmen und großen, →prächtigen →Portalen. Der Mensch wußte, daß es gut sein würde, in das →Gotteshaus einzutreten und Gott zu danken, für alles, was er ihm Gutes getan hatte.

Zwölf Beiträge zu Grundstrukturen von Kloster und Kirche

Inhaltsverzeichnis:

A Das Kloster _____ 33

B Stundengebet und klösterlicher Tageslauf __ 34

C Die Klosterschule _____ 37

D Bedeutende kath. Ordensgemeinschaften ___ 39

E Die Messe _____ 38

F Die liturgischen Farben _____ 39

G Christliche Symbole _____ 40

H Das Kirchenjahr und die Osterberechnung __ 42

I Die Weihnachtskrippe _____ 44

K Von der Musik _____ 45

L Inschriften und Jahreszahlen _____ 46

M Von evangelischen Ordensgemeinschaften,
   Diakonenanstalten und
   Diakonissenmutterhäuser _____ 46

A Das Kloster

Kloster (von lat. claustrum = geschlossen) ist die Bezeichnung für eine abgeschlossene Siedlung, in der Mönche oder Nonnen in Abkehr von der Welt nach einer bindenden Regel leben. Die Gebäude, die zu einer Einheit zusammengefaßt sind, dienen dem gemeinsamen Beten und Arbeiten der Ordensangehörigen. Als Mittelpunkt der Anlage steht die Kirche, an sie schließt sich ein Kreuzgang an. Nach benediktinischem Vorbild sind um dieses Zentrum die Wohn- und Arbeitsräume der Mönche angeordnet (Klausur, Refektorium, Dormitorium, Kapitelsaal). Außerdem gehören meist Gäste-, Kranken-, Waisen- und Noviziatshaus, sowie landwirtschaftliche Gebäude dazu.
Über viele Jahrhunderte hat sich dieser Klosterbautypus bewährt, er wurde auch durch Reformen (Zisterzienser) kaum verändert. Erst die andere Geisteshaltung der Karthäuser brachte eine neue Klosterform: um den an der Kirche liegenden Kreuzgang bauten sie einzelne Klosterzellen, denn jeder ihrer Mönche sollte allein leben und seine Tage mit Gebet und Meditation verbringen.
Die Bettelorden, die im 12. und 13. Jahrhundert entstanden, siedelten sich meist in den Städten an und lebten auf engem Raum um ihre Kirche. Die Jesuiten und viele andere Orden der neueren Zeit bauten ihre Häuser zweckmäßig und schmucklos mitten in den Städten.

Schon früh wurden in Palästina Klöster gegründet (z.B. Hieronymus in Bethlehem 389 n. Chr.), sie blieben allerdings bei der wechselvollen Geschichte des Landes nicht lange erhalten. Auch in Ägypten, Syrien und im Raum der östlichen Kirche entstanden Mönchtum und Eremitentum. Das Wort "Mönch" kommt aus dem Griechischen; monos heißt allein. Es bezeichnet einen Menschen, der durch Weltflucht, Beten und Fasten Gott dienen, näher zu Gott kommen will (Askese). Viele dieser Mönche lebten als Einsiedler in der Wüste, im Gebirge oder in Wäldern, weit entfernt von anderen Menschen. Sie hatten sich von den christlichen Gemeinden bewußt abgekehrt und damit auch die innerkirchlichen und kirchenpolitischen Machtkämpfe ihrer Zeit hinter sich gelassen (Spannungen Rom - Konstantinopel; Arius - Athanasius; ökumenischen Konzile, um den Streit beizulegen, wie die Wesensart des dreieinigen Gottes sei).
Christenverfolgungen und Verbannungen führender Theologen brachten das Christentum bis in die entlegenen Teile des Römischen Reiches. Athanasius lebte z.B. ab 356 einige Jahre in Trier in der Verbannung. Er missionierte und verbreitete die Gedanken des ägyptischen Mönchtums. Andere lehrten ein theologisches Denken, das auf dem griechischen Erbe der Ostkirche beruhte.
Nachdem der christliche Glaube 391 n.Chr. im Römischen Reich zur Staatsreligion geworden war, gehörten die zuvor kleinen Christengemeinden plötzlich einer großen Staatskirche an. Übersichtlichkeit, Gemeindezucht und die Pflege der Gemeinschaft gingen im Laufe der Jahre verloren. Und wieder sonderten sich Christen von der "Welt" ab, weil sie in konzentrierter, gezielter Weise sich am Evangelium orientieren wollten. Sie suchten allein oder zusammen mit Gleichgesinnten nach neuen Glaubens- und Lebensformen.
Im Jahre 529 n.Chr. führte Benedikt von Nursia auf dem Monte Cassino bei Neapel eine Gemeinschaft von Brüdern zusammen. Er ordnete ihr Leben durch eine Regel, gab ihnen als äußeres Zeichen eine Ordenstracht und gründete damit das erste Kloster als Sitz eines Ordens in Europa. Benedikt von Nursia gilt als der "Vater des abendländischen Mönchtums".
Die Männer im Kloster heißen Mönche, untereinander nennen sie sich "Brüder"; die Frauen in den später entstandenen Frauenklöstern heissen Nonnen und reden sich mit "Schwester" an. Jeder Christ, der im Kloster leben wollte, legte nach einer Zeit der Vorbereitung und Prüfung (Noviziat) die Ordensgelübde ab (Armut, Keuschheit, Gehorsam). Die Regel des Benedikt betont: Gehorsam gegen den Abt - Verbleiben im Kloster. Ferner sagt sie von den Mönchen: Ora et labora (bete und arbeite). Sie sollten nicht mehr umherziehen und jeder für sich ein gottgefälliges Leben führen, sondern miteinan-

der arbeiten, damit das Kloster unabhängig von der Umwelt wird. Gemeinsam sollten sie Gott dienen in Gebet und Gottesdienst. Nach der Ordensregel kamen die Mönche dazu siebenmal am Tage zusammen. Die nach einem festen Ritus verlaufenden Andachten hießen Stundengebet (Chorgebet).

Die Klöster waren bald Schulen der Theologie und der Diakonie. Besonders bei der Christianisierung wurden sie zu Zentren der tätigen Kirche. Die Bekehrung der Germanen geschah mit wenigen Ausnahmen (Trier) nicht durch die Römer, sondern erst durch iro-schottische, später durch angelsächsische Missionare und Wandermönche. Der Hl. Patrick z.B. war ein römischer Bürger aus Westbritannien. Er hatte in Gallien studiert und wurde 432 n.Chr. als Missionsbischof nach Irland gesandt. Zur Festigung der entstandenen Gemeinden gründete er Klöster. Mit den dort ausgebildeten Mönchen kehrte er zum Festland zurück und missionierte im Frankenreich. Viele seiner Nachfolger zogen die gleichen Wege; der Ire Columban (d.J.) kam bis nach Oberitalien (Klostergründung Bobbio 612 n.Chr.) Emeram bis Regensburg. Durch sie wurde die Blüte der irischen Gelehrsamkeit (Miniaturen, Kenntnisse des Griechischen) ins Fränkische Reich getragen, in neu gegründeten Klöstern gepflegt und weitergegeben. (Klostergründung Corbie 662 n.Chr. in Nordfrankreich, von dort aus Gründung des Klosters Corvey 822 n.Chr., einer bedeutenden Benediktinerabtei an der Weser.)

Im frühen Mittelalter waren die Klöster durchweg wichtige Kulturträger, besonders durch den Aufbau von Bibliotheken und das Abschreiben literarischer Werke. Außerdem bildeten viele Klöster - begründet durch den Auftrag der benediktinischen Regel - wirtschaftliche Mittelpunkte für ihre Umgebung (St. Gallen, Reichenau).

In den Ordensschulen wurde die Ausbildung der Mönche besorgt, später die Söhne und Töchter des Adels und der Bürger erzogen.

Im vorliegenden Modell wurde nachgebaut, wie sich im Laufe vieler Jahre aus einem kleinen Klosterbezirk ein großes Gemeinwesen entwickelt hat. Die Gesellschaftsform des Klosters gab durch ihre Vielseitigkeit Gelegenheit zur Weiterentwicklung in allen Lebensbereichen. Jede Tätigkeit des Ordens formte auf ihre Art die Gesellschaft, in der sie geschah: In der Zeit der ersten Klöster war deren schwere Feldarbeit, die Urbarmachung des Landes, vorbildlich für die Bauern der Umgebung - die geistig-wissenschaftlichen Arbeiten, die im Kloster geleistet wurden, gaben die Richtung für das Forschen und Lehren an den späteren Universitäten - das Bereitsein zu sozialen Diensten an den sog. Unterprivilegierten (Kinder, Witwen, Alte, Kranke) war damals wie heute die Aufgabe derjenigen, die sich im tiefsten Sinne verantwortlich fühlen.

Die Handwerker konnten durch das gemeinsame Leben im Kloster frei werden von der Sorge um die Alltäglichkeiten des Lebens. Schreiner und Schnitzer konnten hier ihre Fähigkeiten und Begabungen erkennen, entfalten und anwenden. Sie - und viele andere Meister - schufen Kunstwerke, die teilweise bis heute erhalten sind. Wir bewundern die Genialität, aber auch den Fleiß und die Ausdauer dieser Menschen, obwohl der Einzelne ganz hinter seinem Werk zurückgetreten ist. Diese Haltung hat ihren Grund in dem unmittelbaren Zusammenwirken von Kloster und Kirche, Glaubensleben und Theologie und in der praktischen Handhabung der Liebesgebote des Neuen Testaments.

Auch die Kirchenmusik ist überwiegend in den Klöstern entstanden, sie wurde dort gepflegt und erhalten (Gregorianik). Dadurch wurden die Grundlagen der Musikentwicklung des Abendlandes geschaffen. Viele künstlerische Techniken (z.B. Emaillierarbeiten, Mosaiken, Glasmalereien) wurden von Mönchen erhalten und so an die Nachwelt weitergegeben.

Die Entstehung und die Weiterentwicklung der Klöster, die dort begonnenen und ausgebauten sozialen Einrichtungen, hatten auf die späteren Gesellschaftsformen Europas einen bedeutenden Einfluß. Wenn anhand des "Modells einer Gesellschaftsform" solches nachempfunden und in manu-visuellem Erleben nachvollzogen wird, kann es zur Klärung und zum Verständnis unserer heutigen Situation hilfreich sein.

B Stundengebet und klösterlicher Tageslauf

Nach der Regel des Benedikt von Nursia sollte der Christ im Kloster beten und arbeiten (ora et labora). Die grundlegenden Gedanken für ein Zusammenleben einer Ordensgemeinschaft schrieb Benedikt in dreiundsiebzig Kapiteln nieder. Er griff dabei auf Teile älterer Mönchsregeln zurück (Basilius, Augustin) und schuf durch seine Regel die Voraussetzung für das lateinische Kloster.

Die Originalhandschrift wurde im Kloster Monte Cassino aufbewahrt. Benedikt hatte bestimmt, daß täglich aus ihr vorgelesen werden sollte, damit jeder Mönch möglichst viele Teile der Ordensregel allmählich auswendig wußte. Vor der ersten Zerstörung des Klosters (Langobarden) konnte das Buch gerettet werden, bei der Verwüstung durch die Sarazenen mißlang der Versuch; 896 n.Chr. verbrannte das Original in Teano.

Zuvor jedoch hatte Karl der Große Monte Cassino besucht und eine Abschrift der "regula" herstellen lassen. Er befahl allen Klöstern seines Reiches, nach der Regel des Benedikt zu leben. Zwei Reichenauer Mönche fertigten 820 n.Chr. eine genaue Kopie an. Sie ist über die Jahrhunderte erhalten geblieben und befindet sich heute im Codex 914 der Stiftsbibliothek von St. Gallen.

In seiner Regel schrieb Benedikt im 16. Kapitel über das Chorgebet:

"Wir tun, wie der Prophet sagt: 'Ich lobe dich

des Tages siebenmal" (Psalm 119,164). Diese geheiligte Siebenzahl erfüllen wir dann, wenn wir zur Zeit des Frühgottesdienstes, der Prim, Terz, Sext, Non, Vesper und Complet unsere Dienstpflicht erfüllen. Auch des Nachts wollen wir uns erheben, um unsern Schöpfer zu preisen."

Die kurzen Gottesdienste, zu denen alle Mönche in die Kirche kamen, wurden auch Stundengebet genannt. Die übrige Tageszeit war ausgefüllt mit Arbeiten, den Essenszeiten und den nächtlichen Schlafpausen.

Jeder Mönch arbeitete entsprechend seiner Gaben zum Wohl der Gemeinschaft und zur Ehre Gottes. Der Bruder, der im Garten oder auf dem Feld hackte und säte, diente Gott genauso, wie der Pater, der unterrichtete oder im Waisenhaus nach einem kranken Kind sah.

Die Mahlzeiten der Mönche waren landschaftlich und jahreszeitlich verschieden, in der Regel aßen sie morgens Suppe oder Brei mit Brot; mittags, als Hauptmahlzeit, Eintopf oder Suppe mit Fleisch-, Rauchfleisch- oder Speckbeigaben und Brot. Reine Fleischgerichte waren den Sonn- und Feiertagen vorbehalten. Zur Abendmahlzeit gab es meist Brot mit Speck, Rauchfleisch, Käse, Eier oder Fisch, dazu wurde in Krügen ein frischer Trunk gereicht (Wasser, Milch, Sauermilch, Bier, Most, Wein).

Danach blieb im klösterlichen Tagesablauf Zeit für persönliche Dinge, z.B. Wäsche, Kleidungsstücke und Geräte in Ordnung halten, einen Kranken besuchen. Nach einer kurzen Ruhepause, die auch dem eigenen Abend- und Fürbittgebet diente, rief die Glocke zum letzten Stundengebet.

Gegen 21 Uhr war der Chordienst beendet und die Mönche begaben sich zur Ruhe, nach benediktinischer Art in Schlafsälen mit zehn oder mehr Betten. Dort brannte ein Licht, damit die Mönche sich sofort erheben konnten, wenn sie zum nächtlichen Stundengebet gerufen wurden; sie sollten sich dann beeilen, "einander beim Gebet zuvorzukommen".

In jeder Nacht bewachten mehrere Mönche das Kloster; an sie erinnert ein Lied, das um 1650 entstanden ist:

"Hört, ihr Herrn und laßt euch sagen:
unsere Glock hat zehn geschlagen!
Zehn Gebote setzt Gott ein, gib, daß wir gehorsam sein.
    Menschenwachen kann nichts nützen,
    Gott muß wachen, Gott muß schützen,
    Herr, durch deine Güt und Macht
    Schenk uns eine gute Nacht.
.. unsre Glock hat elf geschlagen!
elf der Jünger blieben treu, hilf daß wir
                            im Tod ohn Reu.
.. unsre Glock hat zwölf geschlagen!
Zwölf, das ist das Ziel der Zeit, Mensch,
                        bedenk die Ewigkeit.
.. unsre Glock hat eins geschlagen!
    Eins ist allein der einig Gott, der uns trägt
                            aus aller Not.

Das Stundengebet in den Klostergemeinschaften:

Name	Dauer	Deutung
Matutin Mette	60 Min.	Lesung biblischer Geschichten (Tageslese/Perikope) und Psalmengebet. <u>Erkenntnis</u>: Gottes Mysterium an und in mir. "Mache mich zum Werkzeug Deines Friedens." Mysterium = geheimes Wirken, Geheimnis.
Prim	20 Min.	Lobgesang: "Vom Aufgang der Sonne, bis zu ihrem Niedergang, sei gelobt der Name des Herrn." <u>Erkenntnis</u>: Licht ist in die Welt gekommen. Jesus spricht: "Ihr seid das Licht der Welt."
Terz	20 Min.	Erste Arbeitspause: "Herr, gib zum Wollen auch das Vollbringen." <u>Erkenntnis</u>: Alles Vergängliche dieser Welt lebt, in Gottes Schöpfung beschlossen, ewiglich weiter.
Sext	20 Min.	Der Tag ist im Zenit (Scheitelpunkt d. Sonne). "Solange die Erde steht, soll nicht aufhören Saat und Ernte, Frost und Hitze, Sommer und Winter, Tag und Nacht." <u>Erkenntnis</u>: Gottes Naturbund mit den Menschen / das Wunder der Schöpfung.
Non	10 Min.	Bittgebet: "Laß mich teilhaftig sein Deines Sterbens und Deines Auferstehens, ewiglich." <u>Erkenntnis</u>: Ecce homo = Welch ein Mensch? Jesu Tod ist unsere Erlösung - Jesu Auferstehung ist unser Leben.
Vesper	20 Min.	Lobpreis: "Herr, wie wunderbar sind Deine Werke." Ende der manuellen Arbeit. <u>Erkenntnis</u>: Dankbarkeit für Arbeitskraft und Gesundheit.
Complet	30 Min.	Das Wachsein des Menschen ist für diesen Tag vollendet. "Herr, erforsche mich und erfahre wie ich's meine." <u>Erkenntnis</u>: Gewissenserforschung/Tagesbeichte. Segen: "Schirm u. Schutz vor allem Argen sei uns durch die gnädige Hand Gottes."

".. unsre Glock hat zwei geschlagen!
    Zwei Weg hat der Mensch vor sich, Herr,
        den einen lehre mich.
 .. unsre Glock hat drei geschlagen!
    Drei ist eins, was göttlich heißt: Vater, Sohn
        und heilig Geist."

Der Kehrreim der vorangegangenen Verse ändert sich beim letzten zum Morgengebet:
"Alle Sternlein müssen schwinden
 Und der Tag wird sich einfinden.
 Danket Gott, der uns die Nacht
 Hat so väterlich bewacht."

Bei den Zeiten des Aufstehens und Zubettgehens sollte deutlich werden, wie sehr sich der Mensch vom Tier unterscheidet. Er ist ein geistiges Wesen und deshalb in der Lage, unabhängig vom Stand der Sonne zu wachen (über die Tagesstunden hinaus), wenn er es sich selbst befiehlt. Die Einteilung des klösterlichen Tagesablaufs in Arbeits-, Schlaf- und Betzeiten ist der ideale Tageslauf schlechthin. Nach Arbeitszeiten von höchstens zweieinhalb Stunden tritt durch die Gebetszeit nicht nur eine Unterbrechung, sondern eine Zeitspanne der inneren Sammlung, des körperlichen Stille-Seins ein. Auch die Mönche arbeiteten acht Stunden am Tag, aber es strengte sie nicht so an, wie uns heutige Menschen, die wir mit jeder Minute Pause geizen müssen. Selbst Mediziner unserer Tage geben der klösterlichen Zeiteinteilung von ihrem Standpunkt aus recht, der Rhythmus von Wachen und Schlafen, von Arbeiten und Beten ist so gesund wie kein anderer.

Nun folgen graphische Darstellungen des klösterlichen Tagesablaufes mit einer Einteilung und Erläuterung des Stundengebets.

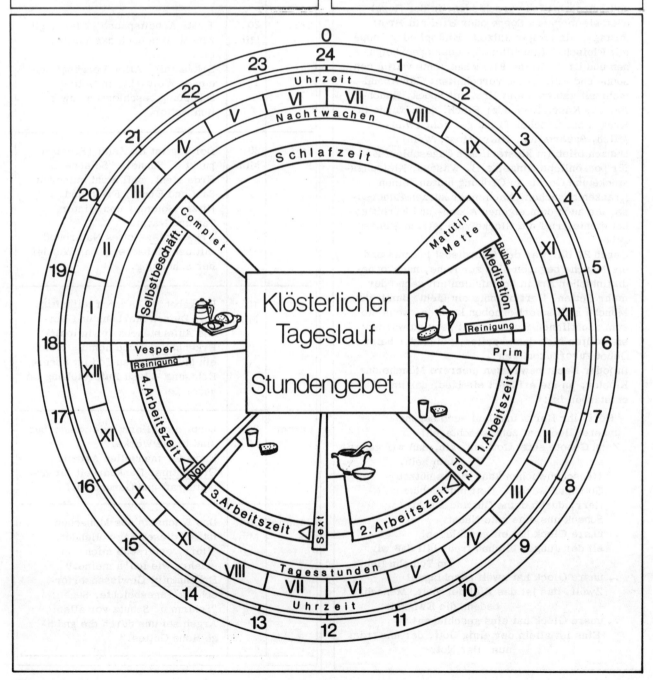

Das Blatt über Tageslauf und das Stundengebet will den Rhythmus sichtbar machen, nach dem in den Klöstern gelebt worden ist.

Das Blatt, das nur unsere Stundeneinteilung zeigt, soll zum Vergleichen anregen, es ist unausgefüllt, weil es in unseren Tagen keine Norm der Einteilung gibt. Der Tageslauf des Lehrers (oder der Eltern der Schüler) kann hier eingetragen werden und einer vergleichenden Betrachtung zugrunde liegen.

C Klosterschule

Um die Novizen auf einen ungefähr gleichen Bildungsstand zu bringen, wurde in den Klöstern das Unterrichten nötig. Im Orden der Benediktiner z.B. war von der Regel gefordert, daß jeder Mönch lesen und schreiben konnte. Als in den Klöstern Waisen- und Findelkinder aufgenommen wurden, begann man mit dem Einrichten von Schulstuben. In ihnen lernten auch Bauernsöhne, die von ihren Eltern schon in jungen Jahren zum Kloster gebracht wurden, um als Mönche von der Fron der Bauernarbeit frei zu werden.

In der sog. Abc-Schule begannen die Kinder mit dem Erlernen des Schreibens und Lesens in lateinischer Sprache (Kulturtechniken). Meist halfen ältere Schüler (Scholaren) den Anfängern beim Erklären der Buchstaben und bei der Handhabung von Wachstafel und Stift. Mit dessen Spitze drückte man die einzelnen Zeichen in das weiche Wachs, mit dem etwas breiteren Ende konnten Fehler zugestrichen werden. Die Lehrer (geeignete Mönche bzw. Nonnen) konnten schon an einer Wandtafel ihre Lehrsätze anschreiben bzw. demonstrieren.

In der mittleren Stufe der Schule wurden nach

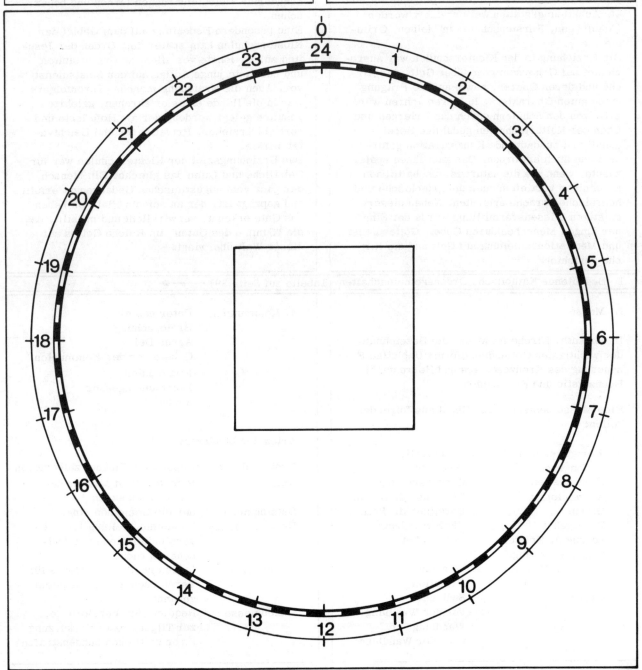

römischem Vorbild die sog. sieben Künste gelehrt: Grammatik; Rhethorik und Dialektik, Arithmetik, Geometrie, Musik und Astronomie. Nur eine kleine Gruppe der Schüler erreichte die dritte Stufe der Schule. Der Abt selbst oder Gelehrte des Klosters führten die inzwischen zu jungen Männern Herangewachsenen in die Theologie und andere Wissenschaften ein.

Im Mittelalter kamen zu diesen sog. "Inneren Schulen" äußere Abteilungen hinzu, vorwiegend für junge Adlige. Zur Blütezeit der Städte wurden dort ebenfalls Bildungsstätten gegründet und meist von Orden geführt.

Die Frauenklöster widmeten sich der Erziehung der Mädchen, auch sie lernten Lesen und Schreiben. Vor allem aber wurden frauliche Beschäftigungen geübt (Nähen, Stricken, Spinnen, Weben).

Zur Zeit der Reformation sind viele Klosterschulen in evangelischem Sinne umgestaltet und als Ausbildungsstätten weitergeführt worden (Maulbronn, Fürstenschulen in Meißen, Grimma u.a.).

Die Erziehung in den Klosterschulen war ausgerichtet auf Gehorsam gegenüber Gott, der Kirche und deren Oberen, sowie auf die Prägung eines guten Charakters. In jungen Jahren wurde z.B. von den Schülern durch das Erlernen und Üben der Kulturtechniken geduldige Bereitschaft und ausdauernde Konzentration gefordert und auch erworben. Das kam ihnen später zugute, wenn sie die naturwissenschaftlichen Kenntnisse vertieften oder die griechische und hebräische Sprache erlernten. Neben dieser geistigen Wissensvermittlung wurde der Sinn der jungen Menschen durch Gebet, Gottesdienst und Meditationsanleitung auf Gott und die Kirche gerichtet.

Die Klosterschule konnte eine umfassende Ganzheitserziehung vermitteln, weil die Schüler über einen langen Zeitraum im Internat lebten. Dort mußten sie beim Zusammenleben die Gesetze achten lernen, die einer Gemeinschaft zugrunde liegen. Die Lehrer und Erzieher waren bemüht, Seele und Geist gleicherweise zu fördern und die Zöglinge vielseitig zu bilden. Spiel und Gymnastik dienten der Körperbeherrschung. Gerade Mönche und Nonnen wußten wie wichtig es war, den Geist von der Macht des Körperlichen frei und unabhängig zu machen. Sie übten Selbstzucht und Körperbeherrschung, damit nicht z.B. bei langen Gebetszeiten oder beim Fasten das Wesentliche dieser Forderungen unerkannt blieb oder gar verloren ging.

Auf die Schulung der Knabenstimmen zum Chorgesang wurde große Sorgfalt gelegt. In den Jahren vor dem Stimmbruch mußten die Jungen schwierige Melodieführungen lernen und beherrschen.

Eine besondere Bedeutung auf dem Gebiet der Klosterschulen kam später dem Orden der Jesuiten zu. Er lehrte vor allem an Universitäten und bereitete junge Adlige auf den Staatsdienst vor. Auch die Erziehung manches Thronfolgers war in die Hände eines erfahrenen, gelehrten Jesuiten gelegt worden, der am Hofe lebte und dort als Erzieher, Privatlehrer und Beichtvater wirkte.

Das Erziehungsziel der Klosterschulen war für Geistliche und Laien das gleiche: Ein Mensch, der ganz vom augustinischen Gedankengut erfüllt und geprägt ist, der an seinem Platz im Leben das Gute erkennt, verwirklicht und mithilft, daß die "Summe des Guten" im Reiche Gottes auf dieser Welt überwiegt.

D Bedeutende Katholische Ordensgemeinschaften (Tabelle auf Seite 39) ──────▶

E Messe

In der kath. Kirche ist Messe die Bezeichnung der wichtigsten Gottesdienstform: Unblutige Erneuerung des Kreuzesopfers und Herrenmahl - Eucharistie und Kommunion.

Eine Messe besteht in der Regel aus folgenden Teilen:

1. Wortgottesdienst:
   Stufengebet
   Eingangslied
   Kyrie eleison
   Gloria
   Tagesgebet
   Lesung d. Epistel
   Zwischengesänge
   Lesung d. Evangelium
   Credo

2. Eucharistie:
   Opferung
   Gabenbereitung
   Bereitung d. Brotes
   Bereitung d. Weines
   Händewaschung
   Gabengebet

3. Wandlung:
   Präfation
   Sanktus
   vor der Wandlung
   Wandlung
   nach der Wandlung

4. Kommunion:
   Pater noster
   Brotbrechung
   Agnus Dei
   Gebete vor der Kommunion
   Kommunion
   Kommuniongesang
   Segen

Arten der Meßfeier:

Pontifikalamt	Papst oder Bischof zelebrieren
Amt	Priester singt lateinisch - heute deutsch
Betsingmesse	nur die Gemeinde singt
Deutsche Messe	Zusammenstellung liturgieverwandter Lieder in deutscher Sprache
Totenmesse	Messformular der Messe für Verstorbene, auch Requiem genannt
Seelenmesse	Requiem für Verstorbene, zur Tilgung bzw. Verkürzung ihrer zeitlichen Sündenstrafen

D Bedeutende Kath. Ordensgemeinschaften

Name	Gründung	Abkürzung	Aufgabengebiete
Augustiner-Eremiten	4. Jhd.	O.E.S.A.	Bettelorden, Apostolat, Jugend, Mission
Benediktiner	4. Jhd.	O.S.B.	Ältester Mönchsorden des Abendlandes, Schulen, Herbergswesen, Pfarrdienst, Landwirtschaft, Wissenschaft
Dominikaner	1216	O.S.D.	Bettelorden, Apostolat in Predigt und Lehre
Franziskaner	1209	O.F.M.	Bettelorden, Predigt und Seelsorge
Clarissinnen	13. Jhd.		Parallelgründung der Franziskaner, Bettelorden
Jesuiten	1538	S.J.	Ausbreitung und Festigung der kath. Lehre, Gegenreformation, Chinamission, Schulorden, Staatsdienst, Beichtväter an vielen Fürstenhöfen Europas
Kapuziner	1525	O.F.M. Cap.	Zweig der Franziskaner, Bettelorden, Volksseelsorge
Karmeliten	1226	O.Carm.	Bettelorden, Krankenpflege
Karthäuser	1084	O.Kart.	Einsiedlerorden, strenges Fasten- und Schweigegebot
Prämostratenser	1120	O.Praem.	Kolonisten der Ostgebiete
Trappisten	1098	O.C.R.	Reformierte Zisterzienser, Weltabgewandtheit, ständiges Schweigen
Zisterzienser	1098	S.O.Cist.	Reformzweig der Benediktiner, eigener Kirchenbaustil, Kultivierung und Christianisierung der Slawenländer östlich der Elbe
Tertiarer Dritter Orden	13. Jhd.		Gegründet von Franz v. Assisi, Verbleiben in Beruf und Familie, geloben einfaches, hilfsbereites Leben, tragen Gürtel und Skapulier (Rest des Mönchsgewandes als Symbol) unter der weltlichen Kleidung als Zeichen ihrer mönchischen Gesinnung

F Die liturgischen Farben

Die Behänge an Altar und Kanzel in der evangelischen Kirche und dazu die liturgische Gewandung in der katholischen Kirche nennt man Paramente. Diese werden im Ablauf des Kirchenjahres bezüglich ihrer Farbe und Symbole verwendet. Die Farben zeigen die Bedeutung des jeweiligen Festtages oder Abschnittes im Kirchenjahr. Seit frühchristlicher Zeit kannte man die liturgischen Farben weiß, rot, violett und grün; schwarz kam erst später dazu.

Katholische Kirche:

Die Farbe weiß wird bei der liturgischen Gewandung an allen Christusfesten (Weihnachen, Epiphanie, Ostern bis Himmelfahrt) sowie an allen Marienfesten und Heiligenfesten von Bekennern verwendet.

Die Farbe rot ist symbolisch die Farbe der Kirche, des Heiligen Geistes und des Martyriums: Pfingsten, Märtyrerfeste, Kreuzfest u.a.

Evangelische Kirche:

Die Farbe weiß hat die Bedeutung der Unschuld und Reinheit, der siegreichen Verklärung, der ewigen Herrlichkeit Jesu. Sie ist die Farbe für die Christusfeste und für die Gedenktage der Gotteszeugen: Weihnachten, Epiphanias, Ostern bis Himmelfahrt, Johannistag, Michaelistag.

Die Farbe rot hat die Bedeutung der Liebe und des Blutes. Sie weist auf das Opferblut Christi und die Gewalt des Heiligen Geistes hin. Sie ist die Farbe für die Feste der Kirche: Pfingsten bis Trinitatis. Missionsfeste, Kirchweihfest, Reformationsfest.

Die Farbe violett ist symbolisch die Farbe der Buße und ernsten Sammlung: Adventszeit, Österliche Bußzeit (Fasten), Bittage.

violett

Die Farbe violett hat die Bedeutung der ernsten Sammlung. Die Farbe, die aus Rot und Blau gemischt ist, verkörpert das Zusammenspiel zwischen Himmel und Erde. Sie ist die Farbe der Buß- Warte- Rüst- und Vorbereitungszeiten: Advent, Passion, Karwoche, zehn Tage vor Pfingsten, Buß- und Bettag.

Die Farbe grün findet Verwendung an allen Sonntagen im Jahreskreis, sofern sie nicht durch besondere Festzeiten (Weihnachten, Ostern) unterbrochen werden.

grün

Die Farbe grün hat die Bedeutung des Wachstums, der Hoffnung, der Auferstehungserwartung, des Paradieses. Sie ist die Farbe zwischen den hohen Festen der Kirche: Vorfasten, Trinitatiszeit, Erntedankfest, (auch mitunter Epiphaniasfest und die Sonntage dieses Abschnittes, der letzte ausgenommen).

Die Farbe schwarz ist die Farbe der Trauer und der Besinnung auf den Tod. Darum wird sie bei Begräbnisgottesdiensten verwendet.

Die Farbe schwarz hat die Bedeutung der Trauer, des Verzichtes, der Demut, der Weltverachtung. Sie wird als die Farbe der Besinnung auf den Tod gebraucht: Karfreitag, Totensonntag / Ewigkeitssonntag.

G Christliche Symbole

Christliche Symbole sind Sinnbilder - also Bilder, deren Sinn über das Dargestellte hinausreicht. Die christliche Gemeinde hat mit diesen seit alters Wahrheiten der Heiligen Schrift veranschaulicht.
Das bekannteste Symbol ist das Kreuz. Es wird uns in verschiedenen Formen überliefert.

Beim "lateinischen" Kreuz ist der untere Balken verlängert.

Beim "griechischen" Kreuz sind alle vier Schenkel gleich lang.

Das Kreuz über dem Erdkreis zeigt die unsichtbare Herrschaft Christi über die ganze Welt an, die sich am Ende der Zeit in eine allen sichtbare Herrschaft verwandeln wird.
Die "Evangelische Jugend Deutschlands" hat sich dieses Symbol zum Zeichen gewählt.

Für die Kirche sind uns zwei verschiedene Symbole überliefert.

Das erste, ein großes und vier kleine Kreuze, erinnert an den Gründer und die Grundlage der Kirche:
Jesus und die vier Evangelien.

Das zweite, ein Schiff, erinnert an die Geschichte von der Stillung des Sturmes (Matth. 8,23-27;). Die Ökumene hat dieses Symbol als ihr Zeichen gewählt.

Das Symbol der Diakonie.

Das Kronenkreuz ist das Zeichen der Diakonie.

Einige Christus-Symbole

Der Fisch ist ein Symbol Christi, weil der Fisch im Wasser, dem Element der Taufe, lebt. Die Täuflinge wurden früher vollkommen untergetaucht. Der Fisch war daher im Altertum (Frühchristenheit) das Zeichen der Christen. Erst als die Kreuzigung als Hinrichtungsart abgeschafft wurde, ist das Kreuz Erkennungszeichen der Christen geworden.

Ein weiteres Christus-Symbol wird aus den Buchstaben (griechisch) X = chi und P = rho gebildet, den beiden Anfangsbuchstaben des Christusnamens.
Dieses Zeichen wird das Christusmonogramm genannt.

Die Buchstaben A = alpha und O = omega sind als erster und letzter

Buchstabe im griechischen Alphabet die Zeichen für Anfang und Ende. Sie werden angewandt auf "Christus, den Anfänger und Vollender" (Offb. 22,13;).

 Die Buchstaben INRI kann man hin und wieder an einem Kruzifix lesen. Sie bedeuten: Jesus Nazarenus Rex Judaeorum, zu deutsch: Jesus von Nazareth, der König der Juden (vgl. Joh. 19,19;).

Die Sinnbilder der Evangelisten

Die vier Evangelisten werden in Anlehnung an Hes. 1,5-12; und Offb. 4,6-8; durch Engel, Löwe, Stier und Adler dargestellt. Oft erscheinen sie mit Flügeln und tragen ein Buch oder eine Rolle.

 Engel
Evangelist Matthäus
Engel oder Mensch, weil das Evangelium mit dem Register der Geschlechter beginnt.

 Löwe
Evangelist Markus
Sein Evangelium beginnt mit dem Hinweis auf Johannes d.T., der "eine Stimme eines Rufenden in der Wüste" war (Deutung des Hieronymus).

 Stier
Evangelist Lukas
Symbol des Opfertieres

 Adler
Evangelist Johannes
Symbol der Auferstehung

Einige Symbole im Ablauf des Kirchenjahres

 Advent
Das Adventgeschehen deutet die Strahlenkrone: "Siehe, dein König kommt zu dir!" (Sach. 9,9;).

 Weihnachten
Das Weihnachtsereignis wird dargestellt durch Kreuz und Krippe. Das Kreuz ist dabei besonders das Zeichen der Erniedrigung Christi, die bei der Menschwerdung ihren Anfang nimmt.

 Epiphanias
Zu Epiphanias, dem Fest der Erscheinung Christi, gehört der strahlende Morgenstern (Offb. 22/16; und Matth. 2/2;).

 Passion
Die Karwoche trägt das Sinnbild der "drei Kreuze auf Golgatha" (Matth. 27,38;).

 Ostern
Das Ostersymbol ist ein Kreuz auf dem offenen Grab: Christus hat den Tod besiegt (Mark. 16,6).

 Christi Himmelfahrt
Das Kreuz mit der Krone ist das Zeichen des zum Himmel aufgefahrenen Christus.

 Pfingsten
Die herabfahrende Taube symbolisiert das Pfingstgeschehen. Bei der Taufe Jesu sah Johannes der Täufer den Geist Gottes in Gestalt einer Taube herabfahren (Matth. 3,16;).

 Trinitatis
Das Zeichen der Trinität. Der dreieinige Gott, offenbart durch Jesus, handelt an uns Menschen. Die Buchstaben IHS (JHS) kann man deuten als die drei ersten Buchstaben des griechischen Jesusnamens oder als die Anfangsbuchstaben der drei lateinischen Worte: Jesus hominum salvator, zu deutsch: Jesus, der Menschen Heiland.

H Das Kirchenjahr und die Osterberechnung

Die Kirche hat sich nicht den Gepflogenheiten des bürgerlichen Kalenderjahres mit Beginn am 1. Januar angeschlossen, sondern ihren eigenen Jahreskreis gebildet und behalten.
Das Kirchenjahr ist der Kalender der Kirche. Es beginnt am ersten Sonntag im Advent und endet am Samstag nach dem Ewigkeitssonntag.
Es teilt sich, dem Inhalt entsprechend, in zwei Halbjahre. Das erste Halbjahr nennt man das "Halbjahr des Herrn"; hier feiern wir vor allem Feste, die auf Jesus Christus, unsern Herrn, hinweisen.
Das zweite Halbjahr nennt man das "Halbjahr der Kirche"; hier feiern wir vor allem Feste, die auf die Kirche hinweisen. Innerhalb der Halbjahre gliedern wir in Zeiten, Abschnitte sowie Sonn-, Fest- und Gedenktage.

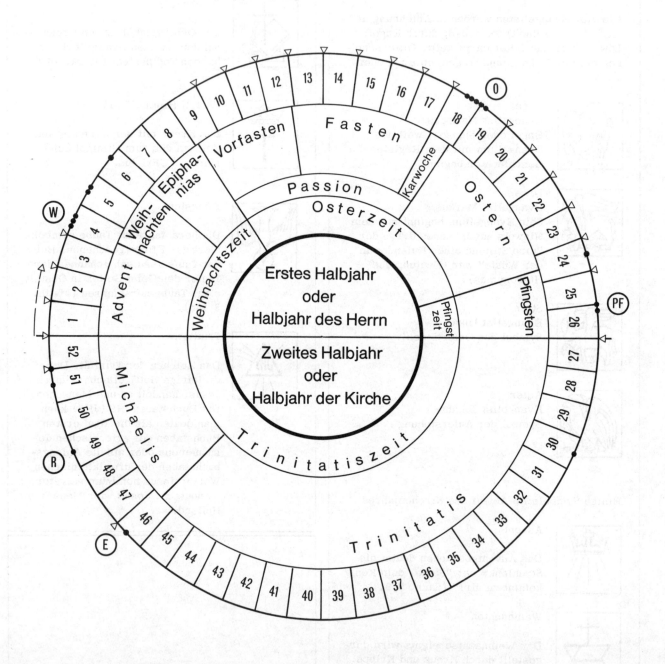

Die angefügte Graphik ordnet die verschiedenen Jahreskreise. Es wurde das Jahr 1971 als Beispiel gewählt.

Das Kalenderjahr mit 365 Tagen, über 52 Wochen und 12 Monaten bildet den äußeren Kreis; ihm angefügt ist der Rhythmus des Mondes mit Vollmond, zu- und abnehmenden Halbmond und Neumond.

Innerhalb des Kreises vom Kalenderjahr ist das Kirchenjahr abgebildet mit Fest- und Gedenktagen, Abschnitten Zeiten und Halbjahren.

Vom Kirchen-Jahreskreis eingeschlossen befindet sich das Schuljahr - am 1. August beginnend - mit seinen Schul- und Ferienzeiten.

Der innerste Kreis auf dieser Graphik ist das Geburts- oder Lebensjahr. Der Beginn muß durch die Eintragung des Geburtstages selbst angezeigt werden.

Es ist der Beachtung wert, daß - durch die Graphik sichtbar - die großen Feste der Kirche vom bürgerlichen Kalender und Schuljahr übernommen worden sind.

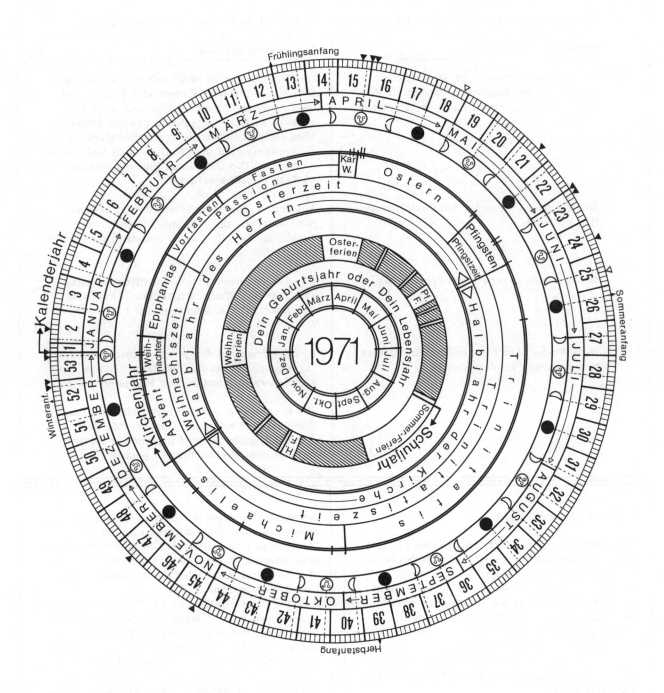

Die Berechnung des Osterfestes.

Das Osterfest und einige nach dem Osterdatum bestimmte Festtage und Zeitabschnitte haben kein festes Monatsdatum über die Jahre hinweg im Kalender. Sie werden auf eine besondere Weise errechnet.

> Osterberechnung:
> 1. Frühlingsanfang ist stets am 21. März.
> 2. Der erste Vollmond nach Frühlingsanfang ist der erste Frühjahrsmond.
> 3. Der erste Sonntag nach dem ersten Frühjahrsmond ist der Ostersonntag.

Von diesem Ostersonntag bestimmt man verschiedene weitere Festtage und Zeitabschnitte:

Evangelische Kirche:	Katholische Kirche:
70 Tage vor Ostern endet der Abschnitt Epiphanias und beginnt der Abschnitt Vorfasten. Es beginnt die Passion / Fastenzeit.	Die Weihnachtszeit endet mit Epiphanie. Die Österliche Bußzeit (Fastenzeit) beginnt mit dem Aschermittwoch (= Mittwoch nach Fastnacht). Zwischen Epiphanie und der Österlichen Bußzeit liegen die ersten Sonntage im Jahreskreis. Mit dem Palmsonntag beginnt die Karwoche. Die Österliche Bußzeit beträgt 40 Tage (Quadragesimae).
40 Tage nach Ostern ist das Fest Christi Himmelfahrt.	Mit dem Karsamstag (Osternacht) beginnt die Osterzeit, die mit dem Pfingstmontag ausklingt. Der 40. Tag nach Ostern ist Christi Himmelfahrt.
50 Tage nach Ostern ist Pfingstsonntag.	Der 50. Tag nach Ostern ist Pfingstsonntag (Pentekoste). Danach fährt der liturgische Kalender mit den Sonntagen im Jahreskreis fort.
Eine Woche nach Pfingsten ist der Dreieinigkeitssonntag (Trinitatisfest).	Fronleichnam ist der jeweils erste Donnerstag nach dem Fest der Heiligsten Dreifaltigkeit (= erster Sonntag nach Pfingsten).
	Die Sonntage im Jahreskreis enden mit dem Hochfest vom Königtum Christi. Mit dem darauffolgenden Sonntag beginnt der Advent, der mit dem Weihnachtsfest endet.

I Die Weihnachtskrippe

Eine Weihnachtskrippe ist die bildliche Darstellung von Christi Geburt im Stall zu Bethlehem. Es gehören dazu: die Figur des Kindleins, Maria und Joseph, Ochs und Esel, die Hirten mit ihren Schafen und die drei Weisen aus dem Morgenland (meist als Könige dargestellt).
Die Krippe wurde in der Kirche aufgestellt, damit das Volk - namentlich die Kinder - beim täglichen Kirchenbesuch das Weihnachtsgeschehen vor Augen hatten und sie es sich besser einprägen konnten.
Die Anfänge der Krippendarstellungen werden uns aus dem 10. und 11. Jahrhundert berichtet. Die Krippenfeiern des Franz von Assisi (1223) und die Mysterienspiele der Kirche (geistliche Schauspiele des Mittelalters) könnten zur plastischen Darstellung des Weihnachtsgeschehens angeregt haben, genauso wie die Sitte des "Kindleinwiegens" in den Frauenklöstern des Dominikanerordens.
Aus der ersten Hälfte des 14. Jahrhunderts kennen wir den Text: "Maria: Joseph, lieber Joseph mein, hilf mir wiegen das Kindelein .... Joseph: Gerne, liebe Muhme mein, helf ich dir wiegen das Kindelein ..." Die Schilderung solch kurzer Begebenheiten regte das mütterliche Empfinden der Klosterfrauen an; sie gestalteten ausführliche Szenen, die ihnen hilfreich waren zur mystischen Versenkung. Viele Nonnen dieser Zeit hatten z.B. eine Wiege mit einem

Christkind aus Holz oder Wachs, das zur Weihnachtszeit wie ein lebendiger Säugling gepflegt, geküßt und vor allem gewiegt wurde. In der Zeit der Erwartung der Menschwerdung Christi (adventliche Fastenzeit) sollten im Christen keine bösen Gedanken wohnen; mit reinem Herzen wollten sich die Ordensfrauen mit dem Kindlein beschäftigen.

Jedes Kloster war bestrebt, eine - möglichst viele Szenen zeigende - Krippenanlage zu besitzen. Die Darstellungen begannen bei der "Ankündigung der Geburt des Johannes des Täufers" und gingen bis zur "Hochzeit von Kana" mit dem Weinwunder. Später wurde auch das Passionsgeschehen dargestellt. Eine der ältesten Krippen dürfte die des Benediktinerinnenklosters Frauenwörth im Chiemsee sein.

Besonders zur Zeit des Barock sind die prachtvollsten Krippen entstanden. Die Figuren wurden liebevoll bemalt, in schöne, faltenreiche Gewänder gekleidet (Samt, Seide, Brokat, Spitze) und in möglichst volkreichen Szenerien aufgebaut (Hirtenfeld, Anbetung, Königsgefolge, Richthaus u.a.). Von einer Krippe in der Kreuzlinger Stiftskriche wissen wir, daß sie um 1720 ungefähr 360 Figuren besaß.

In Tirol, Bayern, Schwaben, Italien und Polen wurde und wird die Krippenkunst besonders gepflegt. Mit hingebungsvollem Fleiß wird bis in unsere Zeit nicht nur an den Figuren, sondern auch an Kulissen, Baulichkeiten und am Panorama gearbeitet. Das Geschehen wird von Bethlehem - und damit vom rein Historischen - weggenommen und in die eigene Heimat übertragen.

Im Bayrischen Nationalmuseum in München findet man eine reiche Krippensammlung.

K Von der Musik

Seit der Apostel Paulus den Kolossern nahegelegt hatte, "den Herrn mit Psalmen, Lobgesängen und lieblichen Liedern zu preisen", ist Musik - Tonkunst - untrennbar mit dem Christentum verbunden. Wie diese frühen Gesänge geklungen haben, wissen wir nicht. Sie werden den musikalischen Bräuchen des Judentums ähnlich gewesen sein, aber auch Züge der griechischen Musik getragen haben. Ohne diese beiden Quellen hätte sich die Tonkunst des christlichen Abendlandes nicht so entwickeln können, wie es dann geschah.

Der Hl. Ambrosius, (333-397) Bischof in Mailand, verstand es, hebräische Tempelgesänge mit antiken Hymnen aus Griechenland zu verschmelzen. Aus diesen neuen Singweisen entstand die Liturgie, die sich nach der Völkerwanderung rasch unter den christianisierten Volksstämmen verbreitete, so daß Ambrosius als einer der Schöpfer der abendländischen Kirchenmusik gelten darf.

Die Klöster, vor allem St. Gallen, 614 gegründet, wurden zu Pflegestätten des frühchristlichen Kirchengesangs. Als das Latein um die Wende vom 3. zum 4. Jahrhundert die allgemein gültige Sprache der Liturgie wurde, hieß das nicht, daß alle griechischen und hebräischen Einflüsse verschwinden mußten. Das Kyrie eleison z.B. war griechisch und blieb ein Teil der Messe; von der Musik des Orients war die Einstimmigkeit übernommen worden. Papst Gregor I. (um 540-604) gilt als der Organisator des kirchlichen Musikwesens. Er ist nicht der "Erfinder" des Gregorianischen Gesanges, denn an der Gestaltung dieser Liturgie, die in der gesamten christlichen Welt gesungen und gebetet wurde, waren Päpste vom 4. bis zum 8. Jahrhundert tätig. Der Gregorianische Gesang ist eine streng einstimmige Singweise für einen Vorsänger und den Chor. Gebete und Psalmen klingen im Wechsel mit biblischen Lesungen und dem eucharistischen Hochgebet (besondere, feierliche Gebetsform) auf. Die gregorianischen Weisen sind im sog. Antiphonar gesammelt. Erst aus dem 9. und 10. Jahrhundert sind Niederschriften bekannt. Sie zeigen eine linienlose Schreibweise und waren mit lateinischen Großbuchstaben und mit verschiedenfarbigen Hinweisen die Betonung des Textes. Diese heute noch geheimnisvoll erscheinende Zeichensprache heißt mit dem Fachausdruck: Neumen. Daraus entwickelte sich unsere heutige Notenschrift; in alten Handschriften ist das deutlich zu verfolgen.

Wie sehr es den Mönchen um ein makelloses Singen zur Ehre Gottes zu tun war, zeigt ein Gesang an den Hl. Johannes, in dem um Verschonung vor Heiserkeit gebeten wird. Die lateinischen Anfangssilben der Verszeilen ergaben schließlich die Namen der einzelnen Tonstufen. Noch heute sind sie in den romanischen Ländern üblich: (ut), bzw. do, re, mi, fa, sol, la. (Solmisation).

Im Stundengebet der Klostergemeinde hielten die Mönche den Psalmengesang über die Jahrhunderte hin lebendig. Er wurde auf zwei Weisen gesungen: Im Wechsel zwischen Vorsänger am Altar und der Ordensgemeinde oder von zwei einander antwortenden Chören. Die Texte stammen aus dem Alten Testament oder den Lobgesängen des Neuen Testaments (Benedictus = Lobgesang des Zacharias; Magnifikat = Lobgesang der Maria). Sie wurden in immer neuen Weisen gesungen, am meisten wohl das Te Deum, das Luther mit "Herr Gott, dich loben wir" übersetzt hat.

Die Messe unterscheidet sich vom Stundengebet nach Form und Inhalt. Sie ist sakramentaler Gottesdienst (Opferung, Wandlung, Kommunion), ist also Abendmahlsfeier. Ihre Hauptteile bleiben gleich, andere Teile ändern sich im Laufe des Kirchenjahres.

Die gleichbleibenden Teile sind:
Kyrie	Herr, erbarme dich
Gloria	Ehre sei Gott in der Höhe
Credo	Ich glaube an Gott Vater, Sohn und Hl. Geist
Sanktus	Heilig, heilig, heilig ist Gott, der Herr
Agnus Dei	Siehe, das ist Gottes Lamm.

Das mehrstimmige Singen begann wahrscheinlich damit, daß eine Singstimme von einer Instrumentalstimme ergänzt und unterstützt wurde. Durch die Weiterentwicklung schon vorhandener Saiteninstrumente und Orgeln wurde das zwei- und dreistimmige Singen gefördert. Es ergab sich die Notwendigkeit, das Gesungene aufzuschreiben; das führte zur Notenschrift, die weiter ausgebaut wurde. Wir wissen, daß z.B. im 15. Jahrhundert schwarze und weiße Notenköpfe schon die verschiedenen Tonlängen ausgedrückt haben und für die Pause schon ein Zeichen gefunden war, das unserm heutigen recht ähnlich ist.

Jedes Kloster hatte begabte Musiker und Sänger. Sie entwickelten persönliche Eigenarten im Stil und in der Darbietung. Gesänge, die Worte wie Halleluja, Hosianna, Amen enthielten, verleiteten zur freien musikalischen Gestaltung; die Vielfalt der Musik wuchs an allen Orten. Durch die Notenschrift, die für alle gültig (gleichgestaltet) und lesbar war, konnten besonders gelungene Weisen aufgeschrieben, weitergegeben und bewahrt werden.

Schon sehr früh begann das Musizieren außerhalb des Gottesdienstes zu weltlichen Anlässen.

L Inschriften und Jahreszahlen

Bei Grabinschriften und Gedenktafeln fallen immer wieder zwei lateinische Formeln im Zusammenhang mit Zahlen und Symbolen auf: "ANNO DOMINI" heißt zu deutsch "Im Jahre des Herrn"; "IN MEMORIAM" heißt "Zum Andenken (an)".

Jahreszahlen findet man außer in alten Handschriften (die uns fast nie zugänglich sind) auf alten Inschriften von Gedenktafeln. Die Schreibweise der Zahlen unterliegt dem gleichen Wandel, wie er von den Buchstaben bekannt ist. Bis 1360 wurden Großbuchstaben verwendet, danach waren allgemein Kleinbuchstaben gebräuchlich. Wir finden beiderlei Schriftformen in Stein gemeißelt oder in Holz geschnitzt beim Betrachten alter Bauwerke. Die gleiche Zeiteinteilung gilt für die Schreibweise der Zahlen: mit den

m·ccccc·l·I   CIƆ·IƆXXCVII
Stein - 1351   Metall - MDXXCVII 1577

Großbuchstaben wurden die Römischen Buchstabenziffern verwendet, zugleich mit den Kleinbuchstaben die Arabischen Ziffern. Später, zur

1536   1518   160X
Stein-1536   Stein-1518   Stein 1610

Zeit der Renaissance, erinnerte man sich wieder der imponierenden Römischen Zahlen und verwendet sie aufs neue. In der Übergangszeit wurden häufig Jahreszahlen mit Ziffern beider Systeme geschrieben.

Die meisten Zahlenformen der arabischen Ziffern sind gut zu erkennen, nur die Vier macht eine Ausnahme. Sie wird häufig in der Form einer nach unten geöffneten, halben Acht gefunden

und verleitet zu falscher Lesart. Nach einigen Übergangsformen, die man gut beobachten kann, ist man einmal darauf aufmerksam geworden, entstand unsere heutige kantige Schreibweise der Zahl Vier. Auch die arabischen Ziffern Fünf und Sieben waren einem Gestaltwandel unterworfen.

Mancher Leser tut sich beim Lesen der alten Inschriften schwer, weil die Buchstaben V und U in der gleichen Form geschrieben sind; für I steht oft Y und eine eigene Gestalt von I und J ist noch nicht entstanden. Aber man sollte sich nicht entmutigen lassen sondern beim Besichtigen von Kirchen und alten Bauwerken auch auf Inschriften und Jahreszahlen achten.

M Von evang. Ordensgemeinschaften, Diakonenanstalten und Diakonissenmutterhäusern

Die Gründungen evang. Ordensgemeinschaften geschehen im 20. Jahrhundert. 1913 wurde die Evang. Michaelsbruderschaft ins Leben gerufen.

In Frankreich, nahe Cluny, wurde 1940 von Roger Schutz, geb. 1915, eine protestantische Bruderschaft mit ordensähnlichem Charakter gegründet. Sie nennt sich nach dem Ort ihrer Wirksamkeit Communauté de Taizé und strebt nach neuen Formen des Apostolats in der Welt der Technik und der Industriealisierung.

Nach dem 2. Weltkrieg entstand 1947 in Darmstadt die Evang. Marienschwesternschaft (früher Oekumenische Marienschwestern). Sie gilt als Ordensgemeinschaft, weil die Schwestern benediktinische und franziskanische Lebensweisen zu den ihren gemacht haben.

Aufgerüttelt von Vorbildern in England und Holland wurden im Deutschland des 19. Jahrhunderts Männer und Frauen zu einer christlich-sozialen Bewegung angeregt, die wir heute unter dem Namen "Innere Mission" zusammenzufassen pflegen.

Wichern brauchte für die Erziehung der verwahrlosten Jungen im "Rauhen Haus" Gehilfen. Er nannte sie Brüder, Diakone und ging damit auf das Amt des Diakons in der Urgemeinde zurück. Sein Werk der Fürsorgeerziehung wuchs und Diakonenanstalten wurden gegründet, um junge Männer für diese Dienste auszubilden. Heute bestehen im Bereich der Evang. Kirche Deutschlands 19 Diakonenanstalten, der Beruf des Diakons hat sich geweitet. (Katechet, Jugendwart, Erzieher in Kinder- und Jugendheimen, Pfleger in Altenheimen und Krankenhäusern, in Heimen für Blinde, Krüppel, Geisteskranke u.a.; vor allem aber Gehilfe des Pfarrers in der Gemeindearbeit.)

Ebenso wie Diakone sind auch Diakonissen keine evang. Ordensleute. Bei der Entstehung des ersten Diakonissenmutterhauses 1836 in Kaiserswerth wird das deutlich. Es waren rein seelsorgerliche Gründe, die Fliedner veranlaßt haben, den jungen Mädchen, die Diakonissen wurden, eine neue Heimat zu geben. Sie hatten die Geborgenheit ihrer Elternhäuser und Familien verlassen, um sich im Namen Jesu einem sozialen Beruf im öffentlichen Leben zu widmen. Das war in der ersten Hälfte des vorigen Jahrhunderts für die unverheiratete Frau etwas Unerhörtes. Fliedner fühlte sich verantwortlich und gab deshalb seinen Diakonissen eine einheitliche Tracht, die zusammen mit der Haube genau der Kleidung entsprach, die damals eine verheiratete Frau trug. Das Mutterhaus ist örtliches und geistliches Zentrum der Schwesternschaft, hier wird die junge Schwester ausgebildet, eingesegnet, ausgesandt; vom Mutterhaus bekommt sie Weisungen und Ratschläge, auch Fortbildungsmöglichkeiten und geistliche Hilfen. Ins Mutterhaus kehrt sie zurück, wenn sie krank oder nicht mehr arbeitsfähig ist; dort wird für sie im Alter gesorgt (Feierabendheim). Eine Oberin steht der Schwesternschaft vor, ein Pfarrer ist als Vorsteher ihr zur Seite.

Heute sind über siebzig nicht voneinander abhängige Schwesternorganisationen, die nach dem Vorbild des Kaiserwerthers Mutterhauses entstanden waren, im sog. Kaiserswerther Verband vereinigt. Andere Schwesternschaften gehören zum sog. Zehlendorfer Verband für Evang. Diakonie.

Die weibliche Diakonie hat sich längst über die erste, von Fliedner zugewiesenen Aufgaben der Krankenpflege hinaus neue Arbeitsgebiete erschlossen (Kindergärtnerin, Heimleiterin, Fürsorgerin, Altenpflegerin, Gemeindehelferin, Katechetin).

Diese evang. Bruder- und Schwesternschaften sind bis zu einem gewissen Grad selbständig, aber nicht in der Weise in der das kath. Klöster sind. Sie haben den Liebesdienst der Kirche übernommen und sind in der "Inneren Mission" bzw. im "Diakonischen Werk" als Glieder der Evang. Kirche in Deutschland zusammengefaßt.

Kurzdarstellung einzelner Kulturepochen unter Berücksichtigung des Klosterwesens

N Karolingische Zeit _____ 47

O Romanik _____ 47

P Gotik _____ 48

Q Renaissance _____ 49

R Barock _____ 49

S Säkularisation _____ 50

T Neubeginn _____ 51

N Die Karolingische Zeit

Nach der Zeit der Völkerwanderung und in der letzten Phase der Christianisierung Europas entstand eine neue Kunstform. Man datiert die Kunst des Karolingerreiches vom Ende des 8. Jahrhunderts bis zur ersten Hälfte des 10. Jahrhunderts.

Baukunst:
Beste Beispiele karolingischer Kirchen- und Klosterbaukunst sind die Kirchen in Mittelzell und Oberzell auf der Insel Reichenau im Bodensee.
Klostergründung um 700; Kirchen aus dem 9. Jahrhundert.

Buchmalerei:
Starker Einfluß christlich-spätantiker Bilderwelt; leuchtender Gold- oder Purpurgrund, dynamische bewegte Linienführung, große Augen u.a.
Hauptzentren bzw. einzelne Schulen: Reichenau, Köln, Trier, Fulda, St. Gallen, Regensburg.

Wandmalerei:
Fresken in waagerechter Bildfolge, Zyklen biblischer Darstellungen und Märtyrergeschichten. Nur wenige Fresken, bzw. Fragmente von Fresken sind heute noch erhalten.

Plastik:
Monumentalskulpturen fehlen, nur Kleinplastiken aus Bronze, Gold und Elfenbein aus den verschiedenen Schulen sind erhalten.

Schrift:
"Karolingische Minuskel" sind Kleinbuchstaben der Lateinschrift mit Ober- und Unterlängen, sie galten als einheitliche Schrift für das Abendland.

O Romanik

Als Romanik wird die Kunst bezeichnet, die in der Zeit von ca. 950 bis zur ersten Hälfte des 13. Jahrhunderts entstanden ist.
Vor dem Jahr 1000 sind in der Mischung von an-

tiken, orientalischen und nordischen Formen
bschon romanische Züge nachweisbar. Einheitliche Baugedanken finden sich erst durch die Tätigkeit der wachsenden kirchlichen Organisationen. Die künstlerische Gestaltung stand auf dem Gebiet des Kirchen- und Klosterbaues in Abhängigkeit vom Zweck des Gebäudes. Von den vielfältigen Aufgaben eines Klosters hing die Anzahl seiner Gebäude ab; schon ihre bauliche Form zeigte etwas vom Sinn, Wert und Auftrag. Die architektonische Energie steigerte sich in der romanischen Kirchenform in der Betonung von Ost- und Westchor, in den wuchtigen Wänden und den gruppierten Türmen. Das Ganze wirkt geschlossen und monumental.
Die Reformbewegungen des burgundischen Klosters Cluny wandte sich gegen den Formenreichtum der Basiliken (z.B. Doppelchor u.a.). Der cluniazensische Typ mit Eingang und Vorhalle zwischen den Türmen wurde in Deutschland von der Hirsauer Schule übernommen (auch die Anlage des Modells beruht darauf).

Die Zisterzienserarchitektur hat als Kennzeichen die Turmlosigkeit, eine äußerst sparsame Verwendung von Schmuckmotiven und eine besondere Betonung des Chores (Anwachsen der Anzahl der Chorherren). Bei nicht wenigen Klosterkirchen ist der Westfront eine offene Vorhalle angegliedert (Maulbronn).
Zu Beginn der Gotik - 13. Jahrhundert - kündigen sich vielerlei Übergangsformen an.
Wand - Glas - und Miniaturmalerei stellt Figuren flächenhaft dar; Harmonie, Ruhe und Würde kennzeichnen sie. Die theologische Haltung dieser Zeitepoche war von der österlichen Bibelaussage geprägt.

Romanische Wandmalerei:
Aufkommen der senkrechten Bildfolgen, Medaillons an Holzdecken (auch an Glasfenstern) wurden in gemusterten Grund eingebettet.

Romanische Glasmalerei:
Farbiges Glas mit Binnenzeichnungen wird durch Bleiruten (innerhalb) und Windeisen (außerhalb) zusammengehalten.
Älteste erhaltene Glasfenster (Augsburger Dom) entstanden gegen Ende des 11. Jahrhunderts.

Romanische Miniaturmalerei:
Blütezeit der Miniaturmalerei (vorwiegend Buchmalerei).
Kloster Reichenau als Zentrum; Regensburg, Salzburg, Tegernsee, Trier und Köln bedeutende Malschulen.
Benediktinische Klosterschulen des 12. und 13. Jahrhunderts förderten die Ausbildung eines schlichten Linearstils, der sich erst später lockerte.

Romanische Plastik:
Alle Großplastiken zeigen lineare Strenge der Einzelform: Stifterbildnisse, figurenreiche Portalsysteme, Gerichtsdarstellungen im Bogenfeld.

Romanische Kruzifixform:
Christus wird als der Triumphierende dargestellt, im Gegensatz zu Gotik, die den Leidenden betont.
Kennzeichen sind die parallele Fußstellung, erhabener, hoheitsvoller Ausdruck.

Weitere Kunstformen:
Emaillekunst;
Goldschmiedekunst (reiche Reliquiare);
Bild- und Knüpfteppiche;
Elfenbeinschnitzereien an Bucheinbänden und Reliquiaren.

P Gotik

Stilepoche der abendländischen Kunst im hohen und späten Mittelalter. Der Name kommt von der in Italien herrschenden Auffassung, das "barbarische Mittelalter", das dem antiken "goldenen Zeitalter" folgte, sei in den Goten verkörpert.

Die zeitliche Dauer ist in den einzelnen Ländern verschieden. Für unseren Raum: Beginn im ersten Drittel des 13. Jahrhunderts bis in den Anfang des 16. Jahrhunderts vorherrschende Ausdrucksform.

Gotische Baukunst:
Charakteristisch am Stil ist ein Streben nach Schwerelosigkeit; ein Auflösen der Massen; starke Vertikalgliederung und transparentes farbiges Licht durch hohe Fenster (Spitzbogen mit geringerem Seitenschub als der romanische Rundbogen); Strebebögen und -pfeiler des Aussenbaues fangen den Schub der hohen Gewölbe ab; Netzgewölbe; Fensterrose, durchbrochener Turmhelm, Maßwerk, Gewändeportal, Krabben und Kreuzblume sind unverkennbare Merkmale der Gotik.

Gotische Plastik:
Als Beispiel für die Gotik mag an das Straßburger Münster erinnert werden. Sie steht in engem Zusammenhang mit der Architektur (Bauplastik). Portale, deren Bildwerke einem Thema gewidmet sind (Weltgericht - Christus - Maria). Die Skulptur löst sich aus der Wandfläche.
Holzbildhauerei: Andachtsbilder - Schnitzaltar - Flügelaltar - Chorgestühl - Chorschranken - Lesepult.

Gotische Kruzifixform:
In der Gotik wird Christus am Kreuz nicht mehr als der Triumphierende, wie in der Romanik, sondern als der Leidende dargestellt. Die überkreuzte Fußstellung und ein Durchbiegen der Arme sind besondere Kennzeichen des gotischen Christus, hinzu kommen Zeichen der Marter, des Duldens.

Gotische Wandmalerei:
Nur geringe Wandmalerei; durch die Auflockerung der Wände mit hohen Fenstern entfallen große Flächen.

Gotische Glasmalerei:
Bedeutende Leistungen im frühen 13. Jahrhundert in Frankreich, danach bis zur Zeit der Spätgotik im deutschen Sprachraum (Kirchenbauten in Köln, Straßburg, Altenburg, Erfurt, Freiburg, Xanten, Regensburg, Ulm, Wien).

Gotische Miniaturen:
Der durch besondere Merkmale geprägte Stil der einzelnen Schulen verliert sich. Schwerpunkt der gotischen Miniaturen war Paris.
Manessische Handschrift in Heidelberg, um 1320 in Zürich unter starkem französischen Einfluß entstanden.
Reicher Prunkstil im 14. und 15. Jahrhundert in Prag, Wiener Hofminiatorenschule. Neben die Klöster als Pflegestätten traten im 15. Jahrhundert zunehmend bürgerliche Handwerksbetriebe. Gleichzeitig verdrängte das Papier als Bild- und Schriftträger das Pergament. Ausschmückung von Prachtcodices.

Gotische Malerei:
In den Tafelbildern zeigt sich die malerische Entwicklung des Nordens, in Italien blieb daneben das Wandgemälde gleichgeordnet (durch geringen Einfluß der Gotik blieben dort die Wände übersichtlich und ausgewogen). Der Goldgrund der spätgotischen Malerei weist reiche Punzierung (mit Stahlstift ausgeführte Verzierung) auf.
Er wird verdrängt von Landschafts- oder Architekturhintergrund.
Holzschnitt und Kupferstich seit dem Anfang des 15. Jahrhunderts nachweisbar. Malerschulen in Köln, Nürnberg, Prag. Im Gegensatz zur Romanik sind nun einzelne Maler namentlich bekannt.

Gotische Klosterbauten:
Maulbronn   1147 Zisterzienserkloster
Bebenhausen   1228 Zisterzienserkloster
Eberbach   1135 Zisterzienserabtei

Q Renaissance

Von französisch: "Wiedergeburt", eine sich in sämtlichen Lebens- und Geistesbereichen vollziehende Kulturwende vom Mittelalter zur Neuzeit.
Von Italien kommend wird sie in Deutschland eingeleitet bzw. begleitet vom Humanismus und ist geschichtlich mit der Reformation verbunden.
"Die Überwindung der Autorität von Kaiser-, Papst- und Fürstentum durch Reformation, Bauernerhebung und Nationalstaatsidee führt zu neuer Ausrichtung des Denkens und Empfindens.

Anküpfend am geistigen Hochstand der vorchristlichen Zeit entwickeln sich aus der Besinnung auf das Echte, Wahre und Schöne Kunst und Wissenschaft zu neuen Höhen und universaler Weite. Der aus kirchlicher Bindung gelöste, freie, selbstbewußte Europäer ergreift auf kühnen Fahrten Besitz von weiten Teilen der Erde."
(A. Peters)
In Italien liegen die Anfänge der Renaissance weitaus früher als in unserem Sprachraum. In Deutschland steht das 16. Jahrhundert im Zeichen der Renaissance.
In den Klöstern des ausgehenden Mittelalters fanden die geistigen Ziele der Renaissance allerdings wenig Echo. Bewußtwerden der eigenen Persönlichkeit, Ausbildung eines neuen Lebensgefühls und Rückbesinnung auf antike Überlieferungen blieben den Mönchen fremd. Das Streben nach objektiver Naturerkenntnis stand mitunter im Gegensatz zu den Dogmen der Kirche, sodaß die Gelehrten der Klöster nicht aktiv an den Neuentdeckungen dieser Epoche beteiligt waren (Buchdruck, Feuerwaffen, Uhren, u.ä.).

Durch die viel frühere Wirksamkeit der Renaissance-Gedanken in Italien taten sich im religiösen und künstlerischen Verständnis der neuen Zeitepoche zwischen den italienischen und den nördlich der Alpen gelegenen Zweigen der einzelnen Ordensgemeinschaften Gräben auf. Dazu kam die Schwächung der Orden durch die Kreuzzüge, die ihrer inneren Aktivität und der Tätigkeit auf kulturellem Gebiet Schranken gesetzt hatten.
Durch die Reformation - ihre Vorzeichen und Auswirkungen - trat bei den Klöstern eine starke innerkirchlich-religiöse Auseinandersetzung ein. Die deutschen Zweige der Orden beschäftigen sich in dieser Zeit besonders mit dem Studium der Theologie. Deshalb erlangte die Renaissance in den Klöstern unseres Landes wenig Bedeutung.

In Italien:
Fra Angelico, Dominikaner in Florenz, malte sein Kloster San Marco ganz mit Fresken aus.
Leonardo da Vinci malte sein großes Abendmahlsbild für ein Refektorium.
Michelangelo wirkte am Neubau der Peterskirche in Rom - Sixtinische Kapelle.
Das Renaissance-Relief hat antike Vorbilder.

Der Künstler tritt nicht mehr hinter seinem Werk zurück; er ist sich seines Könnens, seiner Persönlichkeit bewußt und stellt sich und sein Werk der Kritik des Betrachters.

R Barock

Europäische Kulturepoche etwa von 1600 - 1750 (Frühbarock - Hochbarock - Spätbarock = Rokoko).
Das Barock fand seinen stärksten Ausdruck in

der Architektur. Weltliche und geistliche Fürsten wollten repräsentieren (würdiges, standesgemäßes Auftreten).
Es entstanden:
von Parks umgebene Fürstenschlösser;
die geplante, auf das Schloß ausgerichtete Stadtanlage;
ein als künstlerische Einheit gestalteter Kirchenbau;
eine aufwendige Ausgestaltung von Klosteranlagen.
Charakteristisch für den Stil des Barock sind:
Reichtum des plastischen und malerischen Schmuckes;
kühne, leidenschaftliche Bewegtheit der Formen (Übersteigerungen);
gewaltige Ausmaße der Bauten;
zentraler Kuppelbau bei Kirchen.

Beispielhaft für ganz Europa wurde das Königsschloß in Versailles.

Barockplastiken:
Ekstatische Gesamtwirkung.

Barockmalerei:
Gebärdenreicher Figurenstil, theatralische Gruppenszenen, entgegengesetzte Bewegungsmotive.

Barockmusik:
Starke Kontraste in klanglicher, formaler und inhaltlicher Beziehung.

Barockdichtung:
Gegensätzlichkeit zwischen Stil und Stoff führt zu gespreizter Darstellungsweise. Vorherrschaft der Lyrik; religiöse Grundzüge.

Barocktheater:
Bühnenkunst entdeckt neue Wirkungsmöglichkeiten der Oper.

Die Barockabteien des 17. und 18. Jahrhunderts waren meist reichsunmittelbare Staatsgebilde. Die Anstrengungen der Gegenreformation belebten das Klosterwesen neu. Im Gegensatz zu Italien, Spanien, Frankreich und Portugal äußerte sich vor allem diese Erneuerung auf dem Gebiet der Klosterarchitektur.
Nicht die Jesuiten, welche die Gegenreformation mit dem Wort durchgeführt hatten, leisteten auch Großes in der Baukunst. Ihre schmucklosen Zweckbauten in den Städten glichen eher großen Anstalten oder Kasernen. Die Benediktiner jedoch schufen vor allem auf dem freien Lande unvergleichlich schöne Klöster und Klosterkirchen. Die den Benediktiner nahestehenden Orden eiferten ihnen nach.

Schöntal	1708 - 27	Zisterzienser
Schussenried	1710 - 46	Erneuerte Dominicus Zimmermann das Kloster der Prämonstratenser.
Ottobeuren	1711	Beginn der Klosterbauten der Benediktiner; I.M.Feichtmayr war Stukkateur der bedeutendsten barocken Anlage.
Weingarten	1718	C.D.Asam arbeitete als Maler an der Benediktinerabtei.
Ochsenhausen	1725 - 27	Neue Kirchenfassade des Benediktinerklosters.
Zwiefalten	1739	Benediktinerkloster erhält durch I.M. Feichtmayr "Wessobrunner Stuck".
Neresheim	1745	Klosterkirche ist ein Alterswerk von Balthasar Neumann; Dom. Zimmermann schuf den Festsaal des Benediktinerklosters.
St. Blasien	1783	Letzter Neubau der Benediktiner im 18. Jahrhundert.

Das Kloster der Barockzeit war fürstliche Residenz, Gelehrtenvereinigung, Staatsverwaltung, Seelsorge- und Bildungsinstitut und landwirtschaftlicher Betrieb. Es will nicht mehr Sinnbild der Civitas Dei (Augustins Lehre vom Gottesstaat) auf Erden sein. Die Klosterarchitektur hat immer über die Geisteshaltung der Erbauer Auskunft gegeben und damit eine theologische Aussage erbracht. Im Barock gestaltete sich eine Synthese der christlichen Weltauffassung. Die Säkularisierung traf viele Klöster, als sie in voller Blüte standen. Trotz der mahnenden Vorzeichen der französischen Aufklärung waren sie auf ein solches Ende nicht vorbereitet gewesen.

S Säkularisation

1. Enteignung kirchlichen Eigentums durch den Staat.
2. Entbindung katholischer Ordensleute von ihrem Gelübde, Beendigung der Ordensgemeinschaft.

Nach der Besetzung deutscher Teilgebiete durch Frankreich löste der Reichsdeputationshauptschluß 1803 auf:
Die geistlichen Bereiche der Kurfürstentümer Köln, Trier, Mainz;
das Fürstbistum Salzburg;
18 Bistümer;
ca. 80 Abteien;
über 200 Klöster.

Durch die Säkularisierung wurden fast alle europäischen Einrichtungen des Klosterwesens zer-

stört. Nur die Klöster der Schweiz und Österreichs sind verschont geblieben.
Was an den Mönchen geschehen ist, bleibt historisches Unrecht. Kirchliches und klösterliches Eigentum wurde weggenommen und enteignet. Der Grund dafür war ein politisches Denken aus der Sicht der französichen Revolution. Es führte dazu, die kirchlichen Besitztümer an Fürsten als Entschädigung für Gebiete zu geben, die an Frankreich verloren gegangen waren.

Viele Klöster und Kirchen wurden abgerissen oder verkauft, ihre Schätze zerstreut und vernichtet. Die Ruinen wurden als Steinbruch genutzt, bis die Denkmalspflege eingegriffen hat. Die Möglichkeit, daß ein mittelalterliches Kloster erhalten blieb, war am ehesten dann gegeben, wenn es nach der Säkularisierung von Schulen oder Gutsverwaltungen übernommen worden ist, die sich mit den vorhandenen baulichen Gegebenheiten abgefunden haben. Maulbronn und Eberbach verdanken einem solchen Umstand, daß sie heute die besterhaltenen Zisterzienserklöster in Deutschland sind.

T Neubeginn

Der Ordensgedanke war nicht auszurotten, am Widerstand hat sich vielmehr im 19. und 20. Jahrhundert neuer Lebenswille entzündet.
Die Mißstände der früheren Jahrhunderte wurden auszumerzen gesucht. Mitglieder der alten Orden fanden sich, zum Teil in den ehemaligen Klosterstätten, wieder zusammen. Sie stellten Erziehung und Mission in den Mittelpunkt ihrer Aufgaben, auch wissenschaftlich wurde gearbeitet.
Sogar neue Stilformen für den Bau und die Ausstattung wurden gefunden (Beuron). In der Regel wurden aber schlichte Zweckbauten errichtet.
Die einzige fürstliche Klostergründung geschah 1835 - 1850 in München. Ludwig I. von Bayern gründete und baute Kloster und Kirche des Benediktinerklosters St. Bonifaz. Er hatte schon 1846 die Wallfahrtskirche Andechs als Außenstelle dazu erworben, um die Neugründung mit der Tradition einer alten Anlage zu verbinden.
Ein Neubau wurde in Frankreich von Le Corbusier errichtet. Das Dominikanerkloster in La Tourette war 1960 in allen Teilen abgeschlossen.

Auch heute ist die Kirche eine Realität in unserer Gesellschaft. Neben den vielen auftretenden Gesellschafts- und Gemeinschaftsformen sind die vielfältigen kirchlichen Einrichtungen ein Angebot. Die kath. Kirche führt u.a. die alten Orden weiter; in der ev. Kirche bemüht man sich immer wieder um neue Lebensformen. Manchmal kommen sie der des Klosters sehr nahe, Teile der Formen werden praktiziert.
So ist das Kloster als Modell einer Gesellschaftsform bis in unsere Tage lebendig - und gewiß auch noch Morgen und Übermorgen!

3. Teil

Historische Tabelle vom 5. bis zum 17. Jahrhundert

Übersicht

1 - 12	Einführung			
	Christliche Kirche im Röm. Reich	bis 400		53
13 - 22	Mönchtum	bis 700		55
23 - 24	Die Hunnen	350 - 453		56
25 - 36	Die Christianisierung der Germanen	bis 1000		56
37 - 42	Karl der Große und sein Reich	bis 900		58
43 - 44	Reichskirche	bis 1000		59
45 - 49	Klosterreformen	bis 1200		59
50 - 51	Ostrom und Westrom	1054		60
52 - 53	Investiturstreit	bis 1120		60
54 - 60	Rittertum, Kreuzzüge, Juden, Pest	bis 1400		61
61 - 63	Bettelorden	1300		62
64 - 69	Ketzer und Inquisition	ab 1300		62
70 - 73	Das große Schisma	1418		63
74 - 76	Theologische Opposition	1436		63
77 - 94	Vorbereitung der Neuzeit	ab 1250		63
95 - 119	Reformationen - evangelische Kirchen	ab 1500		66
120 - 125	Erneuerung der katholischen Kirche	ab 1500		69
126 - 134	Vorbereitung, Auseinandersetzungen und Folgen des Dreißigjährigen Krieges	bis 1648		70
135 - 136	Ausblick	ab 1648		71

1 Christliche Kirche im Römischen Reich

um 30 - 391

Nach der Gründung der christlichen →Kirche durch die Ausgießung des Heiligen Geistes (Apg.2;) lebten die Jünger (→Apostel) in der Gemeinde in Jerusalem. Sie führten Jesu Auftrag durch (Matth.28/18-20;), fanden in der -Urgemeinde eine neue Lebensform und erwarteten die baldige Wiederkunft Christi. Trotz Verfolgung durch die Juden (→Stephanus starb als erster →Märtyrer) verbreitete sich das Christentum im →jüdischen Land, in Kleinasien und Griechenland sowie in Teilen des römischen Mutterlandes (Reisen des →Paulus). Neben örtlichen Verfolgungen (unter Kaiser Nero in Rom 64 n.Chr.) wurden die christlichen Gemeinden in den ersten drei Jahrhunderten immer wieder von röm. Verfolgungswellen heimgesucht (250 - 260, Decius und 284 - 311, Diokletian / Galerius), denn sie lehnten den Kaiserkult ab (Erstes Gebot). In diesen Jahrhunderten entstanden die ersten →Glaubensbekenntnisse, →Kirchen wurden erbaut, →Gemeinden gegründet, unter →Bischöfen zusammengefaßt und betreut, Konzile abgehalten. Auf ein Kaiseredikt 313, die Christen zu dulden, wurde 391 das Christentum zur Staatsreligion des Römischen Reiches.

2 Das Wesen der alten Kirche im Zeichen der Bruderliebe

ab 391

Die heidnische Welt, in die das Christentum eintrat, war eine Welt ohne Mitgefühl und Liebe. Man fürchtete z.B. den Zorn der Götter, wenn man einem Fremden half, denn er konnte ein von ihnen Gestrafter sein.
Die Christen jedoch waren erfüllt von der Liebe Gottes und gaben sie weiter. Sie sahen in einem Fremden auch einen von Gott geliebten Menschen; den Nächsten, dem sie nach dem Gebot der Nächstenliebe Gutes taten.

3 Die Werke der Barmherzigkeit

ab dem 5.Jh.

In der christlichen Gemeinde spielten Standes- und Besitzunterschiede keine Rolle. Jeder war aufgefordert, Not, Leid, Elend und Verlassenheit zu lindern. Die Kirche prägte den Begriff →"Werke der Barmherzigkeit". Diese planmäßige Fürsorge geschah an Witwen, →Waisen, Kranken, Siechen, Armen, Schiffbrüchigen, Gefangenen, Verbannten, Arbeitern in Bergwerken, Heimatlosen. Die Kirche richtete →Waisen-, →Siechen- und →Krankenhäuser sowie →Pflegeheime und Versorgungsstationen ein.

4 Die Kirche nahm zu politisch- gesellschaftlichen Problemen Stellung

ab dem 5.Jh.
Sie kämpfte nicht gegen politische und soziale Ordnungen des Staates, sondern veränderte sie innerhalb ihres Wirkungsbereiches durch eigene Aktionen.
Die →Kirche kaufte mit ihren Ersparnissen Sklaven frei. Nach röm. Recht war ein Sklave "Sache und Eigentum" seines Herrn; für den Christen war er "Bruder" seines Herrn. Die Frau war Untergebene des Mannes. Im christl. →Gottesdienst war sie gleichberechtigtes Glied der Gemeinde ("aller →Segnungen der Kirche teilhaftig"). Auswirkungen auch in Haus und Familie war möglich.

5 Das Wesen der alten Kirche im Zeichen der "Heiligkeit"

ab 391
Nach der Aussage des Apostels →Paulus 1.Kor. 6/19; ist jeder Christ ein →"Heiliger Gottes". Diese "Heiligkeit" wird sichtbar, indem die Liebe Gottes im Menschen mächtig wird. Das äußere Zeichen ist die →Taufe. Sie wurde von der Kirche in den Mittelpunkt des Lebens gestellt, als sich in den Städten des zerfallenden Römischen Reiches Unglauben und Sittenlosigkeit immer mehr verbreiteten.

6 Die Taufpraxis stand unter dem Eindruck des zerfallenden Römischen Reiches

ab dem 5.Jh.
Die Betonung beim →Taufgeschehen lag auf Erneuerung des Lebens; das Alte verlassen, reingewaschen werden, neu beginnen. (Taufsonntag = erster Sonntag nach Ostern, Quasi modo geniti = die Wiedergeborenen; Weißer Sonntag).
Sippen und Familien ließen sich gemeinsam taufen.

7 Bemühungen um eine geordnete Lebensführung

ab dem 5.Jh.
Der getaufte Mensch bemühte sich, "heilig" zu bleiben, alte Unsitten zu meiden und nach dem →Willen Gottes und den Geboten zu leben. Als Hilfe dazu gab ihm die →Kirche feste Ordnungen. (Bei Verfehlungen verhängte die Kirchenzucht Strafen und Bußübungen.) Getaufte Menschen wurden aus der Kirche ausgeschlossen, wenn sie schwer und mit Vorsatz gegen Gottes Gebote und gegen kirchliche Ordnungen verstoßen hatten. Auf "Todsünden" (= bewußter Abfall vom Glauben, Ungehorsam gegen die Kirche, Verspottung Gottes; Ehebruch, Mord, Raub, Sittlichkeitsverbrechen) folgte als Strafe der Kirche der Ausschluß; diesen Menschen "sprach man die Gnade Gottes ab".

8 →Kirchenvater Augustin

354 - 430
Geboren am 13.11.354; gest. am 28.8.430.
Er hat in seinen Schriften den größten und nachhaltigsten Beitrag für die Lehre der kath. Kirche geleistet.
Nach einer unchristlichen Jugend - wohlbekannter römischer Advokat - erfüllte sich der Wunsch seiner Mutter: er ließ sich →taufen. Die Schriften des →Paulus (Röm.13/13-14;) hatten ihn bekehrt.

395
Wurde →Bischof in Hippo Regius (Nordafrika). Verfaßte →Klosterregel.

9 Die Glaubenskämpfe des Augustinus

354- 430
Der Glaubenskampf des Augustinus war für seine eigene Kirche (später auch für Martin Luther) von großer Bedeutung. Seine Bekenntnisschriften (Confessio) von Rechtfertigung und →Abendmahlslehre wurden wegweisend. Eines seiner →Gebete ist richtungsweisend geworden:
"Herr, du hast uns geschaffen zu dir,
und ruhelos ist unser Herz,
bis es Ruhe findet,
o Gott, in dir."

10 Augustin's grundlegende Lehre in der katholischen Kirche

354 - 430
In seiner großen Schrift "De civitate Dei" (= "Vom Gottesstaat") suchte Augustin zu zeigen, wie der römische Staat als "das Reich des Bösen" der christlichen →Kirche als "Gottesstaat" gegenübersteht. Augustinus sagte:
"Nur wenn der Staat sich ganz der Kirche unterordnet, erfüllt er Gottes Auftrag." Diese Ansicht übernahmen die →Päpste des Mittelalters, als sie die "Lehre von der weltbeherrschenden römischen Kirche" aufstellten. Für Augustin war die Kirche der Bürge für den Glauben; er konnte schreiben: "Ich würde an das →Evangelium nicht glauben, wenn mich nicht die Autorität der katholischen Kirche dazu bewöge".
In den →Klosterschulen wurde die Augustinische Lehre als Erziehungsziel angestrebt.

11 Papst Leo I, der Große, festigte das Papsttum

440 - 461
Anerkennung des Römischen →Bischofs als →Papst (Primat) legte Grundlage für wei-

tere Entwicklung des Abendlandes.
Das Papsttum erreichte den ersten Höhepunkt seiner Weltgeltung. Die Einheit der Lehre war durch das Eingreifen des Papstes gesichert. Beginn der Spannungen zwischen Ost- und Westkirche, Leo I. verwarf die Gleichrangigkeit des Bischofs von Konstantinopel.

12 Leo I. definierte das Papsttum

440 - Als dem "Nachfolger →Petri" wurde dem
461 →Papst übertragen:
Schlüsselgewalt (= höchstes Richteramt der Kirche - Matth.16/19;);
oberste Verwaltung in der Kirche (= das Hirtenamt - Joh.21/15;);
höchstes Lehramt in der Kirche (= Festlegung →dogmatischer Aussagen durch den Papst - Luk.22/23;).
Die Tiara (hohe Kopfbedeckung des Papstes) weist durch ihre drei Kronen auf diese Ämter hin.

13 Weltflucht in die Einsiedelei

ab Nachdem der christliche Glaube im Römidem schen Reich zur Staatsreligion geworden
3.Jh. war, stieg die Zahl der Gemeindeglieder rasch an. Im Laufe der Jahre gingen teilca weise Übersicht, Gemeindezucht und die
400 Pflege der Gemeinschaft verloren. Ernst- 550 denkende Christen, die in völliger Hingabe an Gott leben wollten, sonderten sich ab und gingen in die Einsamkeit. Durch Beten und →Fasten suchten sie näher zu Gott zu kommen. Solche Menschen nannte man →Mönche (= a.d.griech. mónos = allein); ihre Lebensform war die eines →Einsiedlers oder Eremiten.

14 Das Kloster als Lebensform

Christen, die nach dem →Evangelium leben wollten, fanden sich mit Gleichgesinnten zu einer Lebensgemeinschaft zusammen. Diese Form nannte man →Kloster (a.d.lat. claustrum = geschlossen). Männer und Frauben lebten getrennt voneinander. Die Männer nannten sich →Mönche und untereinander Brüder. In den später entstandenen Frauenklöstern (z.B. 782 Frauenchiemsee) nannten sich die Frauen →Nonnen und untereinander Schwestern. Die Mönche wählten zur Klostergründung abgelegene Orte, schufen bescheidene Existenzgrundlagen und umgaben ihren Bezirk meist mit einer Mauer.
Das Mönchtum verstand sich als notwendige Zelle innerhalb der großen →Kirche, um durch Gebet und Askese ihrer Verweltlichung entgegenzuwirken. Die Suche nach dem eigenen Heil stand gleichberechtigt daneben.

15 Formen und Ziele der Askese

Im mönchischen Leben nahm die Askese (Übung) einen breiten Raum ein. Man versteht darunter freiwilligen Verzicht auf Annehmlichkeiten des Lebens. Askese kann durch Fasten, Wachen, Schweigen, durch geistige sowie körperliche Enthaltsamkeit geübt werden und hat immer das Ziel, den Geist des Menschen von der Macht des Körperlichen frei zu machen. Im →Einsiedlerleben und in "strengen" →Orden spielte die Askese eine große Rolle. Jedes Leben in einer Gemeinschaft benötigt die maßvolle Askese des Einzelnen.

16 →Benedikt von Nursia, der "Vater des abendländischen Mönchtums"

um Nach einer Zeit des Einsiedlerlebens sam480 - melte er eine kleine Schar Brüder um sich
547 und gründet 529 auf dem Monte Cassino bei
529 Neapel ein →Kloster. Im mönchischen Leben wurden Geist und Körper gleichermassen gefordert: "Ora et labora!" = "Bete und arbeite!" (→Stundengebet - →Klosterregel). Der Orden nannte sich nach seinem Gründer →"Benediktiner-Orden". Er wurde richtungsweisend für viele Klostergemeinschaften im Abendland.

17 Die →Klosterregel der Benediktiner

nach In 73 Kapiteln schrieb →Benedikt von Nur534 sia grundlegende Gedanken über das Zusammenleben im →Kloster nieder. Er stützte sich dabei auf die Mönchsregel der Ostkirche (Basilius) und auf die des →Kirchenvaters Augustin. Seine Regel war ausführlicher und für jeden →Mönch verbindlich. Besondere Akzente: →Gehorsam gegenüber dem →Abt - Verharren im Kolster (im Gegensatz zu den Wandermönchen).
Karl d.Große befahl u.a., daß alle Klöster seines Reiches nach der →Benediktinerregel leben sollten.

18 Aus der →benediktinischen Klosterregel

nach Zum →Novizen wird gesagt:
534 "Weil die Zucht,
Der sich ein Mönch zu unterwerfen hat,
So hart und voll von Mühe ist,
Darum soll sich jeder prüfen,
Ehe er dieses Joch auf sich nehme."
Vor jedem grundsätzlichen Kapitel der Klosterregel und vor jeder wichtigen Auf-

gabe, die ein Mönch ausführen muß, wird ihm gesagt:
"Vernimm, o Sohn, die Lehre des Meisters,
Neige das Ohr deines Herzens,
Ertrage willig die Mahnung des Vaters
Und ertrage sie gern in all' deinen Taten.
Dann wirst du durch die Mühe des
→Gehorsams
Zu DEM zurückkehren, (zu Gott)
Von DEM du abgewichen bist
Im Müßiggang des Ungehorsams."

19 Das Stundengebet als ordnendes Element im Tageslauf

nach 529 →Benedikt von Nursia ordnete den Tageslauf seiner →Mönche in Arbeitszeiten und siebenmal wiederkehrende Zeiten des Gebets. Die Mönche versammelten sich zu Lesung, →Gebet und Gesang in der Kirche. Die Gebetszeiten bekamen die →lateinischen Namen nach der Stunde, in der sie gehalten wurden (Matutin, Prim, Terz, Sext, Non, Vesper, Complet). Man nannte sie das →Stundengebet. Es erhielt sich über viele Jahrhunderte bis in unsere Tage.

20 Das klösterliche Gelübde

nach 534 Mönche bzw. Nonnen legten freiwillig, für das ganze Leben geltend, nach einer Zeit der Prüfung und Vorbereitung (Noviziat) das klösterliche →Gelübde ab: →Armut, →Keuschheit, →Gehorsam. Merkmale sind also: Besitzlosigkeit, Ehelosigkeit, Aufgabe des Eigenwillens.
Damit verbunden: →Ordenstracht, Ordens- oder Klostername, Ablegung des bürgerlichen Namens.

21 Wesentliche Tätigkeiten der Klöster

6.Jh. →Klöster wurden bald zu Schulen der -Theologie und der →Diakonie und damit zu Zentren der tätigen Kirche. Dazu gehören: Bibelstudium, Kirchenlehre, Dichtung, Musik; ebenso Fürsorge an Armen, Kindern, Alten, Kranken, →Herbergswesen. Klöster wurden kulturelle Mittelpunkte durch Anlegen von →Bibliotheken, Ausbau der →Klosterschulen, vorbildliches Arbeiten in der Landwirtschaft (Züchtungen) und Förderung des Handwerks.
Durch Forschen und Lehren wurden sie (manchmal) zum Vorläufer der Universitäten.

22 Bauliche Grundformen des Klosters

6.Jh. Mittelpunkt der →Klosteranlage ist die →Kirche, an sie schließt sich der -Kreuzgang an. Um dieses Zentrum liegen innerhalb der →Klausur: →Refektorium, →Dormitorium, →Kalefaktorium, → Kapitelsaal. Außerhalb: landwirtschaftliche Gebäude, →Novizen-, →Kranken-, →Waisen- und Gästehäuser. Auch durch Reformen wurde dieser Bautypus kaum verändert. Sonderform: Karthäuser (→Zellen um den Kreuzgang); →Bettelorden und Jesuiten siedelten sich meist in Städten an, sie lebten in zweckmäßigen, schmucklosen Häusern in engem Raum um ihre Kirchen.

23 Die Hunnen - Auslösung der Völkerwanderung

Ein mongolisches Reitervolk, das aus der Mongolei nach Westen zog (Nomaden). Um
350 350 Kämpfe mit den Goten zwischen Don und
375 Kaspischen Meer. 375 Einbruch ins Gebiet der Germanen, einzelne Stämme wichen den Hunnen aus (Beginn der Völkerwanderung). Etwa seit 445 war Attila (Etzel)
445 Alleinherrscher des Hunnenreiches. Dessen Grenzen in etwa: Vom Kaukasus bis nahe an den Rhein; von Norddeutschland und Polen bis zur Donau. Mittelpunkt in der ungarischen Tiefebene. Einbruch der Hunnen nach Gallien (Metz); im Hunnenheer Teile von unterworfenen Germanenstämmen.

24 Der Niedergang des Hunnenreiches

451 451 Schlacht auf den Katalaunischen Feldern, Attila wurde geschlagen, kehrte nach Ungarn zurück.
452 Unerwarteter Einfall Attilas in Italien; nach großen Verwüstungen des Landes traten im Heer Seuchen und Hungersnot auf,
453 Rückzug, Attilas Tod 453.
Auflösung des Hunnenreiches, einzelne Hunnenstämme siedelten sich an der unteren Donau und am Schwarzen Meer an.

25 Die Christianisierung der Germanen

Nach der Ablösung des griechisch-römischen Heidentums durch den christlichen Glauben war die Bekehrung der Germanen das wichtigste Ereignis für unsere Gesellschaft.
4.Jh. Beginn im 4. Jh. - Ende um 1000. Die
-1000 Missionierung der Germanen geschah
um durch:
300 Christen unter den römischen Truppen im
um weströmischen Reich - Beginn um 300;
600 Iroschottische Wandermönche - Beginn um
um 600;
700 Angelsächsische Wanderprediger - Beginn
um um 700;
800 durch Karl den Großen - Beginn um 800.

26 Verschiebung des Schwergewichts der christlichen Kirche

5.Jh. Teile der Germanen mußten vor den Hunnen ausweichen, drängten in weströmisches Gebiet, kamen dadurch mit dem Christentum in Berührung (Italien, Gallien, Spanien, Nordafrika) und traten über.

7.Jh. Durch das Vordringen des Islams gingen wichtige, christliche Länder verloren: Palästina, Syrien, Ägypten, Nordafrika, Spanien, Teile Kleinasiens. Zugleich wurden die vorgedrungenen Germanen aus Nordafrika und Spanien wieder zurück nach Mitteleuropa verwiesen.

27 Der Islam breitet sich in ehemals christlichen Ländern aus

610 Mohammed, ca 570 - 632, begann um 610 mit der Niederschrift des Korans.
638 Kriegerische Ausbreitung des Islams:
641 638 Palästina und Syrien; 641 Kleinasien;
642 642 Alexandrien; Nordafrika offen; 711
711 Spanien.
732 Durch Karl Martell's Sieg in der Schlacht von Tours und Poitiers erlitt die Ausbreitung des Islams einen Rückschlag.

28 Christianisierung der Goten

Von Einfällen in heidnische Gebiete brachten die Goten unter den Sklaven auch Christen mit. Diese schlossen sich zu →Gemeinden zusammen (nach der Lehre des Arius).
Wulfila beherrschte die griechische Sprache und gewann großes Ansehen bei den Christen. Bei einer Reise nach Ostrom (Byzanz) wurde er dort zum →"Bischof
341 der Christen im Lande der Goten" geweiht.

29 Wulfila übersetzte die Bibel ins Gotische

um
310 -
383 Durch die erste germanische Bibelübersetzung wurde eine erste germanische Schriftsprache geschaffen.
350 Im Codex Argenteus (= Silberhandschrift) sind Teile der Wulfila-Bibel enthalten. Sie gelten als einzige Schrift, die aus der Völkerwanderungszeit erhalten geblieben ist. Der →Codex wird heute in einer →Bibliothek in Uppsala (Schweden) aufbewahrt.

30 Mission in Irland

5.Jh. Von Gallien her Christianisierung in Ir-
391 - land. Patrick, →Priester und →Bischof,
460 organisierte die irische →Kirche; →Klostergründungen als Mittelpunkte der →Gemeinden; →Äbte meist auch Bischöfe. Die →Mönche wurden als Missionare ausgesandt: "Wandermönche".

31 Iroschottische Wandermönche zogen durch Europa

Nach der Missionierung Schottlands wandten sich die Mönche als Wanderprediger nach Britannien, dann ins fränkische Reich,
um dann durch den süddeutschen Raum bis
600 Oberitalien.
Columban d.J. im Raum der Vogesen, des Bodensees (Zentrum in Bregenz), Oberitaliens (Bobbio 610).
550 - Gallus im Gebiet der Nordschweiz, aus
630 seiner →Zelle wurde das Kloster St. Gallen; führendes →Kloster im Mittelalter.
Pirmin gründete von St. Gallen aus das
724 Kloster auf der Reichenau; bedeutender Mittelpunkt Süddeutschlands.
Iroschottische Mönche verbreiteten Wissen und Kunst (Musik, Bücher schreiben, Malen von →Miniaturen); auch praktische Fertigkeiten (Fischfang und Landbestellung)

32 Die Taufe Chlodwig's

um
498
(?) Überwiegende Orientierung der Stämme am Vorbild der Stammesfürsten brachte der
466 - →Taufe Chlodwig's 498 (?) in Reims größ-
511 te Bedeutung. Der König der Franken aus dem Geschlecht der Merowinger hatte die Glaubenseinheit im Frankenreich (Taufe nach Lehre des Athanasius) erstmals geschaffen und damit das "Christliche Abendland" begründet (Franken, Alemannen, Burgunder, Westgoten). Seit Chlodwig's Zeit enge Verbindung zwischen Thron und Papsttum.

33 Christianisierung im süddeutschen Raum

7.u. Im 7. und 8. Jahrhundert wirkten:
8.Jh. Rupert in Salzburg und Bayern;
Emeran in Regensburg;
Corbinian in Freising;
Kilian in Würzburg, Ostfranken, unterer Neckarraum.
Bis auf die wenigen Bistümer aus römischer Zeit keine feste Organisation des jungen Christentums (Trier 270, Augsburg um 450).

34 Papst Gregor I. (der "Große"), förderte die Kirche

(540)
590 -
604 Der erste Mönchspapst nannte sich Servus servorum Dei (= Diener der Diener

Gottes); diesen Titel übernahmen seine Nachfolger -Papst Gregor erneuerte die -Gottesdienstform und das Kirchenlied (Gregorianischer Choral).
Er erkannte die Bedeutung der Germanenstämme, entsandte -Mönche zu deren Bekehrung (Angelsachsen) und förderte die Bindung der germanischen Christengemeinden an Rom.

35 Die angelsächsischen Mönche

um 600 — Von Papst Gregor I, dem Großen, (um 600) wurden →Benediktinermönche zur Bekehrung der Angelsachsen ausgesandt. Sie gründeten →Klöster und Bistümer in England. Von dort aus Mission von angelsächsischen →Mönchen im mitteleuropäischen Raum an Germanenstämmen, vor allem an deren Stammesführern.

um 700 — Im Auftrag des Papstes: Kirchliche →Organisation, Sammlung der Gemeinden, Bildung von Bistümern.

36 Bonifatius - "Apostel der Deutschen"

ca 680 - 754 — →Bonifatius missionierte als angelsächsischer Mönch bei den Friesen; erkannte, daß Frankenherrscher und Stammesführer die Christianisierung als Mittel zur Ausbreitung der eigenen Macht benützen wollten. Er entging dem Verwickelt-Werden in deutsche Stammeskämpfe, indem er sich unter die Autorität des →Papstes stellte. In dessen Auftrag (Weihe zum Missionsbischof) →Organisation der →Gemeinden in Hessen und Thüringen (Donareiche); Gründung von Missionsklöstern (Fritzlar) und Bistümern (Salzburg, Regensburg, Freising, Passau, Eichstätt, Würzburg,

732 — Erfurt). Wurde 732 Erzbischof von Mainz; Legat für Deutschland; enge Bindung der durch iroschottische Mission entstandenen fränkischen →Kirche an Rom.

744 — Gründung des Musterklosters Fulda nach →Benediktinerregel. Mission bei den Friesen; →Märtyrertod; Grabstätte in Fulda.

754

37 Karl der Große - "König von Gottes Gnaden" (742)

768 - 814 — Erweiterung und Sicherung der Grenzen des Frankenreiches (gegen Langobarden 773/74; Slawen 791-796; in Spanien 773-795; in Süditalien); Kämpfe vor allem gegen die Sachsen (Widukind 782). Christianisierung, z.T. zwangsweise

785 — Bekehrung (Reichstag zu Paderborn 785); durch Zusammenschluß vieler Stämme Entstehung eines deutschen Volkes.

800 — Kaiserkrönung in Rom durch →Papst Leo III. Das Kaisertum war damit zu einer vom Papst verliehenen →Würde geworden.

38 Karl der Große ordnete das Staatswesen

768 - 814 — In christlicher Verantwortung führte Karl das Frankenreich:
Organisation der Verwaltung und des Lehenswesens;
umfassende Gesetzgebung; Hoftage; Bau von Schulen und Kaiserpfalzen; Königsboten übten Aufsicht über →weltliche und →geistliche Gebiete aus; Berufung von Gelehrten an den Hof von Aachen; gleiche politische und wirtschaftliche Lebensformen in den Ländern des Abendlandes; Sorge um das sittliche Verhalten der →Laien.

39 Karl der Große - Schutzherr der Kirche

768 - 814 — Karl wachte darüber, daß nichts in seinem Reich geschah, was dem katholischen Glauben widersprach. Für sich - als den von Gott berufenen Schutzherrn der →Kirche - beanspruchte er die oberste Leitung und Kirchenhoheit (Staatskirchentum).
Die Sorge für die Kirche war eine ihm mit dem Amt übertragene Pflicht.
Eingreifen des Kaisers bei Reformen des Gottesdienstes; Einsetzen von →Bischöfen; Gründung von →Klöstern und Schulen; Neubau von Kirchen; Erweiterung der Bildung durch wissenschaftliche →Studien der Geistlichen.
Straffung der kirchlichen →Organisation (Einteilung des Reiches in zwölf französische, fünf italienische, vier deutsche Erzbistümer);
Klosterreformen (Befehl, nach der Regel des Benedikt zu leben).

40 Durch Karl den Großen wurden Klöster zu Kulturzentren im 9. und 10. Jahrhundert

9./10. Jh. — Karl der Große hatte für Bildung und geistiges Leben des Klerus gesorgt: Durch Gründung von →Kloster- und Domschulen nach dem Vorbild seiner "Palastschule" (Fulda, St. Gallen, Tours) und durch Berufung von Gelehrten an seinen Hof (aus England, Irland, Spanien, Italien, der Lombardei).
Durch die Anordnungen Karls wurden von den →Klöstern christlich-antike und klassisch-antike Traditionen sowie die Wissenschaften gepflegt (sieben freie Künste: Grammatik, Rhetorik, Dialektik; Arithmetik, Geometrie, →Astronomie, Musik).

Schriftreform durch die Bildung der sog. "karolinigschen Minuskel" - Grundlagen der heutigen Schrift.

41 Dichtung des "Heliand"

um 830 — Ein unbekannter Sachse schuf um 830 ein Werk in niederdeutscher Sprache, das den Lebenslauf Jesu nach dem Neuen Testament wiedergibt. "Heliand" heißt Heiland. In dieser Nachdichtung wird das →Evangelium in Form und Ausdruck der germanischen Heldendichtung dem Volke nahegebracht (Stabreimverse).

42 Bedeutende Persönlichkeiten im Kulturleben des 9. und 10. Jahrhunderts

9./10. Jh. — Notker, der Stammler, vom →Kloster St. Gallen (Übersetzungsarbeiten, Hymnen, Sequenzen).
Walafried Strabo, →Abt vom Kloster Reichenau (Dichter).
Reichenauer Mönche übersetzten die →Benediktinerregel aus dem →Lateinischen in ihre Heimatsprache.
Alkuin, Abt von St. Martin in Tours (Theologe, Dichter; später Leiter der Hofschule in Aachen und Berater Karls des Großen in geistlichen Angelegenheiten).
Hrabanus Maurus, Leiter der →Klosterschule in Fulda, später dort →Abt (Schriftsteller, bemühte sich um →theologische und →philosophische Bildung des Klerus).
Hroswitha von Gandersheim, →Nonne im dortigen Kloster (Gedichte über Taten Otto des Großen in lat. Sprache).
Gerberga von Gandersheim, →Äbtissin, (verfaßte Dramen und gilt als erste deutsche Dichterin).
Johannes Scottus, →Philosoph (lehrte in der Hofschule zu Aachen, Übersetzungsarbeiten).

43 Otto I, der Große, begründete die "Reichskirche"

936 - 973 — Die Kirche war die Hauptstütze der Reichseinheit; Möglichkeiten eines direkten Eingreifens in die deutsche Politik durch das →Papsttum.
→Weltliche Herrschaftsrechte wurden auf →Bischöfe übertragen, darum besetzte der König die Bistümer.

955 — Mit fast allen deutschen Stämmen besiegte Otto I. 955 die Ungarn in der Schlacht auf dem Lechfeld bei Augsburg (Bischof Ulrich).

962 — Durch Kaiserkrönung Otto's 962 entsteht das "Heilige Römische Reich deutscher Nation".

44 Christianisierung der Nord- und Osteuropäischen Länder

10. Jh. / 9. u. 10. Jh. / 1000 — Die nordgermanischen Länder wurden im 10. Jahrh. zum Christentum bekehrt. Die nordeuropäischen Länder Schweden und Norwegen im 9. und 10. Jahrh. von Norddeutschland über Dänemark missioniert. Island um 1000.

Im übrigen Europa wurden von der röm.-kath. Kirche missioniert:

- 975   Böhmen   - Bistum Prag gegründet;
- 980   Mähren   - um 980;
- 966   Polen   - um 966;
- 1000 Ungarn   - Stephan der Heilige vom Papst zum König von Ungarn gekrönt;
- 1203 Baltische Länder (Estland, Litauen, Lettland)   - "Ritterorden der Schwertbrüder" gegründet;

Von der Russisch- und Griechisch-→orthodoxen Kirche missioniert:
Bulgarien, Jugoslawien, Rumänien, Rußland — um das Jahr 1000

45 Verfälschungen im Klosterleben

10. Jh. — Durch den Wohlstand vieler →Klöster verlor sich die strenge Zucht; die →Mönche vernachlässigten ihre Pflichten. Edelleute traten zwar in die Klöster ein, waren aber nicht bereit, alle Arbeiten zu tun, denn sie hatten ihr reichliches Vermögen dem Kloster geschenkt. Große Baupläne wurden verwirklicht, z.T. in aufwendiger Art. Weltliche Herrscher versuchten Eingriffe ins Klosterwesen (Eigenkirchentum).

46 Reformbewegung im Klosterwesen

10. u. 11. Jh. — Auf die Verweltlichung der Klöster folgte durch Gründung strenger →Orden eine Reform (= Erneuerung). Strenge Klosterzucht bedeutete: sechs Stunden Schlaf, sechs Stunden Gebet, eine Stunde Gespräch - sonst Schweigegebot. Die Arbeit: Rodung des Landes, schwere Feldarbeit, Bauarbeiten. Körperliche Strafen bei Nichteinhaltung der Klosterzucht. Strenge Askese schuf Friede und Gemeinschaft im Kloster.

47 Cluniazensische Reformbewegung stärkte das Papsttum

910 — 910 Gründung des →Klosters Cluny in Burgund; stand unter päpstlichem Schutz;

Kampf gegen Verweltlichung im Raum der Kirche durch strenge →Benediktinerregel für sich und andere Klöster. Besonders: widerspruchsloser →Gehorsam gegen Gebote des →Abtes, strenge Askese, tiefe Frömmigkeit. Zusammenschluß von ca 200 Klöstern unter der Führung von Cluny. Cluniazenseräbte waren eng verbunden mit Kaisern und →Päpsten; die Kirche herrschte über die Gewissen der Menschen. Ablehnung der Investitur durch →Laien (Investiturstreit), denn Freiheit der Kirche vom Staat wurde angestrebt.

48 Der Orden der Zisterzienser

1098 1098 in Burgund Gründung des →Klosters Citeaux (lat. Cistercium). Strenges Leben nach der →Benediktinerregel; Schwerpunkt: geistlich-mönchisches Leben. Eigener Baustil: schlichte, turmlose Kirchen; nur →Dachreiter.

1115 Tochterkloster Clairvaux, 1115 gegründet, Bernhard erster →Abt.
Von Clairvaux aus wurden in 15 Jahren 39 Klöster und →Abteien gegründet; bis 1270 waren es 671 Abteien im Abendland. Durch Klostergründungen östlich der Elbe Kultivierung des Landes.

49 Bernhard von Clairvaux - der "Vater der abendländischen Mystik"

1091 - 1153 Die Größe Bernhard's von Clairvaux lag in echter Frömmigkeit und Demut (Vater der Mystik), aber auch in gewaltigem Predigen (Werben für den zweiten Kreuzzug). Bernhard's Mystik wirkte auf allen Gebieten des Geisteslebens seiner Epoche weiter. Bernhard selbst lehnte alle hohen kirchlichen Ehrenstellen ab und blieb in Clairvaux. Er führte bis zu seinem Tod ein asketisches, sich nur auf die Bibel besinnendes Leben.

50 Bruch zwischen Ostkirche (Byzanz) und Westkirche (Rom)

Obwohl schon 330 die Stadt am Bosporus in Konstantinopel (zu Ehren Konstantins) umbenannt wurde, blieb im kirchlichen Raum die Bezeichnung Byzanz.
Keine feste Gliederung: im Bereich der Ostkirche →Gemeinden, →Kirchen und →Klöster nach römisch-katholischer Lehre - umgekehrt in Süditalien kirchl. Einrichtungen und Landbesitz, die Byzanz untergeordnet waren. Grund der Spaltung: kirchl. und politische Differenzen (Bilderstreit, →Liturgie - Verwendung des Kaisertitels im Westen, Streit um Süditalien).

Anlaß der Spaltung: Anspruch des →Papstes, in Süditalien die kirchliche Führung auch über byzantinische Einrichtungen zu übernehmen.
Byzanz schloß als Antwort alle römisch-katholischen Kirchen und Klöster im Raum der Ostkirche. Streitschriften;

1054 gegenseitige Bannung. (Verhärtung der Lage durch die späteren Kreuzzüge).
Erst 1965, auf dem II. Vatikanischen Konzil, Aufhebung des Bannes gegen die →orthodoxen Kirchen.

51 Spaltung der christlichen Kirche nach Glaubensform, Gottesdienstordnung und Gebietsanspruch

Nach gegenseitigem Bannfluch endgültige
1054 Spaltung (Schisma) zwischen römisch-katholischer und griechisch und russisch-orthodoxer Kirche.

Russisch und griechisch-→orthodoxe
Kirche   Ostkirche
Leitung: Metropoliten - Patriarchen
Sitz: Byzanz / Konstantinopel / Istanbul
Gebiete: Rußland, Griechenland, Kleinasien, Cypern.

Römisch-katholische Kirche
         Westkirche, Abendländische Kirche
Leitung: Papst
Sitz: Rom
Gebiete: West- und Mitteleuropa, Irland, England, Teile der nordafrikanischen Küste.

52 Investiturstreit - Verbot der Laieninvestitur

Streit um Einsetzung von Geistlichen durch →Laien (Kaiser - Könige). Die mittelalterliche Christenheit fühlte sich als Einheit, von Kaiser und →Papst (Thron und Altar) mit wechselndem Schwergewicht regiert. Deutsche Kaiser und Könige hatten das Recht, →Bischöfe einzu-
1020 - 1085 setzen, bis Papst Gregor VII. (Mönch Hildebrand) sich zum Sprecher des Papsttums gegen die Kaiser machte. Die Bischofswahl sollte durch den Klerus geschehen.
1075 Verbot der Laieninvestitur 1075.

53 Höhepunkt des Investiturstreites (1050)

1056 - 1106 Heinrich IV. - Frankenkönig - wurde vom →Papst Gregor VII. der Bann angedroht.

1076	Beim Reichstag zu Worms 1076 erklärten der König und die deutschen Fürsten Papst Gregor VII. für abgesetzt. Der Papst antwortete mit Absetzung und Bann des Königs. Deutsche Fürsten beschlossen, den König abzusetzen, wenn er nicht in Jahresfrist vom Bann gelöst ist. Heinrich IV. zwang den Papst durch öffentliche Buße zur Aufhebung des Bannes
1077	(Canossa 1077).
1087	Eroberung Roms, Flucht Gregors, durch Gegenpapst Kaiserkrönung Heinrich IV.
1122	Ende des Investiturstreites durch Wormser Konkordat 1122.

54 Rittertum als Träger christlicher Ideale

950 - 1300	Die Einheit des Christentums im hohen Mittelalter wirkte bis ins Leben des Einzelnen. Religiöse Bindung des Rittertums: Ritterschlag nach abgelegter Beichte in der Kirche; ritterliche Gelübde: "Witwen, Greise, →Waisen zu beschirmen"; →Barmherzigkeit als größte Tugend des Ritters. Teilnahme an einem Kreuzzug war für viele Ritter die Erfüllung ihres Lebens. (Entstehung der Ritterorden).

55 Christlicher Geist in ritterlicher Dichtung

um 1170 - 1220	Wolfram von Eschenbach, um 1170 - 1220, Epiker. In seinem "Parzival" wird das Suchen des Menschen nach dem "Gral" zum Sinnbild für die Suche des Menschen nach Gott. Mit Gott versöhnt, wird der Mensch auf den rechten Weg gebracht. (Gral = Schlüssel; der →Legende nach die Schüssel, mit der am Gründonnerstag das →Abendmahl gefeiert und später das Blut Christi aufgefangen worden sei.)
um 1170 - 1230	Walther von der Vogelweide, um 1170 - 1230, Lyriker und Minnesänger. Seine persönliche Frömmigkeit zeigte sich in vielen Gedichten und Liedern.

56 Die Kreuzzüge

	Das christliche Abendland war bereit, für eine religiöse Idee Opfer zu bringen. Ziel: Befreiung der orientalischen Christen; immer mehr rückte der "Ablaß der Sünden" in den Vordergrund, der für bewaffnete →Wallfahrt nach Jerusalem und für Befreiung des Hl. Grabes verkündet wurde (Kreuzzugablaß 1095).
1095	
1096 - 1291	Von 1096 - 1291 sieben Kreuzzüge. (Eroberung von Jerusalem; Bernhard v. Clairvaux warb; Tod Barbarossa's; "Eroberung" Konstantinopels; Ende nach Niederlage).

57 Folgen der Kreuzzüge

12.u. 13.Jh.	Einflüsse von arabischer und byzantinischer Kultur; Handelsaufschwung mit Orientwaren. Aufblühen der italienischen Seestädte. Der Mißerfolg schadete dem Ansehen des →Papsttums; Einheit der Christenheit wurde dadurch gefährdet.

58 Ritter- bzw. Spitalorden entstanden in der Zeit der Kreuzzüge

	Sie kämpften gegen die Ungläubigen, schützten die →Pilger und pflegten die Verwundeten. Im →Heiligen Land wurden von ihnen Spitäler gegründet. Die wichtigsten →Orden:
1120	Johanniter-Orden Gründung 1120
1120	Templer-Orden Gründung 1120
1198	Deutsch-Ritter-Orden Gründung 1198

59 Juden im Mittelalter

ab 11.Jh.	Allmähliche Trennung der christlichen und der jüdischen Bevölkerung. Eigene Stadtviertel (Ghettos) entstanden. Heinrich IV. gewährte verfolgten Juden Schutz und Rechtssicherheit in den Städten. Judenverfolgungen während der Kreuzzüge. Fanatischer →Mönch hetzte das Volk auf, Juden seien am Tod Jesu schuld. Bernhard von Clairvaux wehrte diesem Gedanken, trat für die Juden ein und beruhigte das Volk.
1348 - 1352	Weitere Verfolgungswelle nach der grossen Pestzeit. Manche meinten - fälschlicherweise - sie müßten "Schuldige" finden.

60 Die Pest im Mittelalter

Die →Pest, eine Infektionskrankheit mit tödlichem Ausgang (Ratten als Träger der Erreger), suchte Europa vom Altertum an immer wieder heim. (165 Verbreitung im Römischen Reich; Schwächung der Truppen; Germaneneinfälle. 252 erneute Verbreitung von Äthiopien aus.)
Von 1348 - 1352 große Pestzeit in ganz Europa. Etwa ein Drittel der Bevölkerung war umgekommen, "Schwarzer Tod"; Umzüge der Geißler, →Gelübde für Verschonung vor der Krankheit (Oberammergauer Passionsspiele). Geringe medizinische Versorgung; Flucht oft einziger Ausweg. →Mönche und →Nonnen pflegten viele Sterbende in →Spitälern.

61 Der Orden der Dominikaner

1170 - 1221 — Von →Dominikus, 1170 - 1221, als Prediger-→Orden mit Augustinerregel gegründet.

1216 — 1216 als →Bettelorden organisiert (maßvolles →Armutsgebot, um theologische →Studien zu ermöglichen). Die →Klöster sollten so arm wie möglich sein. Sitz in geistigen Mittelpunkten Europas: Rom, Bologna, Paris (dort im →Konvent St. Jakob, daher auch Jakobiner genannt).

1252 — Ziele: Predigt gegen Ketzer; seit 1252 "Verwalter" der Inquisition.

62 Der Orden der Franziskaner

um 1181 - 1226 — →Bettelorden gegen die Verweltlichung der Kirche, entstanden durch →Franz von Assisi. Er nahm den Gedanken der Nachfolge Christi wörtlich: führte ein →armes, bedürfnisloses, von der Welt unabhängiges Leben und sammelte Anhänger um sich. Als →Orden der →Franziskaner (Mindere Brüder - Minoriten) 1223 vom Papst bestätigt; Ziel: Volksseelsorge. Bis 1282 Bildung von 1583 Häusern des Ordens.

1223

63 Formen der →Bettelorden

Neben Dominikanern und Franziskanern entstanden:

1156 — Karmeliter 1156
1256 — Augustiner-Eremiten 1256

Sog. zweite Orden sind weibliche Zweige der Mönchsgemeinschaften: Dominikanerinnen, Franziskanerinnen (Clarissinnen oder Clarissen 1212), Karmeliterinnen. Angehörige der sog. dritten Orden oder Tertiarier verblieben in Beruf und Familie, gelobten ein einfaches, hilfsbereites Leben und trugen als Zeichen ihrer mönchischen Gesinnung unter der weltlichen Kleidung →Gürtel und Skapulier. (Skapulier ist ein →symbolischer Rest der →Kutte).

1212
1223?

64 Ketzer und Inquisition

12. u. 13.Jh. — Als Ketzer wurde bezeichnet, wer in seiner Lehre Glaubenssätze verbreitete, die im Gegensatz zu denjenigen der römisch-katholischen →Kirche standen (Häresie - Sondermeinung).
Ketzer galten als Irrlehrer und wurden aus der Kirche ausgestoßen. Dem →Kirchenbann folgte die Strafe des Staates; Todesstrafe für Ketzer war üblich, meist Feuertod.

ab 1232 — Die Inquisition war eine kirchliche Einrichtung zum Aufspüren und Ausrotten der Ketzer.

65 Durchführung der Inquisition

12.u. 13.Jh. — Die Inquisition wurde von →Dominikanern und →Franziskanern durchgeführt. Sie waren vom →Papst ermächtigt, Geständnisse durch Folter zu erzwingen (Ketzermeister, Ketzerrichter).
Sinn und →Methode der Inquisition waren in jeder Beziehung Unrecht.
Der "freie Geist Europas" hat sehr darunter gelitten.

66 Katharer in Südfrankreich

12.u. 13.Jh. — Anhänger aus →Adel und weiten Kreisen der Bevölkerung nannten sich Katharer (a.d.griech. katharoi = die Reinen). Entstehung von →Gemeinden und Verbreitung der Lehre durch östlichen Einfluß sowie durch Suche nach →Armut und Askese in der bestehenden →Kirche; Verwerfung von →Heiligenverehrung, Ablaß und Fegefeuer.
Trennung von Rom; Einsetzung eigener →Bischöfe.
Von "Katharer" unter Umständen "Ketzer" abgeleitet.

67 Albigenser

um 1200 — Wichtigste Gruppe der Katharer waren die Albigenser (nach der Stadt Albi in Südfrankreich). Nach vergeblichen Bekehrungsversuchen durch die →Kirche (→Dominikus) Ausrottung der Ketzer in den Albigenserkriegen.

1209 - 1229

68 Waldenser

1140 - 1217 — Nach dem Vorbild Petrus Waldes 1140 - 1217 aus Lyon, Leben in →apostolischer Armut, Predigttätigkeit von →Laien, grosse Bibelkenntnis.
Vom →Papst Bestätigung des Armutsgelübdes, aber Predigtverbot.

ab 1176 — Waldenser gehorchten nicht; zogen ab 1176 predigend durchs Land; →Kirchenbann. Trotz Verfolgung durch die Inquisition Vermehrung der Anhänger; Waldes wurde ihr Bischof.
In Norditalien haben sie sich bis heute als selbständige →Kirche gehalten, etwa 30 000 Mitglieder.

69 Hexenverfolgungen

Mit größter Willkür verfuhr die Inquisition bei der Verfolgung von sog. Hexen.

ab 1484 — 1484 wurde kirchlich festgestellt, daß "Hexen mit dem Teufel im Bunde sind" und wie Ketzer zu behandeln seien.

Für Hexen hielt man Frauen, die verbotenem Aberglauben anhingen. Abstoßende Häßlichkeit, verführerische Schönheit, rotes Haar oder körperliche Mißbildungen galten als Merkmale der Hexen.
Für den Zeitraum der größten Verfolgung (1575-1700) rechnet man mit ca. einer Million Opfer.

70 Auseinanderstreben von Kaisertum und Papsttum im ausgehenden Mittelalter

13.u. 14.Jh. 1302	Die Auflösung der abendländischen Einheit begann durch päpstlichen Universalanspruch (1302) trotz großer Abhängigkeit des →Papstes von weltlichen Herrschern. Nationale Monarchien beanspruchten wiederum Aufsichtsrecht des Staates über die →Kirche: Ablehnung des päpstlichen Primats.

71 Gründe für das Große Schisma

Das Große Schisma (Kirchenspaltung) war zurückzuführen auf zerrüttete Zustände im Kirchenstaat und auf zu große Abhängigkeit der einzelnen Päpste von den weltlichen Herrschern, von denen sie gewählt worden waren.

1309 - 1377 (Von 1309 - 1377 residierte der →Papst nicht mehr in Rom, sondern unter Druck Frankreichs in Avignon - "Babylonische Gefangenschaft der →Kirche").

72 Das Große Schisma

1378 - 1417 Die Kirchenspaltung: →Papst in Rom - Gegenpapst in Avignon - zeitweise dritter Papst in Pisa. Jeder hielt sich für rechtmäßig und erhob Ansprüche auf Abgaben aus staatlichem und kirchlichem Besitz. Uneinigkeit und Unzufriedenheit in Bistümern, →Klöstern und Pfarreien.

73 Beendigung des "Großen Schisma" durch Konstanzer Konzil

1414 - 1418 Forderung nach "Reform an Haupt und Gliedern".
Ziele des Konzils: Herbeiführung der Einheit der →Kirche durch Absetzung der bisherigen →Päpste; Neuwahl eines einzigen Papstes; Reformen in der Kirche; Wiederherstellung der Reinheit der Lehre durch Ketzerprozesse (erneute Verurteilung der Lehre Wiclif's; Ketzerverbrennung von
1415 Johannes Hus 1415).

74 Theologische Opposition durch John Wiclif

1320 - 1384 Die Zeit war reif zum Widerstand; John Wiclif trug seine Kritik an der →Kirche in die Öffentlichkeit Englands. Er verwarf u.a. die römische →Abendmahlslehre, Ablaß, kirchliche Rangordnung. Er forderte: alleinige Geltung der Hl. Schrift für die Lehre der Kirche; eine Kirche in apostolischer →Armut.

1382 1412 Trotz Verurteilung als Ketzer (Bannung 1382; seine Lehre erneut 1412), Weigerung des englischen Parlamentes, Wiclif zu verfolgen.

1380 - 1383 Bibelübersetzung a.d. →Lateinischen in die englische Sprache (förderte engl. Schriftsprache).

75 Theologische Opposition durch Johannes Hus

1369 - 1415 Johannes Hus, Universitätslehrer in Prag, nahm Gedanken von Wiclif auf; predigte gegen Verweltlichung der →Kirche und des Ablaßhandels; forderte den sog. →"Laienkelch" (Brot und Wein beim -Abendmahl für alle Christen).

1410 →Kirchenbann 1410.
Auf dem Konzil zu Konstanz sollte Hus zu seinen Lehren gehört werden. Er wi-
1415 derrief sie nicht und starb als Ketzer den Feuertod (sein Landesherr, König Sigismund, ließ ihn fallen, um einen Abbruch des Konzils zu verhindern).

76 Volksaufstand in Böhmen

Der Tod von Johannes Hus erregte den Adel und das Volk; sie verehrten ihn als →Märtyrer und hielten an seiner Lehre fest.
Der Aufstand hatte religiöse und nationale, aber auch soziale Gründe: Laienkelch; König Sigismund; Uneinigkeit.

1419 - 1436 Hussitenkriege von 1419 - 1436.
1434 Ab 1434 →Abendmahl in beiderlei Gestalt. Verbindung einer Restgruppe der Hussiten - "Böhmische Brüder" - mit der Reformation Luthers.
ab 1722 Später "Herrnhuter Brüdergemeine".

77 Vorbereitung der Neuzeit

ab 13.Jh. Der Eintritt in die Neuzeit wurde auf allen Gebieten vorbereitet. Neben die bisherige Ausrichtung des Menschen auf "Thron und Altar" traten viele neue Aspekte.
Durch die Entdeckungsfahrten weitete sich der Blick, Wissenschaftler aller Richtungen suchten nach neuen Erkennt-

nissen, verschiedene Stände des Bürgertums wurden aktiv, und die Künstler schufen in einem neuen, freien Geist.

78 Albertus Magnus

1200 - 1280
Albertus Magnus, 1200 - 1280, war →Dominikaner, Theologe und Naturforscher. Er versuchte beide Wissenschaften in geistiger Einheit zu sehen und benützte die Werke des Altertums als Regel und Richtschnur seiner Arbeiten.
Übersetzung der Werke des Aristoteles.

79 Thomas von Aquin, 1225 - 1274

1225 - 1274
→Dominikaner, Schüler von Albertus Magnus in Köln, lehrte an den Universitäten in Paris, Rom, Neapel.
Er legte seine Lehre in verschiedenen Schriften nieder.
Sein Ziel war, eine Verbindung zu schaffen zwischen dem auf Vernunft beruhenden Wissen (Denken) und dem auf Offenbarung beruhenden Glauben.
Ein Generalkapitel der Dominikaner machte die Lehre des Thomas von Aquin für alle Ordensmitglieder verbindlich; 1323 folgte seine →Heiligsprechung.

80 Humanismus

ab 14.Jh.
Humanismus ist die Geisteshaltung einer Epoche (Renaissance), die - von Italien kommend - im 14. Jahrhundert die Pflege der antiken Schriftüberlieferung in den Vordergrund stellte. Dabei entstand durch Wiederbelebung der römischen, später auch der griechischen antiken Literatur eine kritische Einstellung zur Lehrhaltung der →Kirche. Der Einzelmensch (nach den antiken Idealen von Freiheit, Demokratie, Selbstverantwortlichkeit) trat aus der festgefügten Gemeinschaftsform des christlichen Mittelalters heraus und wurde zur Persönlichkeit.

81 Vertreter des Humanismus

1455 - 1522
Johann Reuchlin, 1455 - 1522, Professor in Heidelberg, Ingolstadt, Tübingen; Arbeiten am Urtext des Alten Testaments.

1470 - 1530
Willibald Pirkheimer, 1470 - 1530, Ratsherr in Nürnberg, Freund Dürers, übersetzte griechische Schriftsteller in die lateinische Sprache.

1465 - 1547
Konrad Peutinger, 1465 - 1547, Berater des Kaisers Maximilian in Augsburg, fertigte die einzige bekannte Kopie einer römischen Landtafel (Landkarte) des 4. Jahrh. n.Chr.

1497 - 1560
Philipp Melanchthon, 1497 - 1560, Professor in Wittenberg, Mitarbeiter Luthers, versuchte Verbindung zwischen Reformation und Humanismus zu schaffen. ("Praeceptor Germaniae").

82 Erasmus von Rotterdam geb. um 1465 - 1536

1465 - 1536

Europäischer Humanist, lebte und wirkte in Frankreich, Italien, England, den Niederlanden, zuletzt in Basel und in Freiburg i.B.
Er brachte die griech. Sprache in eine grammatikalische Form (heute übliches Altgriechisch).

1516
1516 Herausgabe des NT in griechischer Urfassung mit einer eigenen Übersetzung ins →Lateinische (Grundlage für Luthers Übersetzungsarbeiten).
Der von ihm wesentlich beeinflußte Humanismus machte ihn zum Haupt der geisteswissenschaftlichen Richtung. Sie hoffte durch einen Ausgleich von Frömmigkeit und →Philosophie (christl. Bildung) der Menschheit Frieden bringen zu können.

83 Eine neue dichterische Ausdrucksform

1265 - 1321
Alighieri Dante, 1265 - 1321, schrieb eine in Schönheit und Reichtum einzigartige Sprache. Hauptwerk: das Epos "Die göttliche Komödie".
In dieser sinnbildlichen Gestaltung des christlichen Weltbildes wird der Weg der sündigen Seele durch die neun Höllenkreise über den Berg der Läuterung zum Paradies mit neun Himmeln gezeichnet.
Durch die Hölle wird Dante von Vergil (röm. Dichter, 70 - 19 v.Chr.) geführt, dann von der verklärten Geliebten Beatrice.

84 Theatralische Darstellungsformen

ab 1300
Ab 1300 entstanden in Europa verschiedene "Sittenspiegel" (Dichtungen und Moralspiele über christliche Lebensführung); ferner theatralische Darstellungen biblischer Stoffe: Osterspiele, Spiele über das Weltgericht, Grundformen von Jedermannsspielen, Dreikönigsspiele, Totentänze, Spiele über die Menschwerdungshistorie.

1312
Ab 1312 wurden Biographien bedeutender Personen theatralisch dargestellt.

1340
Ab 1340 Verwendung von Handpuppen. Parallelentwicklungen: "Kindleinwie-

gen" in Frauenklöstern; Darstellung biblischer Geschichten durch Figuren (→Weihnachtskrippe).

85 Erweiterung der Welt durch Entdeckungsfahrten

1254 – 1324   Marco Polo, 1254 - 1324, aus Venedig, bereiste als erster Europäer den fernen Osten bis Peking. Sein Reisebericht galt im Mittelalter als die wichtigste Forschungsquelle.

ab 1418   Portugal war im 15. Jahrhundert die führende Seefahrernation. Seit 1418 Entdeckungsfahrten entlang der Westküste Afrikas; 1498 Seeweg nach Indien (Ostweg) gefunden; Beherrschung des Handels im Indischen Ozean.

um 1447 – 1506   Christoph Kolumbus, um 1447 - 1506, suchte Indien auf dem Westweg (war die Erde eine Kugel, mußte es möglich sein).

1492   1492 Entdeckung Amerikas.

86 Freie Bürger übernehmen Pflichten der Kirche und des Staates

An der Unabhängigkeit der Familie Fugger wurde das Verhältnis des Bürgertums zu Kaiser und →Papst besonders deutlich. Jakob Fugger, der Reiche,
1459 – 1525   1459 - 1525, schuf das bedeutendste Bankhaus der früh-kapitalistischen Zeit. Seine Kaufkraft wurde auf 70 Millionen Goldmark geschätzt. Er war Geldgeber für Kaiser und Papst. Fugger übernahm aber auch soziale Pflichten des Kaisers und →diakonische Aufgaben der Kirche;
1519   1519 gründete er die Fuggerei, eine Siedlung für verarmte Bürger der Stadt Augsburg. In der kleinen Stadt mit Mauern, Toren, Gassen und Brunnen ist die Miete für eine Wohnung bis heute gleich geblieben: DM 1.72 im Jahr (Gegenwert eines Gulden).

87 Erfindungen - neue Denkarten

1473 – 1543   Nikolaus Kopernikus, 1473 - 1543. Er gilt als Begründer der neuzeitlichen →Astronomie. Heliozentrisches System = Die Sonne ist Mittelpunkt des Planetensystems.

1493 – 1541   Paracelsus, 1493 - 1541. Er war Naturforscher und Arzt, erfand eine neue Heilkunde: Heilung ist das Werk der Lebenskraft, Arzt und Arznei unterstützen nur.

88 Johannes Gutenberg

um 1400 – 1468   Johannes Gutenberg (Johannes Gensfleisch), um 1400 - 1468. Er lebte als Buchdrucker in Mainz. Er-

1455   finder der beweglichen Lettern. Bis 1455 entstand die 42-zeilige lateinische Bibel (Gutenberg-Bibel).
Die Buchdruckerkunst mit der neuen Erfindung Gutenbergs war eine wesentliche Voraussetzung, daß sich Humanismus und Reformation so rasch ausbreiten konnten.

89 Grundlagen der Musik

333 – 397   -Kirchenvater Ambrosius, um 333 - 397, Kirchenlehrer, Bischof von Mailand, schuf aus Hymnen der Antike und hebräischen Tempelgesängen neue Singweisen (Ambrosianischer Lobgesang).

540 – 604   Papst Gregor I. 540 - 604, ordnete das einstimmige Singen der Liturgie (Gregorianischer Choral).
Ambrosius und Gregor legten die Grundlagen der →Kirchenmusik.
Die Kirchentonarten tragen griechische Namen. Die vier Haupttonarten heißen: ionisch, dorisch, phrygisch, äolisch.

90 Weiterentwicklung der Musik

ab 1200   Etwa ab 1200, zur Zeit der Minnesänger, entstand das mehrstimmige Singen und Musizieren. Die linienlosen "Neumen" entwickelten sich zum geschlüsselten Liniensystem.
Der Choral, der seine Wurzel im Mittelalter hat, wandelte seine Gestalt. Die Melodieführung lag nicht mehr im Tenor, sondern in der oberen Stimme. Im Text wurde das "Wir-Lied" typisch für die Reformation. (z.B. "Wir glauben all an einen Gott....").

91 Verbreitung der Musik

Die Überlieferung der →liturgischen Gesänge geschah handschriftlich und mündlich. Durch die Erfindung der Buchdruckerkunst konnten nun auch Noten gedruckt werden. Geistliche und weltliche Lieder sowie Instrumentalstücke fanden rasche Verbreitung.
Es wurde üblich, schon bekannt gewordenen weltlichen Liedern geistliche Texte zu unterlegen. Beispiel: Das Lied von Heinrich Isaak, 1450 - 1517, "Innsbruck, ich
1450 – 1517   muß dich lassen..." bekam den Text "O Welt, ich muß dich lassen...".

92 Wandlung in der bildenden Kunst

Die Wende zur Neuzeit lag in der kunstgeschichtlichen Epoche der →Renaissance. Sie löste die an Typen gebundene Schaffensweise des Mittelalters ab. Nachahmung der Natur, Richtigkeit der Perspektive, Schönheit und ausgewogene Proportionen sowie die Antike als Vorbild bestimmten die neue Richtung. Sie fand ihre Anwendung auf dem Gebiet der Malerei, der Plastik und der Architektur. Es wurden größere Anforderungen an die mathematischen, technischen und anatomischen Kenntnisse des Künstlers gestellt.

93 Neue Ausdrucksformen der bildenden Kunst in Italien

Die Vielfalt der italienischen Vertreter der →Renaissancekunst zeigt das Freiwerden des Geistes und das Finden neuer Ausdrucksformen in dieser Epoche.

1387 - 1455 Fra Angelico, 1387 - 1455, →Dominikaner, letzter mittelalterlicher Maler, vor allem →Freskenmalerei.

1410 - 1492 Francesko, 1410 - 1492, durch geometrische Studien zur Perspektive, monumentale Würde.

1452 - 1519 Leonardo da Vinci, 1452 - 1519, Universalgenie, mit psychologischem Einfühlungsvermögen begabt, Lichtgebung.

1475 - 1564 Michelangelo, 1475 - 1564, Architekt, Maler und Bildhauer; menschliche Gestalt in ihrer Vielfalt des Ausdrucks und der Bewegung.

1476/77 - 1576 Tizian, 1476/77 - 1576, Wissen um Farbharmonie, großzügiges Konzept.

1483 - 1520 Raffael, 1483 - 1520, Licht und Schattenwirkung, Hintergrund.

94 Vertreter der bildenden Kunst im deutschen Sprachraum

Nach Italien fand die neue Stilrichtung in Mitteleuropa Eingang. Neben niederländischen und flämischen Meistern lebten wichtige Vertreter im deutschen Sprachraum (Spätgotik,- Frührenaissance).

Malerei:
1471 - 1528 Dürer, 1471 - 1528, Madonnen, Holzschnitte, "Ritter, Tod und Teufel", "Passion".

Holbein (Vater und Sohn), Portraits, →Orgelflügel des Münsters in Basel.

1476 - 1530 Grünewald, 1476 - 1530, Isenheimer Altar(→Flügelaltar), Stuppacher Madonna.

Lochner, Madonna im Rosenhag.

Schongauer, Kupferstich: Tod der Maria, Versuchung des Hl. Antonius.

1480 - 1538 Altdorfer, 1480 - 1538, Madonna im Freien.

Cranach, Portraits.

Plastik:
Veit Stoß, "Englischer Gruß"

Adam Krafft, Sakramentshäuschen in St. Lorenz zu Nürnberg.

Peter Vischer, Sebaldusgrab in Nürnberg.

1460 - 1531 Tilmann Riemenschneider, 1460 - 1531, Creglinger →Marienaltar, Rothenburger Blutaltar.

Jörg Syrlin (Vater und Sohn), →Chorgestühl im Ulmer Münster.

Multscher, "Schmerzensmann" am Ulmer Münster.

95 Luthers Klostereintritt

1483 - 1546 Martin Luther, geb. 10. November 1483 in Eisleben; gest. 18. Februar 1546 in Eisleben.
1505 1505 Eintritt ins →Kloster der Augustiner-Eremiten in Erfurt; nach Betteln und niederen Diensten →Studium der →Theologie; 1507 →Priesterweihe; 1512 Doktor
1507 1512 der Theologie (→Magister), Professor der Bibelwissenschaft.

96 Entscheidende religiöse Erkenntnis von Martin Luther

um 1515

Nach inneren Kämpfen durch →Studium des Römerbriefes (Röm.1/17;) wichtige Erkenntnis: nicht gute Werke und Willensanstrengung rechtfertigen den Menschen vor Gott, sondern allein die Gnade Gottes.

97 Ablaß im Gegensatz zur Rechtfertigung

Nach der Lehre der →Kirche verfügt diese über einen "Schatz der Werke Christi und der Heiligen" und verwaltet die "überschüssigen Verdienste". Sie können Sündern zugerechnet werden. Buße für zeitliche Sündenschuld konnte damals mit Geld beglichen werden. Die Kirche hatte sich an diese festen Einnahmen gewöhnt, in Rom sollte damit die Peterskirche erbaut werden. Zu dieser Lehre und zu den Methoden des Ablaßhandels (Tetzel) konnte Luther nicht schweigen.

98 95 Thesen zum Ablaß

1517 Luther war sicher, zur Erneuerung der Kirche beizutragen, wenn er auf Mißstände hinwies und seine Erkenntnisse verbreitete. Um Gelehrte zu einem Gespräch über das Ablaßwesen aufzufordern, formulierte er 95 Thesen (Leitsätze in lat. Sprache) und machte sie am 31. Oktober 1517 (am Tag vor →Allerheiligen) an der Schloßkirche zu Wittenberg bekannt. Durch rasche, nicht beabsichtigte Übersetzung und Verbreitung regten die Thesen weite Kreise der Bevölkerung zur Diskussion an.

99 Luther im Widerspruch zur katholischen Kirche

1517 - 1519 Luther geriet durch sein neues Verständnis des →Evangeliums in Widerspruch zu seiner Kirche. Ihm waren Zweifel am päpstlichen Primat und an der Unfehlbarkeit von Papst und Konzilien gekommen. Eine Gleichsetzung von Hl. Schrift und kirchlicher Tradition wurde ihm ebenso fragwürdig. Er predigte öffentlich und schrieb wiederholt seine Gedanken nieder.
Die Ablaßfrage stand im Vordergrund seiner Bemühungen, er hoffte sogar auf die Hilfe des →Papstes bei der Lösung.

100 Reformatorische Schriften

1520 In folgenden Schriften informierte Luther die Öffentlichkeit:
"An den christlichen →Adel deutscher Nation" - aufgrund des allgemeinen Priestertums sollten Kaiser und Fürsten die Erneuerung der →Kirche betreiben.
"Von der babylonischen Gefangenschaft der Kirche" - Luther wandte sich gegen die Gefangenschaft, in die sich die Kirche durch ihre →Sakramentslehre gebracht hatte und zeigte Auswege.
"Von der Freiheit eines Christenmenschen" - Versuch einer Vereinigung von christlicher Freiheit und Bindung.

101 Folgen des Widerspruchs

1518 Die →Dominikaner forderten vom →Papst, Luther als Ketzer zu verdammen. Ein Kardinal (Cajetan) wurde vom Papst nach Augsburg gesandt; er versuchte vergeblich, Luther zum Widerruf seiner Lehren zu bewegen. Luther war nach weiteren Gesprächen mit Rom (Miltitz) bereit, über den Ablaß zu schweigen, wenn sich auch seine Gegner zurückhielten.

102 Kirchenbann für Luther

1519 In einem theologischen Streitgespräch gelang es Dr. Eck, der sich nicht an die Absprache mit Miltitz hielt, Luther zu offensichtlichen "Ketzerein" zu veranlassen. Dies berichtete Dr. Eck sofort in Rom.
1520 1520 wurde Luther der →Kirchenbann angedroht. Luther verbrannte die Bannbulle öffentlich (Bannbulle, so genannt nach dem päpstlichen →Siegel an der →Urkunde, a.d.lat. bulla).
1521 Der Papst sprach 1521 den Bann aus.

103 Reichstag zu Worms 1521

1521 Luthers Landesherr, Kurfürst Friedrich der Weise von Sachsen, verhinderte ein Todesurteil durch weltliche Richter (Reichsacht und Todesstrafe für Ketzer). Luther sollte auf dem Reichstag zu Worms vor Kaiser Kal V, seine Thesen und Schriften widerrufen.
Er konnte und wollte nicht widerrufen, ehe er nicht mit Zeugnissen aus der Hl.Schrift überführt würde.
Reichsacht - Freunde brachten Luther in Sicherheit, denn das Schicksal von Hus war allen bekannt.
Verbot der Lehren Luthers durch das
1521 Wormser Edikt 1521.
Trotzdem festigten und vergrößerten sich die →Gemeinden der Evangelischen.

104 Übersetzungsarbeiten auf der Wartburg

1521/22 Übersetzung des Neuen Testaments ins Deutsche. Luther wurde dabei zum Schöpfer der neuhochdeutschen Schriftsprache.
1522 1522 Druck des Neuen Testamentes (1534
1534 erschien seine gesamte Bibelübersetzung).
Radikale Reformer zwangen Luther zur
1522 Rückkehr nach Wittenberg 1522.

105 Strömungen neben der Reformation

1522 Die Rückkehr Luthers von der Wartburg nach Wittenberg war nicht ungefährlich (Kirchenbann - Reichsacht), mußte aber sein, denn "Bilderstürmer" und "Wiedertäufer" brachten Verwirrung in die →Gemeinden. Beide Strömungen waren Reformversuche aus schwärmerischen, radikalen oder auch sozialen Gründen (Karlstadt, Münzer).

106 Luthers Haltung im Bauernkrieg

1525 Aufstand der Bauern gegen den Druck ihrer Grundherren (Steuer, Fron); Bildung eines Bauernheeres.
Luther schrieb an Fürsten und Bauern: "Ermahnung zum Frieden", dann aber "Wider die mörderischen und räuberischen Rotten der Bauern". Vernichtung des Bauernheeres, Strafgericht durch die Fürsten. Die Lehre Luthers vom "Gehorsam gegen die →Obrigkeit" nahm der Reformation die Eigenschaft einer Volksbewegung; Aufwertung der Fürstenstaaten.

107 Neue Ordnung des Gottesdienstes

Luther sah die Notwendigkeit, nicht nur die bisherigen kirchlichen Sitten, Ordnungen und Lehren abzulehnen, sondern ihnen neue, d.h. evangelische, entgegenzusetzen. Mit dem Aufstellen neuer Ordnungen für den →Gottesdienst (nach Formen der ersten Christenheit) war die Trennung von der römisch-katholischen
1525 Kirche endgültig: Deutsche →Messe; Choral; gemeinsames Beten und Singen im Gemeindegottesdienst; Pfarrer betet als Wortführer der Gemeinde; vor allem aber: Verkündigung des →Evangeliums durch Auslegung in der Predigt.

108 Katechismus als Grundlage der evangelischen Lehre

1529 Im Katechismus legte Luther seine Grundlehren fest und versah sie mit Auslegungen: Zehn Gebote; →Glaubensbekenntnis; →Vaterunser; vom Amt der Schlüssel und der Beichte. Er nannte sie Hauptstücke, denn sie sind für das Glaubensleben eines Christen bestimmend.

109 Reichstage zu Speyer

1526 Beschluß des ersten Reichstages: Rechtsgrundlage für →Evangelische zur Durchführung der luth. Reformation: Jeder habe sich so zu verhalten, wie er es vor Gott und Kaiser verantworten könne.
1529 Beschluß des zweiten Reichstages: Aufhebung des früheren Beschlusses: Der Protest darüber gab den Evangelischen den Namen "Protestanten".

110 Reichstag zu Augsburg

1530 Kaiser Karl V. versuchte die Glaubenseinheit und damit die Einheit seines Reiches zu retten. Verlesen der protestantischen Bekenntnisse (Melanchthon's Augsburger →Konfession u.a.) und der katholischen Gegenschrift. Eine evangelische Antwort darauf (Apologie) wies der Kaiser zurück.
Erneuerung des Wormser Edikts von 1521. Folge: Zusammenschluß der Evangelischen im Schmalkaldischen Bund 1531.
1531

111 Die Türkengefahr im 16. Jahrhundert

16.Jh. Während des zweiten Reichstages zu Speyer 1529 rückten aus Ungarn die Türken bis Wien vor. Der Kaiser brauchte alle Reichsfürsten zum Kampf und gewährte deshalb
1532 1532 den Protestanten die vorläufige freie Ausübung ihrer Religion (Nürnberger Religionsfriede).

112 Augsburger Religionsfriede

1555 Der Augsburger Religionsfriede 1555 brachte Gleichberechtigung, Rechtsgleichheit für katholische und evangelische Bürger (Parität).
Ferner Beschlüsse, daß der Friede nur für die luth. und die kath. →Konfession gilt (nicht für Reformierte); daß die Untertanen dem Bekenntnis ihrer Landesherren folgen müssen; daß geistliche Fürsten ihre Ämter niederlegen müssen, wenn sie die Konfession wechseln.

113 Entstehung der Evangelischen Landeskirchen

Aus Luthers Bitte an seinen Landesherrn (Johann d. Beständige - Bruder des 1525 verstorbenen Johann d. Weisen von Sachsen), bei den Prüfungen der Pfarrer mitzuhelfen, entstand die Kirchenvisitation. Diese enge Bindung von Thron und Altar
1552 übernahmen andere Fürsten (ab 1552 Einzug kath. geistl. Besitzes durch protestantische Landesherren). Ab 1555 entstanden
1555 durch Beschlüsse des Augsburger Religionsfriedens (die Untertanen müssen dem Bekenntnis des Landesherrn folgen) die Landeskirchen.

114 Luthers Mitarbeiter

1497 - Philipp Melanchthon, 1497 - 1560, Humanist; maßgebliche Beteiligung bei der Festlegung der Lehre; Reformator des Bildungswesens an Gymnasien und Universitäten.
1484 - Georg Spalatin, 1484 - 1558;
1558 als Hofkanzler wichtiger Vermittler zwischen seinem Herrn, Kurfürst Friedrich d. Weisen, und Luther.

1485 - Johannes Bugenhagen, 1485 - 1558;
1558 organisierte das evangelische Schulwesen; hatte Luther und Katharina von Bora (ehemalige Nonne der Zisterzienserinnen) 1525 getraut.

115 Ausbreitung der Reformation - Stand um 1570

um 1570

Die Reformation verbreitete sich ab 1517 rasch über Deutschland und Österreich. Während der Regierungszeit des Kaisers
1564 - Maximilian II, 1564 - 1576, wurde der
1576 Höhepunkt erreicht: ca 70 % der Bevölkerung waren evangelisch geworden.

116 Bekenntnis der Reformierten Kirchen

Nach Einigung von →Gemeinden der Richtungen Zwingli's und Calvin's 1549 wurde deren Lehre "reformiert" genannt.
1549
Im Heidelberger Katechismus wurde das
1563 Bekenntnis der reformierten Kirchen 1563 festgelegt: Predigt des Evangeliums steht allem voran; die Gemeinde bestimmt über kirchliches Handeln.

117 Die Reformation aus Zürich ab 1520

1484 - Ulrich (Huldreich) Zwingli, 1484 - 1531,
1531 hatte von Zürich aus großen Einfluß in Süddeutschland. Er stellte die Predigt mehr in den Vordergrund als dies die anderen Reformatoren taten.
1529 Im "Marburger Religionsgespräch" 1529 konnten sich Zwingli und Luther nicht über die →Abendmahlslehre einigen (Zwingli: "das bedeutet mein Leib"; Luther: "das ist mein Leib").

118 Die Reformation aus Genf ab 1536

1509 - Johannes Calvin, 1509 - 1564, Gemeinde-
1564 pfarrer und Leiter einer theologischen
1536 Schule; 1536 wichtigste Schrift: "Unterricht in der evangelischen Religion". Großer Einfluß in Frankreich.
1541 1541 Einführung der Genfer Kirchenordnung: →Gemeinde beruft Pastoren zur Predigt, Doktoren zum Lehramt, Älteste zur Überwachung der Kirchenzucht, →Diakone als Armenpfleger.
Calvin entwickelte die Lehre von der Prädestination (= Vorherbestimmung zu ewigem Heil oder zu ewiger Verdammnis).

119 Ausbreitung der Reformation in Europa

ab Lutherische Reformation:
1517 Verbreitung in Nord-, Ost- und Süddeutschland (Österreich) ab 1517; Livland 1522; Schweden 1527; Finnland, Dänemark 1536; Norwegen, zeitweise Polen-Litauen, Ungarn (Siebenbürgen) 1545; Slowenien 1561.

ab Calvinismus: in West- und Südwestdeutschland, sowie in der Schweiz ab
1536 1536; Frankreich 1549; Schottland 1560; nördl. Niederlande 1566.

1534 Die Anglikanische Kirche Englands löste sich 1534 von Rom.

120 Erneuerung der römisch-katholischen Kirche

Als Reaktion auf die Glaubensspaltung beginnende Selbsterneuerung der katholischen Kirche durch Gründung neuer →Orden:
1528 1528 Kapuziner als strenger Zweig der Franziskaner (braune Ordenstracht);
1534 1534 Jesuiten ("Gesellschaft Jesu") durch Ignatius von Loyola; Orden zur Mädchenerziehung durch Franz von Sales.
1545 - Selbstreformierung durch das Konzil zu
1563 Trient.

121 Konzil zu Trient und seine Reformen

1545 - Glaubensaussage: Ablehnung sämtlicher
1563 protestantischer Lehren (Luther, Calvin, Zwingli).
Glaubensdekrete über →Sakrament, Hl. Schrift und Tradition, Priestertum. Reformen an Ausbildung und Pflichten der →Priester.
1564 (Weitere Ergebnisse ab 1564: römischer Katechismus 1566; römisches Brevier 1568; römisches Meßbuch 1570; Kalenderreform Gregor XIII. 1582; neue Ausgabe der Vulgata 1590.)
Die Verwerfung der protestantischen Lehre bedeutete Gegenreformation in Abwehr und Angriff gegen den Protestantismus. (Konzilsbeschlüsse →absolut verbindlich - Eidesleistung der Priester).

122 Gegenreformation in Deutschland

um 1580
Ketzerbekehrung und -bekämpfung durch Jesuiten.
1563 Von Bayern (1563) und Österreich ausgehende Versuche, die durch die Reformation verloren gegangenen Gebiete für die →Kirche zurückzugewinnen.
1584 1584 ständige Nuntiatur in Köln zur Ungerdrückung der neuen Lehre.
1592 Ab 1592 "Rekatholisierung" der Steiermark.

123 Ignatius von Loyola

1491 - Baskischer →Adliger; nach Verwundung
1556 im Dienst des Königs (Spanien) "Ritter

69

	im Dienst Jesu" durch Hingabe, Schulung des Willens, geistliche Übungen.
1534	Theologische →Studien in Paris; 1534 Gründung der "Gesellschaft Jesu" (S.J.); Bestätigung des →Ordens durch den
1540	→Papst 1540; Ignatius erster Ordensgeneral ab 1541.
1541	

124 Der Orden der Jesuiten - 1534

1540	Nach Bestätigung des Ordens Leitung und
1491 -	straffe Führung durch Ignatius von Loyola.
1563	Mönchsgelübde; innerer Kreis des Ordens legte zu den drei üblichen →Gelübden ein zusätzliches ab: →Gehorsam gegen den →Papst.
	Ziele: Ausbreitung und Festigung der katholischen Lehre; Bekehrung von Heiden (Mission in Südamerika, Indien, Japan, China); Vorbereitung der Gegenreformation.

125 Bedeutung der Jesuiten in der Gegenreformation

	Bekämpfung der Ketzer durch Inquisition. Erziehung in Schulen und Universitäten; Wirksamkeit in Seelsorge, Beichtstuhl (meist an Fürstenhöfen); Einfluß im Staatsdienst.
1555	1555 Wahl eines führenden Jesuiten zum →Papst: Paul IV.
1445 -	Konzil zu Trient festigte die katholische
1563	Lehre.
1521 -	Petrus Canisius, 1521 - 1597, führender
1597	Jesuit: deutscher Katechismus; Tätigkeit in Augsburg (Fuggerei).
	Canisius gilt als "Zweiter Apostel Deutschlands".

126 Protestantische Union - Katholische Liga

	Als protestantisches Verteidigungsbündnis gegen kriegerische Unternehmungen der Gegenreformation gründeten süddeutsche Reichsfürsten und siebzehn Reichsstädte
1608	1608 die "Union". Die 1609 gegründete
1609	katholische "Liga" stellte ein Schutzbündnis dar zwischen Herzog Maximilian von Bayern und den süddeutschen →Bischöfen sowie drei geistlichen Kurfürsten und den meisten katholischen Reichsständen.

127 Ursachen des Dreißigjährigen Krieges

1618 -	Aus den gegensätzlichen Bestrebungen der
1648	deutschen Fürsten und Städte (nach Wahrung ihrer Selbständigkeit) und der habsburgischen Kaiser (nach politischer Einigung des Reiches) ergaben sich Spannun-

	gen. Diese wurden vergrößert durch den Gegensatz von Protestanten und Katholiken (Reformation und Gegenreformation bzw. "Rekatholisierung" - Beginn um
1550	1550). Die evangelisch gewordenen Fürsten und Städte blieben bei ihrem Bekenntnis, der Kaiser jedoch strebte ein katholisch geeintes Reich an.
	Somit wurde der Dreißigjährige Krieg eine politische und eine religiöse Auseinandersetzung.

128 Ausbruch und erste Entscheidungen

	Durch Unruhen in Böhmen (Prager Fen-
1618	stersturz) 1618 entstand der pfälzisch-böhmische Krieg. Friedrich II. von der Pfalz, der Führer der Evangelischen Union, unterlag dem Heer der katholischen Liga.
1625	Trotz Eingreifen der Dänen 1625 auf evangelischer Seite Sieg des kaiserlichen (katholischen) Heeres unter Wallenstein
1629	und Tilly. 1629 Restitutionsedikt: Erlaß des Kaisers über Rückgabe der eingezogenen Kirchengüter durch Protestanten nach 1552.

129 Gustav Adolf von Schweden, 1594 - 1632

	Die Sorge um Schwedens Ostseepolitik und persönliche religiöse Gründe veranlaßten
1630	den schwedischen König, 1630 in den Krieg
1632	einzutreten. 1632 Entscheidung bei Lützen, Sieg der vereinigten schwedischen und deutschen (lutherischen) Heere über die kaiserlichen Truppen der katholischen Liga.
	Tod Gustav Adolf's in der Schlacht.

130 Albrecht von Wallenstein, 1583 - 1634

	Wallenstein hatte für Kaiser Ferdinand II. ein Heer gesammelt und finanziert; übernahm den Oberbefehl sämtlicher kaiserlichen Truppen. Nach seinem Vorstoß bis an
1628	die Ostsee 1628 erzwangen die katholischen Fürsten aus Sorge über das Anwachsen der kaiserlichen Macht die Absetzung Wallen-
1630	stein's (Kurfürstentag zu Regensburg 1630).
	Nach den Siegen der Schweden erneuter Ruf nach Wallenstein und seinen Truppen.
1632	1632 versuchte er den Rückzugsweg Gustav Adolf's abzuschneiden. Es gelang nicht. Nach dem schwedischen Sieg bei Lützen hielt Wallenstein den Krieg für
1633	entschieden und bemühte ab 1633 sich heimlich um Frieden. Der Kaiser ließ
1634	ihn für diesen Verrat 1634 in Eger ermorden.

131 Prager Sonderfriede 1635 – Westfälischer Friede 1648

1635 — Die meisten deutschen Fürsten hatten sich dem Prager Sonderfrieden 1635 angeschlossen (Verzicht auf Durchführung des Restitutionsedikts – gemeinsamer Kampf gegen die Schweden).
Trotzdem hielt das sinnlose Morden und Brennen an, denn Zucht und Ordnung bei katholischen sowie protestantischen Truppen waren durch die lange Kriegszeit verlorengegangen.

1648 — Nach jahrelangen Bemühungen kam der Friede zu Münster und Osnabrück (Westfälischer Friede) 1648 zustande.

132 Ergebnisse des Westfälischen Friedens

1648 — Wiederherstellung des Augsburger Religionsfriedens (Parität) mit Ausdehnung auf die Reformierten. Kirchlicher Besitz- und Bekenntnisstand vom Jahr 1624 zur Norm erklärt.
Protest des Papstes blieb ohne Wirkung. Allgemeine Duldung des Glaubens setzte sich durch. (Der Westfälische Friede galt in der Folgezeit als wichtige Quelle des Reichsrechtes).

133 Folgen des Dreißigjährigen Krieges

1648 — Die Macht des alten Kaisertums war endgültig gebrochen.
Das Reich löste sich in viele kleine Herrschaftsgebiete auf.
Frankreich hatte die Vorrangstellung in Europa errungen.
Weite Gebiete waren furchtbar verwüstet; Gesamtverluste der Bevölkerung wurden auf etwa ein Drittel geschätzt (durch Kriegseinwirkungen, →Pest, Cholera).

134 Frankreichs Rolle im 17. Jahrhundert

17.Jh. — Das katholische Frankreich zahlte anfangs Hilfsgelder an die evangelischen Schweden und trat 1635 in den Krieg gegen die Kaiserlichen ein. Damit sollte die Macht des katholischen Hauses Habsburg geschwächt werden. Die klare Zurückstellung der kirchlichen Interessen hinter die staatspolitischen brachte Frankreich nach 1648 Landgewinne und eine Vorrangstellung in Europa.
1685 Edikt von Nantes: Verbot der Ausübung des reformierten Bekenntnisses; Ausweisung der →Geistlichen; Flucht der Hugenotten in benachbarte europäische Länder.

135 Klöster nach 1648

nach 1648 — In katholischen Landesteilen erholten sich die →Klöster wirtschaftlich rascher als die Städte (Ordensangehörige legten "Verdienst" zusammen – waren rationelle Arbeitskräfte).
Im süddeutschen Raum entstand bei Klosterneubauten die Form der Barockabtei (drei Höfe: →Klausur der →Mönche – →Prälatenhof – Wirtschaftshof). Die Bedeutung der Wissenschaften machte viele →Abteien erneut zu Zentren der Forschung. Angestrebte Unabhängigkeit der Klöster von weltlichen Fürsten brachte die sog. Reichsunmittelbarkeit (nur Kaiser und Reich unterstehend).

136 Kirchliche Lage in Deutschland nach 1648

1648 — Die religiöse Spaltung in zwei →Konfessionen war endgültig.
Aus dem Festhalten der Protestanten an der "rechten Lehre" entstand in den folgenden Jahrzehnten die Strömung der →Orthodoxie (a.d.griech. = richtige Lehre). Vielfach geschah aus Ängstlichkeit und Enge ein fanatisches Eifern gegen den Andersdenkenden.
Der Pietismus (verinnerlichte Religiosität – Herzensfrömmigkeit) gewann als Gegenströmung gegen die →dogmatische Haltung der Orthodoxie an Bedeutung.
In der katholischen Kirche begann mit der Sammlung der →Gemeinden eine innere Erneuerung und Festigkeit. Das Selbstverständnis der katholischen Kirche trat wieder in den Vordergrund.

Der vierte Teil enthält ein Register, in dem 413 Wörter alphabetisch geordnet und erklärt sind. Jedes Stichwort trägt Zahlen aus dem ersten und dritten Teil sowie Buchstaben aus dem zweiten Teil. Unter der Spalte "Teil 4" sind Zahlen des Registers angegeben, die auf zusätzliche Wörter, Begriffe und deren Erklärungen verweisen (auch Verweisstellen genannt). Gerade sie können hilfreich sein, ein umfassendes Bild des zuerst nachgeschlagenen Wortes oder Begriffes zu gewinnen. (Beispiel: Zu 94 Gebet wird als Verweisstellen angegeben: 220 Liturgie - 13 Andacht - 367 Tischgebet - 354 Stundengebet - 41 Bittgebet - 380 Vaterunser - 25 Ave Maria - 317 Rosenkranz - 300 Psalmen). Die Reihenfolge der Verweisstellen unter "Teil 4" ist nicht der Größe, sondern dem Sinn nach geordnet. (Beispiel: 102 Gemeinde trägt die Zahlen 378 = Urgemeinde, 108 = Gläubige, 161 = Kirche, 115 = Gottesdienst, 94 = Gebet.)
In den Erklärungen der einzelnen Wörter kommen wiederholt Begriffe vor, die auch im Register erklärt werden. Deren Zahl ist nicht selbstverständlich unter "Teil 4" angegeben; vielmehr wurden für diese Spalte solche Nummern gewählt, deren Inhalt neue Gesichtspunkte und zusätzliche Gedanken einbringen.
Genauso, wie der Pfeil vor einem Wort im ersten und dritten Teil des Schülerheftes auf das Vorhandensein dieses Wortes im Register verweist, geben die in den Spalten "Teil 1" und "Teil 3" aufgeführten Zahlen bekannt, daß bei ihnen im jeweiligen Teil das genannte Wort im Text vorkommt. Dieses Zurückverweisen konnte im zweiten Teil nicht so exakt geschehen, hier sind - unter "Teil 2" - nur die entsprechenden Buchstaben der Beiträge genannt.

Arbeiten mit dem Register
Durch die Vielfalt der Arbeitsmöglichkeiten eignet sich das Register gut für Kleingruppen- und Einzelarbeit. Es läßt sich ein Wort (z.B. Abt, Papst, Kirche) von verschiedenen Seiten durch je eine Arbeitsgruppe durchleuchten. Die vier Teile des Schülerheftes geben als Gliederung: funktionsgebunden (Teil 1), speziell (Teil 2), kirchengeschichtlich (Teil 3), Randgebiete miteinbeziehend (Teil 4).
Einzelne Erklärungen des Registers bieten sich an, in Gruppen darüber nachzudenken, Stoff zu sammeln oder darin enthaltene Einzelthemen zu bearbeiten (z.B. Theologie).

4. Teil

Alphabetisch geordnetes Sachregister mit Verweisstellen

1 **Abendmahl**
Historisch: Das Abendmahl gilt als das letzte Mahl, das Jesus vor seinem Tode mit seinen Jüngern gehalten hat.
Kirchlich: Altarsakrament, Eucharistie, von Christus selbst eingesetzt. Für alle Christen die wichtigste und feierlichste Handlung im Gottesdienst (nach der Sündenvergebung ist die Gemeinschaft mit Gott wiederhergestellt).
Kath.: Christus wird durch die Verwandlung von Brot und Wein unter deren äußeren Gestalt wahrhaft und wirklich gegenwärtig.
Luth.: Christus verbindet sich in, mit und unter Brot und Wein leibhaftig mit dem Gläubigen.
Calvin.: Im Abendmahl wird die Kraft Christi empfangen.
Zwingli: Erinnerungsfeier an den Tod Christi.
- Teil 1: 23; 38;
- Teil 2: E; K;
- Teil 3: 8; 55; 74; 76; 117;
- Teil 4: 10; 73; 181; 182; 140;

2 **absolut**
unbedingt, losgelöst, ausnahmslos.
- Teil 1: 50;
- Teil 3: 121;
- Teil 4: 3; 97;

3 **Abt**
In der frühen Christenheit war Abt die Bezeichnung für einen Einsiedlermönch, der andere, jüngere Mönche ins Mönchsleben einführte. Seit Benedikt von Nursia ist Abt die Bezeichnung des Vorstehers einer Mönchsgemeinschaft. Er führt Wappen und Siegel. Zeichen seiner Würde sind Stab, Ring, Mitra, Handschuhe, Brustkreuz (Pektorale).
- Teil 1: 6; 18; 34; 50-53; 63; 65; 70; 147; 151-152; 154; 155; 167;
- Teil 3: 17; 30; 42; 47; 48;
- Teil 4: 4;

4 **Abtei**
Selbständiges Kloster, Mutterkloster von Filialklöstern. Der Abt einer Fürstabtei (Barockzeit) hatte Sitz und Stimme im Deutschen Reichstag, er war geistlicher und weltlicher Würdenträger.
- Teil 1: 50;
- Teil 2: S; R;
- Teil 3: 48; 135;
- Teil 4: 99; 399; 84;

5 **Äbtissin**
Vorsteherin eines Nonnenklosters. Zeichen ihrer Würde: Krummstab, Brustkreuz und Ring.
- Teil 1: 50;
- Teil 3: 42;
- Teil 4: 297; 403;

6 **Adeliger - Adel - adelig**
Familien und Geschlechter, die sich durch besondere Leistungen, Ansehen und Reichtum ausgezeichnet haben. Aus adeligen Familien gingen Herzöge und Könige hervor.
- Teil 1: 50; 151-152; 173;
- Teil 2: C;
- Teil 3: 66; 76; 100; 123;
- Teil 4: 338; 395;

7 **Administration - Administrator**
Administration = Verwaltung. Administrator ist der Verwalter großer Güter, der meist durch ein Studium dazu befähigt ist. Im Klosterbereich wird er Cellerar genannt.
- Teil 1: 124; 154; 177;
- Teil 4: 352; 405;

8 **Allerheiligen**
Seit dem 9. Jahrhundert ein am 1. November gefeiertes Fest der kath. Kirche, an dem aller Heiligen und Seligen gedacht wird. Allerheiligen geht wahrscheinlich auf ein Fest zurück, das 610 vom Papst zu Ehren von Maria und allen Märtyrern eingeführt worden war.
- Teil 1: 63; 69;
- Teil 3: 98;
- Teil 4: 123; 227; 223;

9 **Allerseelen**
Kath. Gedächtnistag für alle Verstorbenen. Seit 995 wird Allerseelen am 2. November, im Anschluß an Allerheiligen gefeiert. Es vermischten sich christliche und vorchristliche Sitten.
- Teil 1: 63; 69;
- Teil 4: 8; 235; 333;

10 **Altar**
Erhöhter Tisch als Ort der Abendmahls- bzw. Meßfeier, Mittelpunkt der Kirche, Ort der Anbetung.
Aus dem Tisch, an dem die Urgemeinden das Liebesmahl gehalten haben, entwickelte sich die Form des A. Innerhalb seiner Kasten oder Blockform oder in einer Kammer darunter barg er eine Reliquie. Der Altar stand ursprünglich in der Apsis, später meist im Chorraum der Kirche; zu ihm führen Stufen hinauf, oft drei als Symbol des dreieinigen Gottes.
Auf dem Altar befinden sich Kruzifix, aufgeschlagene Bibel, Kerzen, Blumenschmuck.
- Teil 1: 5; 8-9; 22; 38; 65; 70; 80; 83; 124; 140; 144;
- Teil 2: F;
- Teil 4: 11; 1; 235; 361; 184; 75; 269; 181; 182; 296; 381; 16;

11 **Altarbild**
Es zeigt Szenen aus dem Leben Jesu, dem Leben Heiliger oder in neuerer Zeit künstlerisch

gestaltete Symbole. Flügelaltar: Zu beiden Seiten des feststehenden Mittelteils (Schrein) sind Flügel aufgesetzt. Schrein und Seitentafeln der Flügel sind bemalt und mit Schnitzwerk verziert. Die Flügel werden je nach den Zeiten des Kirchenjahres geschlossen oder geöffnet. Beim Schließen wird auch die meist bemalte Rückseite der Flügel sichtbar. Ab dem 15. Jahrhundert werden Sockel (Predella) mit gemalten oder geschnitzten Darstellungen üblich. Schnitzaltar: Trägt anstelle der Malereien Plastiken und Verzierungen aus Holz. Reiches Schnitzwerk am Altaraufbau.
Kombinierte Form: z.B. Isenheimer Altar.
- Teil 1: 8-9;

12 Amboß
Wichtigster Teil einer Schmiede, Stahlblock in Tischhöhe mit gehärteter Arbeitsfläche. Rundungen und Einkerbungen geben dem glühenden Eisen Halt, wenn es in die gewünschte Form gebracht (gehämmert) wird.
- Teil 1: 85-86; 90;

13 Andacht
1. Kurzer Gottesdienst ohne Predigt. Hauptteile sind gemeinsame und stille Gebete; Choräle und liturgische Wechselgesänge eröffnen und beschließen die Andacht.
2. Die Gebetshaltung der Gläubigen wird andächtig genannt.
- Teil 1: 16; 47; 72; 129;
- Teil 4: 94; 330; 108; 198; 220;

14 Apostel
a.d. griech. apostolos = Sendbote;
a.d. lat. post = nachfolgen.
Die Jünger Jesu, die von ihm zur Ausbreitung des Reiches Gottes bevollmächtigt wurden, heißt man Apostel.
Paulus, der kein Jünger war, nannte sich trotzdem mit Nachdruck Apostel, weil er sich von Jesus zur Verkündigung des Evangeliums ausgesandt wußte.
Später bekamen bedeutende Missionare den Ehrentitel Apostel.
Die Namen der Jünger Jesu sind:
Simon, genannt Petrus; Andreas, sein Bruder; Jakobus, Sohn des Zebedäus; Johannes, sein Bruder; Philippus; Bartholomäus; Thomas; Matthäus, der Zöllner; Jakobus; Thaddäus; Simon Kananäus; Judas Ischarioth, der Jesus verraten hat. An die Stelle des Judas trat später Matthias.
- Teil 1: 1; 15; 68;
- Teil 4: 266; 40;

15 Apotheker
Aus dem Griechischen entlehntes, eingedeutschtes Wort für Pharmazeut.
- Teil 1: 54; 68;
- Teil 4: 287;

16 Apsis
(Mehrzahl: Apsiden) Meist halbkreisförmiger, auch vieleckiger Abschluß des Chores an Kirchenbauten. In der Apsis steht - dreistufig erhöht - der Altar. In alten Kirchen zeigen Chor und Apsis nach Osten (die im Osten aufgehende Sonne ist ein Bild für den auferstandenen Christus). Oft war im halbrunden Deckenbogen der Apsis Christus als Weltenrichter in der Mandorla (mandelförmiger, den ganzen Körper umgebender Heiligenschein) dargestellt.
- Teil 1: 4; 5;
- Teil 4: 10; 130;

17 Arkaden
Einseitige Begrenzung eines Bogenganges durch Pfeiler oder Säulen, auch durch Fensteröffnungen mit niederem Sims. Arkaden sollen den Weg schattig halten sowie Schutz vor Wind und Regen bieten.
- Teil 1: 12; 31; 51; 175; 177; 176; 179;
- Teil 4: 197;

18 Armut
Nach dem Vorbild Jesu und der Apostel (daher "apostolische Armut") ein einfaches, genügsames Leben führen, Besitz nicht für wichtig halten, ihn u.U. ablehnen.
Aus dieser Lebenshaltung entstanden die ersten Orden; Franz von Assisi ließ sich Armut als Ordensgelübde vom Papst bestätigen.
- Teil 1: 65;
- Teil 2: A;
- Teil 3: 20; 61; 62; 66; 68; 74;
- Teil 4: 90; 101; 256;

19 Arrest
Freiheitsentzug.
- Teil 1: 47;
- Teil 4: 351;

20 Arzt
Deutsches Wort für Medicus.
- Teil 1: 54; 68;
- Teil 4: 231;

21 Astronomie
Himmelskunde, Sternkunde. Der sich mit Astronomie beschäftigende Wissenschaftler ist Astronom.
- Teil 1: 40;
- Teil 3: 40;
- Teil 4: 352;

22 Aufseher
Siehe Wächter.
- Teil 1: 72;
- Teil 4: 389;

23 Aula
Festsaal der Schule.
- Teil 1: 17; 42; 47;

24 Aussetzen
Einen hilflosen Menschen (Säugling, Greis) vorsätzlich verlassen (heute strafbar). Siehe Findelkinder.
- Teil 1: 68;
- Teil 4: 85;

25 Ave Maria
Auch "Englischer Gruß" genannt, ist das wohl am meisten verbreitete Gebet der kath. Kirche. Es geht zurück auf den Gruß des Engels Gabriel, als er Maria die Geburt Jesu verkündigt. Von den lateinischen Anfangsworten "Ave Maria" ("Gegrüßt seist du, Maria") hat das Gebet den Namen.
- Teil 1: 64;

26 Bannung
Unschädlichmachen böser Geister und Gewalten z.B. durch Austreiben. (Bann siehe Kirchenbann 162).
- Teil 1: 10;
- Teil 4: 76; 398;

27 Barmherzigkeit
Barmherzigkeit ist die Art der Liebe, wie sie Christus gelehrt hat (Agape). Hilfreiche Zuwendung zum Nächsten, der in Not und Elend ist.
- Teil 1: 30; 68;
- Teil 3: 2; 54;
- Teil 4: 60; 401;

28 Barock
Europäische Kunstepoche, etwa von 1600 - 1750. Man unterscheidet Früh-, Hoch- und Spätbarock.
- Teil 1: 138;
- Teil 2: R; J;

29 Bauhütte
Zunftartige Werkstattgemeinschaft, die zum Bau von Kirchen von einem Baumeister zusammengefaßt und geleitet wurde. Etwa von 1250 - 1500 üblich. "Hüttengeheimnisse" wurden streng gehütet (Übergang von Romanik in Gotik änderte die Bauweise grundlegend). (Im Modell gehören der Bauhütte an: Maurer, Steinmetz, Zimmermann, Stukkateur, Pflasterer, Anstreicher und Fassadenmaler).
- Teil 1: 133; 138;

30 Beinhaus
In südlichen Ländern werden die Gebeine von Verstorbenen nach einer gewissen Zeit ausgegraben und ins Beinhaus gebracht, um im Gräberfeld des Friedhofes Raum für neue Bestattungen zu bekommen.
- Teil 1: 63;
- Teil 4: 264;

31 Beizen - Holzbeize
Dient zur Färbung der Holzoberfläche und hebt die Maserung des Holzes hervor.
- Teil 1: 84;

32 Bekreuzigen
In der kath. Kirche liturgische Übung, sich beim Nennen der Trinität mit einem oder mehreren Kreuzen zu bezeichnen.
- Teil 1: 10; 72; 129; 178;
- Teil 4: 65; 198; 199; 381; 398;

33 Benedikt von Nursia
geb. um 480, gest. 547, war Gründer und erster Abt des Klosters Monte Cassino. Er gab durch seine Ordensregel dem Mönchtum des Abendlandes eine feste Form. Benedikt von Nursia gilt als der "Vater des abendländischen Mönchtums".
- Teil 1: 50; 65;
- Teil 2: B; A;
- Teil 3: 16; 17; 19;
- Teil 4: 3; 256; 173;

34 Benediktiner
Mönche des Ordens, der von Benedikt von Nursia gegründet worden war.
- Teil 2: D; I; R; T; O; C;
- Teil 3: 16; 17; 18; 35; 36; 42; 47; 48;
- Teil 4: 33;

35 Benehmen - gutes Benehmen
Die Schüler der Klosterschule wurden gelehrt, wie sie sich in den verschiedenen Situationen des Lebens richtig verhalten. Man nannte es "Benehmen" und Ziel der Erziehung war "gutes Benehmen".
- Teil 1: 41;

36 Bethlehem
Nach der Überlieferung war Bethlehem die Heimat Davids, König von Israel um 1000 v. Chr. Er gilt als Verfasser vieler Psalmen. Bethlehem ist der Geburtsort Jesu nach Luk.2; und Matth.2;. Kaiser Konstantin ließ 325 in Bethlehem eine Geburtskirche erbauen, sie ist wohl der älteste, erhaltene christliche Kirchenbau.
- Teil 1: 67;
- Teil 2: J;
- Teil 4: 300; 136;

37 Betteln
Um Gaben oder Geld bitten. Siehe Bettelorden.
- Teil 1: 68;
- Teil 4: 38;

38 Bettelorden
Form des Mönchtums, die jeden persönlichen Besitz und den des Ordens ablehnt.
Mönche bzw. Nonnen der Bettelorden bestreiten ihren Lebensunterhalt durch Erbetteln von Almosen (Gaben, Geld) und geben davon weiter an ihre Schutzbefohlenen (Kinder, Kranke, Alte, Arme).
Bettelorden sind: Dominikaner, Franziskaner (Kapuziner), Karmeliten, Augustiner-Eremiten.
- Teil 2: A;
- Teil 3: 22; 61; 62; 63;
- Teil 4: 18; 63; 90; 344;

39 Bibliothek
Gebäude, in dessen Innenräumen Bücher gesammelt, geordnet, aufbewahrt und evtl. restauriert werden.
Weitere Aufgaben einer Bibliothek: Wertvolle Bücher an Ausstellungen geben, Neuerscheinungen einordnen, Leser beraten, Bücher verleihen.
- Teil 1: 21;
- Teil 2: K; A;
- Teil 3: 21; 29;
- Teil 4: 57; 278; 239; 88; 325;

40 Bischof
Leitender Geistlicher. In der Urgemeinde war der Bischof einer von mehreren Gemeindeleitern, vom 2. Jahrhundert an der übergeordnete Vorsteher, schließlich der über ein bestimmtes Gebiet eingesetzte Kirchenobere (Nachfolger eines Apostels).
Nach kath. Lehre umfaßt das Bischofsamt: Priesteramt, Lehramt, Hirtenamt. Der Bischof spendet an Mitbischöfe und andere Diener der Kirche die Weihe; er ist maßgebender Lehrer in Glaubensdingen in seinem Amtsbereich (Diözese) und weiht alle neuerrichteten Kirchen. Der Bischof wird vom Papst ernannt und besitzt gesetzgebende und richterliche Gewalt sowie die Strafgewalt. Das Ökumenische Bischofskonzil ist zusammen mit dem Papst in Glaubensdingen unfehlbar. Zeichen der bischöflichen Würde (Insignien): Brustkreuz, Bischofsmütze (Mitra), Krummstab (Hirtenstab), Bischofsring.
In der evang. Kirche ist der Bischof meist Vorsitzender der Kirchenleitung eines Kirchengebietes, er wird von der Landessynode auf Lebenszeit gewählt. Das Amt des Bischof wird als Amt der Leitung und der Ordnung angesehen.
- Teil 1: 1-3; 13; 6; 34; 50;
- Teil 2: E;
- Teil 3: 1; 8; 11; 28; 30; 36; 39; 43; 52; 66; 126;
- Teil 4: 14; 171; 266; 403;

41 Bittgebet
auch Litanei genannt, ist ein liturgisches Wechselgebet. Vorbeter und Gemeinde rufen Gott und die Heiligen an. Die Gemeinde fügt an jede einzelne Anrufung eine gleichbleibende Bittformel an "Erhöre uns" oder "Erbarme dich unser". Bittgebete werden auch bei Prozessionen gebetet.
- Teil 1: 63;
- Teil 4: 8; 9; 94; 299;

42 Böse Gewalten
Mächte, die den Menschen zur Sünde zu verleiten und von Gott abzubringen versuchen.
- Teil 1: 10;
- Teil 4: 398; 26;

43 Bonifatius
680 - 755, angelsächs. Missionar, Bischof in Hessen, Thüringen und Friesland, errichtete das Musterkloster Fulda, starb den Märtyrertod. Bonifatius gilt als der Organisator der deutschen Kirche ("Apostel der Deutschen").
- Teil 1: 15; 53;
- Teil 2: T;
- Teil 3: 16;
- Teil 4: 14; 40; 223; 258;

44 Botanik
Pflanzenkunde.
- Teil 1: 37; 40;
- Teil 4: 287; 352; 411;

45 Bottich
Rundes, oben offenes Gefäß aus Faßdauben.
- Teil 1: 111; 107;
- Teil 4: 80;

46 Bleichen - Rasenbleiche
Bleichen heißt: durch Einwirken von Chemikalien entfärben, weiß machen.
Die Rasenbleiche war früher weit verbreitet. Man legte die befeuchteten Wäschestücke immer wieder an die Sonne, bis sie weiß geworden waren. Vor allem Leinen wurde so behandelt. Die chemischen Wirkungen wurden hier von Sonnenlicht und Wasser ausgelöst.
Das Rasenstück, auf dem Wäsche gebleicht wurde, hieß Bleiche.
- Teil 1: 100;

47 Blutzeuge
Deutsches Wort für Märtyrer. Siehe Märtyrer.
- Teil 1: 67;
- Teil 4: 223;

48 Brauen - Brauerei
Beim Brauen wird ein bestimmtes Getränk durch Sieden (Kochen) zubereitet. Noch heute wird in Brauereien Bier nach alten Rezepten hergestellt. Kein Brauhaus gibt diese und damit die Zubereitungsarten der einzelnen Biersorten preis. (Braukunst). Die Braurechte der Klosterbrauerei Weihenstephan (Bayern) z.B. sind im Jahre 1146 erstmals nachgewiesen.
- Teil 1: 112; 113;

49 Bruderschaft
Orden im weiteren Sinne.
- Teil 1: 34;
- Teil 4: 254;

50 Brüstung
1. Außenwand unterhalb eines Fensters.
2. Abschlußwand bei Balkon, Empore, Terrasse.
- Teil 1: 11;
- Teil 4: 69;

51 Butzenscheiben
Meist rundliche Scheiben aus grünlichem Glas mit Verdichtung in der Mitte. Diese "Butze" entstand vom Ansatz der geblasenen

Glaskugeln. Sie wurden vor dem Erkalten zur Scheibe abgeflacht.
Ab dem 14. Jhd. wurden einzelne Scheiben in Blei gefaßt und durch Aneinanderreihung zur Fensterverglasung verwendet. Die Zwischenräume (Zwickel), die bei den runden Formen übrigblieben, wenn sie in einen rechteckigen Rahmen gepaßt wurden, füllte man mit Blei aus.
- Teil 1: 35; 83;

52 Charakter - Charakterbildung
griech. Merkmal, Gepräge, Prägung. Charakter ist die Vielzahl der typischen Merkmale einer durch Erziehung und Selbsterziehung gebildeten "inneren Gestalt" eines Menschen, die Gesamtheit der festgelegten Verhaltensweisen.
Im Mittelalter geschah die wichtigste Charakterbildung durch die Lehre und die Sakramente der Kirche. Sie prägten den Menschen tiefgreifend.
- Teil 1: 41;
- Teil 2: C;

53 Chor - Chorraum
1. Baukunst: Ursprünglich der Platz in der Kirche, der für den Chorgesang der Geistlichen vorgesehen war; dann übertragen auf den Teil der Kirche, in dem die Geistlichkeit ihre Sitzplätze hatte (Chorgestühl). In manchen romanischen Kirchen liegt der Fußboden des Chores höher als im Langhaus, weil sich darunter die Krypta befindet.
2. Musik: Von vielen Singstimmen ausgeführter ein- oder mehrstimmiger Gesang.
- Teil 1: 1-3; 4; 5; 18; 23; 45; 47; 140;
- Teil 2: K;
- Teil 4: 10; 54; 216; 202;

54 Chorgestühl
Sitzreihen (Betstühle) für Priester und Mönche zur Benützung während des Gottesdienstes. Solches Gestühl stand entlang der Außenwände des Chorraumes und war oft kunstvoll verziert.
- Teil 1: 4; 80; 20;
- Teil 2: P;
- Teil 3: 94;
- Teil 4: 295;

55 Chorhemd
Liturgisches Gewand aus Leinen, das mit Spitzen besetzt ist und bis zu den Knieen des Trägers reicht. Von niederen Klerikern getragen als Vorstufe zum Priestertum.
- Teil 1: 22; 70;

56 Chorsänger Siehe Chor
- Teil 1: 11;
- Teil 4: 53;

57 Codex
1. In der Antike: aneinandergebundene beschriebene Holz- und Schreibwachstäfelchen.

2. Seit dem 4. Jahrhundert: Bezeichnung für Handschriften, die aus einzelnen Blättern bestanden, dann allgem. Bezeichnung für Handschriften (z.B. die gotische Bibelübersetzung des Wulfila im Codex Argenteus).
3. Im Römischen Recht: Sammlung kaiserlicher Gesetze.
4. Kirchengesetze der kath. Kirche.
- Teil 1: 21;
- Teil 2: B; P;
- Teil 3: 29;
- Teil 4: 278; 325;

58 Credo
Siehe Glaubensbekenntnis.
- Teil 2: E; K;
- Teil 4: 109;

59 Dachreiter
Kleiner Turm über der Vierung (Kreuzungspunkt von Lang- und Querhaus einer Kirche). Zisterzienserbaustil.
- Teil 1: 1-3;
- Teil 2: O;
- Teil 3: 48;

60 Diakonie
Ein in der christlichen Kirche ausgeübter Dienst innerhalb der Gemeinde, z.B. an Kranken, aber auch der Seelsorgedienst u.a. Schon seit der Urgemeinde nennt man die Ausübenden Diakon (männlich) und Diakonisse (weiblich).
- Teil 1: 34; 50; 56; 65; 68;
- Teil 2: A; M;
- Teil 3: 21; 86; 118;
- Teil 4: 27; 401; 336;

61 Docht
Siehe Wachszieher.
- Teil 1: 147;
- Teil 4: 388;

62 Dogma - Dogmen (Mz.)
Lehrsatz, Meinung. 1. Kath. Kirche: Ein Glaubenssatz, den die Kirche als eine von Gott geoffenbarte Wahrheit erkannt hat und verkündigt. Er verpflichtet zu absolutem Glauben und ist in seiner Aussage unveränderlich.
2. Evang. Kirche: Ein Satz, der einen biblischen Offenbarungsinhalt wiedergibt. Er ist grundsätzlich veränderlich und überholbar, weil er als menschlich bedingte Aussage gemacht worden ist.
3. In der orth. Kirche gelten als Dogmen nur die Lehrsätze der ersten ökumenischen Konzile.
- Teil 1: 37; 50;
- Teil 2: Q;
- Teil 3: 12; 136;
- Teil 4: 2; 227;

63 Dominikaner - Dominikus
Bettel- und Predigerorden, von Dominikus zu Beginn des 13. Jhds. gegründet. Das

Ordensziel: Apostolat in Lehre und Predigt.
- Teil 1: 37;
- Teil 2: D; J; T;
- Teil 3: 61; 65; 67; 78; 79; 93; 101;
- Teil 4: 254; 38;

64 Dormitorium
Schlafsaal im Kloster.
- Teil 1: 38;
- Teil 2: A;
- Teil 3: 22;

65 Dreieinigkeit - Dreifaltigkeit
Deutsche Worte für Trinität. Gott Vater, der Schöpfer, Jesus Christus, Gottes Sohn, der Erlöser, Heiliger Geist, der von Vater und Sohn ausgehende Tröster. Eine Deutung gibt das Glaubensbekenntnis.
- Teil 1: 129; 179;
- Teil 4: 109; 374;

66 Edler
Siehe Adeliger
-Teil 1: 161; 170;
-Teil 4: 6;

67 Einlaß
Alte Bezeichnung für großes Tor, Haupttor.
- Teil 1: 68; 150; 180;
- Teil 4: 389;

68 Einsiedlermönch - Einsiedler
Siehe Klausur.
- Teil 1: 50;
- Teil 2: A
- Teil 3: 13; 15;
- Teil 4: 172;

69 Empore
Balkonartiges Zwischengeschoß im Kirchenraum.
- Teil 1: 7; 11;

70 Epistel
1. Brief.
2. Im NT Sendschreiben der Apostel.
3. In der Liturgie Lesung eines Briefabschnittes aus den NT oder einer Perikope aus dem AT.
- Teil 1: 23;
- Teil 2: E;
- Teil 4: 301; 279;

71 Erbstreit
Siehe Testament.
- Teil 1: 167;
- Teil 4: 365;

72 Erntedank
Erntefest mit Dankgottesdienst nach dem Einbringen der Ernte, meist am Sonntag nach Michaelis (29. September).
- Teil 1: 124; 163-165;
- Teil 2: H;

73 Eucharistie
a.d. griech. = Danksagung, das dankend empfangene Abendmahl. Nach kath. Lehre wird das Abendmahl als Dankopfer dargebracht; Eucharistisches Mahl; Wandlung von Brot und Wein in Leib und Blut Christi.
- Teil 1: 70;
- Teil 2: E;
- Teil 4: 1; 181; 235; 182;

74 Evangelium - Evangelien - Evangeliar
griech. Frohe Botschaft. Evangelium ist die frohe Botschaft von der Erlösung, die Jesus Christus den Menschen gebracht hat. Evangelien nennt man die ersten vier Bücher des NT, in denen die Evangelisten Matthäus, Markus, Lukas und Johannes das Leben, Sterben und Auferstehen und die Lehre Jesu niedergeschrieben haben.
Lesungen aus den Evangelien sind wichtiger Bestandteil jeden Gottesdienstes (Liturgie). Evangeliar ist die Bezeichnung für ein mittelalterliches Buch, in dem Evangelien oder Ausschnitte aus ihnen zum gottesdienstlichen Gebrauch nach dem Lauf des Kirchenjahres zusammengestellt worden sind. Im Mittelalter wurden sie kunstvoll gestaltet (Miniaturen). Die Einbände sind kostbar ausgestattet (Elfenbeinschnitzereien, Edelsteine).
- Teil 1: 22; 23; 68;
- Teil 2: E; G;
- Teil 3: 10; 14; 41; 99; 107; 109;
- Teil 4: 239; 279; 301;

75 Ewiges Licht
Öllampe, die in kath. Kirchen vor der im Tabernakel aufbewahrten, geweihten Hostie brennt. Die Lampe wird am Karfreitag gelöscht und am Karsamstag erneut entzündet.
- Teil 1: 70;
- Teil 4: 10; 140; 253; 361;

76 Exorzismus
Bannung böser Gewalten durch heilige Worte (Segensformeln, die auf einer Bibelstelle beruhen) und heilige Handlungen (Kreuzzeichen).
- Teil 1: 10;
- Teil 4: 26; 199; 398;

77 Fackel
Ein Stab, der am oberen Ende mit Werg umwickelt ist. Dieses wurde durch Tränken mit Wachs, Teer oder Pech entzündbar gemacht. Wird die Fackel in Brand gesetzt, gibt sie lange ein helles Licht und ist auch durch Wind und Regen nicht gleich zum Verlöschen zu bringen.
- Teil 1: 147;
- Teil 4: 388; 400;

78 Farben des Kirchenjahres
Siehe Liturgische Farben.
- Teil 1: 70;
- Teil 4: 221;

79 Fassade
Das Äußere von Gebäuden, Schauseite, Vorderseite, sie war meist künstlerisch gestaltet, angestrichen oder bemalt.
- Teil 1: 135; 140; 175;
- Teil 4: 222; 265;

80 Faßdaube
Über Wasserdampf gebogenes Längsbrett eines Fasses.
- Teil 1: 111;
- Teil 4: 410; 45;

81 Fasten - Fasttage - Fastenzeit
Freiwilliges Einschränken der Nahrung aus religiösen (auch medizinischen) Gründen, Verzicht auf Fleisch oder warme Gerichte. Im AT und NT ist Fasten ein Ausdruck der Demütigung und der Buße vor Gott. Fasten kann ein Teil der Askese des Mönchtums sein.
In der christl. Kirche dient Fasten seit der Urgemeinde zur Vorbereitung auf Taufe und Kommunion. Längere Fastenzeiten werden vor Weihnachten (Kirchenjahrabschnitt Advent) und vor Ostern (Kirchenjahrabschnitt Passion) gehalten.
Strenge Fasttage sind Aschermittwoch (Beginn des Abschnittes Fastenzeit) und Karfreitag (Jesu Todestag). An jedem Freitag wird zur Erinnerung an ihn ein wöchentlicher Fasttag gehalten.
Fasten ist außerdem ein Zeichen der Entsagung alles Weltlichen und ein Mittel zur Erringung der Freiheit des Geistes aus der Gebundenheit des Leibes.
In der evang. Kirche findet man das Fasten kaum. Luther hatte es abgelehnt, weil in seiner Zeit der Gedanke des Verdienens der Gnade durch eigene Werke (Fasten) zu sehr in den Vordergrund gerückt war.
- Teil 1: 24; 98; 105; 97; 118; 112; 142;
- Teil 2: F; A; C; H:
- Teil 3: 13;
- Teil 4: 271; 378; 399;

82 Feldhüter
Siehe Wächter.
- Teil 1: 72;
- Teil 4: 389;

83 Feldprozession
Bittgang über die Felder. Gott wird angerufen um reiche Ernte, Verschonung vor Unwetter und Schutz vor Unfällen bei der Feldarbeit.
- Teil 1: 115;
- Teil 4: 299;

84 Filiale
a.d. lat. filia = Tochter. Zweigniederlassung. Klöster, die vom Mutterkloster abhängig sind. Außensiedlungen.
- Teil 1: 50; 53;
- Teil 4: 297;

85 Findelkinder
Kinder, die von ihren Eltern ausgesetzt, weggegeben, ausgestoßen worden sind, nahm das Kloster in Findel- und Waisenhäusern auf. Sie wurden dadurch vor Tod und Verwahrlosung gerettet. Meist sind Findelkinder den Waisen gleichgesetzt worden.
- Teil 1: 68;
- Teil 2: C;
- Teil 4: 392; 401;

86 Florian
Heiliger der kath. Kirche. Er starb 304 den Märtyrertod durch Ertränken und gilt deshalb als Helfer in Wasser- und Feuersnöten.
- Teil 1: 102;
- Teil 4: 123;

87 Flügelaltar
Siehe Altarbild.
- Teil 1: 82;
- Teil 2: P;
- Teil 3: 94;
- Teil 4: 11;

88 Foliant
Bezeichnung für ein großformatiges Buch.
- Teil 1: 21;

89 Frater - Fratres
a.d. lat. Bruder. Mönche meist ohne Studium, sie üben handwerkliche Berufe aus. Ital. Sprachform Fra für Frater.
- Teil 1: 20; 38; 36;
- Teil 4: 240;

90 Franziskaner - Franz von Assisi
Bettelorden mit ausdrücklicher Forderung nach Armut, 1209 von Franz v. Assisi gegründet. Ordensziel: Predigt und Seelsorge in Armut. (Tertiaren).
- Teil 2: D; J;
- Teil 3: 62; 65;

91 Fresko - Fresken
a.d. ital. = frisch). Freskomalerei ist eine besondere Technik der Wandmalerei. Sie wird mit wasserlöslichen Pulverfarben auf dem feuchten Kalkbewurf der Wand ausgeführt. Beim Trocknen verbinden sich die Farben unlöslich mit dem Kalk. Wegen seiner schnell abnehmenden Feuchtigkeit kann ein Fresko nur stückweise gemalt werden. Jedes Teilstück muß im Laufe eines Tages vollendet sein, deshalb fordern Fresken eine großzügige, vereinfachende Maltechnik. Im Barock wird diese Art Wände zu gestalten auch nördlich der Alpen gepflegt. Meister dieser Kunst bleiben die Italiener, der größte war Michelangelo. Ein Freskenmaler wird Freskant genannt. Aus einer früheren Epoche sind uns Wandbilder in den Kirchen Mittelzell und Oberzell des ehem. Klosters Reichenau aus dem 11. und 12. Jahrhundert erhalten.
- Teil 1: 135;
- Teil 2: N; Q;
- Teil 3: 93;

92 Ganzheitserziehung
Siehe Klosterschule.
- Teil 1: 41;
- Teil 2: C;
- Teil 4: 177;

93 Gebeine
Sterbliche Überreste des Menschen. Die Knochen verwesen unterschiedlich langsam, noch nach langer Zeit kann man sie aus Grüften und Gräbern bergen.(z.B. Altersbestimmung durch Radiokarbonmethode).
- Teil 1: 6; 63;
- Teil 4: 308; 202;

94 Gebet - Beten
Reden mit Gott als Ausdruck des persönlichen Glaubens. Der Beter der christl. Religion sucht sich vom rein Geistigen her an Gott zu wenden, zugleich glaubt er an eine Erhörung seines Gebetes.
Ausdrucksformen: Anbetung, Bitte, Fürbitte, Lob, Dank.
- Teil 1: 10; 21; 22; 24; 31; 38; 63; 64; 65; 70; 129;
- Teil 2: A; C; K;
- Teil 3: 9; 19;
- Teil 4: 25; 41; 317; 354; 367; 380;

95 Gefolge
Größere Anzahl von Begleitern, die ihrem Herrn dienen (mit Handreichungen, als Ratgeber).
- Teil 1: 167; 173; 174;

96 Geheime Wahl
Eine Wahl, die mit Mitteln durchgeführt wird, bei denen keiner vom anderen erkennen kann, wie er sich entscheidet. Unter schreibkundigen Leuten wurde mit beschriebenen, gefalteten Zetteln gewählt. Im anderen Falle hatte jeder Wähler ein Zeichen für Zustimmung und Ablehnung (Schwarze und weiße Steine, kurze und lange Stäbchen). Die Wahlfrage mußte so formuliert sein, daß eine Antwort mit Ja oder Nein möglich war. Jeder gab seine Entscheidung verdeckt ab.
- Teil 1: 50;
- Teil 4: 3;

97 Gehorsam
Freie Unterordnung unter den gebietenden Willen einer Autorität. In der christl. Kirche nach dem Vorbild Christi "Gehorsam des Glaubens".
Teil des Gelübdes der Orden.
- Teil 1: 50; 65;
- Teil 2: A; C;
- Teil 3: 17; 18; 20; 47; 124;
- Teil 4: 256; 101;

98 Geistig
Im Gegensatz zu leiblich-körperlich: Hohes Gedankengut des Menschen, seine inneren Fähigkeiten.
- Teil 1: 50;
- Teil 2: B;
- Teil 4: 94;

99 Geistlich
Im Gegensatz zu weltlich: Die Kirche und ihre Diener betreffend, kirchlich. Aber auch die Beziehungen Gottes zum Menschen bezeichnend.
- Teil 1: 6; 13; 50;
- Teil 3: 38;
- Teil 4: 295; 402; 399;

100 Geistlicher
Siehe Priester, siehe Priesterweihe.
- Teil 3: 134;
- Teil 4: 295; 296;

101 Gelübde
1. Feierliches Versprechen Gott gegenüber.
2. Ein Novize legt nach dem Noviziat die Gelübde ab: Armut, Keuschheit, Gehorsam; von der Regel geforderte Opfer: Verzicht auf Besitz, auf Ehe, auf Eigenwillen. Danach ist der Mönch (die Nonne) auf Lebenszeit im Orden aufgenommen. Nach anfänglichem Leben in der Klausur können sie später in einem Beruf eingesetzt werden.
- Teil 1: 65; 69;
- Teil 2: A;
- Teil 3: 20; 60; 124;
- Teil 4: 18; 97; 160; 251; 254; 172; 318;

102 Gemeinde (Gemeinschaft)
Zusammenschluß von getauften Christen. Kirchengemeinde, Pfarrgemeinde. Eine kleine örtliche Gemeinschaft der großen umfassenden Kirche Jesu Christi ist in erster Linie gottesdienstliche Gemeinde, die durch Abendmahl - Kommunion verbunden ist. Glieder einer Gemeinde nennt man auch Gläubige. Heute versteht man unter Gemeinde ein Gefüge von leitenden Geistlichen und mitverantwortlichen Gemeindegliedern.
- Teil 1: 7; 69; 20; 63;
- Teil 2: A; B; C; E; J;
- Teil 3: 1; 28; 30; 35; 36; 50; 66; 103; 105; 116; 118; 136;
- Teil 4: 94; 108; 161; 378; 115;

103 Geräte - Heilige Geräte
In der kath. Kirche werden zu rituellem Gebrauch die verschiedenartigsten Geräte verwendet. Geräte, die geweiht worden sind oder die geweihte Gegenstände beherbergen, nennt man Heilige Geräte (Kelch, Patene u.s.w.).
- Teil 1: 70;
- Teil 4: 1; 140; 188; 40;

104 Gericht
Öffentliches und ausübendes Organ der Rechtsprechung. (Durchführung des Urteils).
- Teil 1: 103;
- Teil 4: 313;

105 Gesinde
Sammelbezeichnung für Knechte und Mägde. Personen, die landwirtschaftliche oder häusliche Arbeiten gegen Lohn verrichten. (Lohn in Geldwert und Naturalien - Wohnung und Verpflegung).
- Teil 1: 159; 158; 162-165; 174;

106 Gewand
Oberbekleidung, umhangähnlicher Mantel, teils ohne Ärmel. Für feierliche Anlässe kirchl. oder weltl. Art ist das Gewand reich verziert.
- Teil 1: 21; 22; 38;
- Teil 2: F;
- Teil 4: 236; 262; 203; 320;

107 Gewölbe
Bogenförmig gebildete Decke, die einem Raum den oberen Abschluß gibt. Kunstvolle Konstruktionen im Kloster- und Kirchenbau, je nach der Zeit der Entstehung von verschiedenem Aussehen. (Tonnen-, Kreuz-, Kreuzrippen-, Stern-, Netz-, Fächergewölbe). Für Kellerräume einfache Gewölbe.
- Teil 1: 140;
- Teil 2: O; P; A;

108 Gläubige
Alte Bezeichnung für getaufte Christen, die sich zu ihrer Kirchen- oder Pfarrgemeinde halten.
- Teil 1: 8; 9; 10; 23; 61; 70; 72; 175; 179;
- Teil 4: 102; 209;

109 Glaubensbekenntnis
a.d. lat. confessio = Bekenntnis; auch Credo genannt nach den lateinischen Anfangsworten des Apostolischen Glaubensbekenntnisses "Ich glaube..."
Bekenntnis ist die Zugehörigkeitserhklärung zu einer Gemeinschaft (im religiösen Sinne: Konfession).
Im christlichen Glaubensbekenntnis ist der Inhalt der christlichen Religion kurz und zusammenfassend in Glaubenssätzen formuliert. Es dient zur Unterweisung und Prüfung neuer Mitglieder. Diese versprechen, in dem sie das Glaubensbekenntnis vor Zeugen ablegen, zur christlichen Gemeinde gehören zu wollen und Gott in Jesus Christus anzuerkennen und zugleich bestrebt zu sein, am gemeinsamen Ganzen der Kirche mitzuwirken.
Die christlichen Kirchen kennen das Apostolische, das Nicänische und das Athanasische Glaubensbekenntnis.
Die gültigen Bekenntnisaussagen einer Kirche sind in Bekenntnisschriften zusammengefaßt. Es sind Bestrebungen im Gange, ein für beide Konfessionen gültiges, gemeinsames Glaubensbekenntnis zu schaffen.
(Die Bezeichnung Confessio ist für Märtyrergräber und Umgänge um solche in alten Kirchen üblich. Märtyrer - Bekenner.)
- Teil 1: 7;
- Teil 3: 1; 108;
- Teil 4: 202; 223; 185;

110 Glasur
Überzug auf Keramikwaren, um sie u.U. wasserundurchlässig; glatt und ansehnlich zu machen. Eigenschaften einer Glasur: dünn glasartig, glänzend oder matt, farbig oder farblos
- Teil 1: 93;

111 Glocke
Durch Anschlagen an die Glocke wird ein harmonisches, kräftiges Tongemisch erzeugt. Glocken werden meist durch Gießen hergestellt, das Kupfer-Zinn-Gemische heißt Glockenspeise und ist nach dem Erkalten sehr hart. Die Glocke trägt meist Bild-, Ornament- und Inschriftreliefs. Diese berichten über das Jahr des Gusses, die Glockengiesserwerkstatt, den Stifter oder den Anlaß der Stiftung sowie über die Kirchenheiligen, denen die Glocke geweiht ist. In der kath. Kirche werden Glocken geweiht, ehe sie auf dem Turm befestigt werden.
In der evang. Kirche wird im Rahmen einer Gemeindefeier die neue Glocke in Gebrauch genommen.
Der Glockenschlag zeigt die Tageszeit im Stundenabstand an (Unterteilung in Viertelstunden). Die Glocke läutet zu Gebetszeiten, Gottesdienstbeginn, Taufe, Begräbnis. Das Läuten geschah früher durch Ziehen an Seilen, heute werden sie elektrisch betätigt.
- Teil 1: 7; 17; 70;
- Teil 2: B;
- Teil 4: 356;

112 Glorreich
Glanzvoll, ruhmreich.
Glorie = Strahlenkranz ums Haupt von göttlichen und heiligen Personen in der darstellenden Kunst; gilt als Sinnbild eines mit dem Hl. Geist beschenkten Menschen.
- Teil 4: 317; 360;

113 Gnadenbild
Bildwerk oder Bildstatue mit der Darstellung Christi oder heiliger Personen, das von den Gläubigen an Wallfahrtsorten verehrt wird. Die kath. Volksfrömmigkeit schreibt dem Gnadenbild wundertätige Wirkung, Gebetserhörung und ähnliche Hilfe zu.
- Teil 4: 381; 394;

114 Gotik
Stilepoche der abendländischen Kunst im hohen und späten Mittelalter. Eine zeitliche Abgrenzung ist schwierig und in den einzelnen Ländern verschieden. Für unsern Raum mag etwa gelten: Beginn im ersten Drittel des 13. Jahrhunderts, Ende um den Anfang des 16. Jahrhunderts.
Beispiel für die Gotik: Straßburger Münster.
- Teil 1: 140;
- Teil 2: P;

115 Gottesdienst
Verehrung Gottes durch die Gemeinde nach bestimmten Ordnungen (Liturgie) mit dem Schwerpunkt auf Gebet, Predigt und Sakrament.
- Teil 1: 11; 18; 7; 20; 22; 45; 64; 70; 38;
- Teil 2: A; C; E; F; K;
- Teil 3: 4; 34; 107;
- Teil 4: 161; 102;

116 Gotteshaus
Bezeichnung für Kirche.
- Teil 1: 10; 19; 175; 179; 180;
- Teil 4: 161; 364;

117 Grabmal - Grabplatte
Erinnerungszeichen für einen Toten am Ort seiner Bestattung errichtet.
In Kirchen und Klöstern (Kreuzgang) findet man in den Fußboden eingelassene, später senkrecht in die Wand gemauerte Grabmale von geistl. und weltl. Würdenträgern. (Inschriften-Jahreszahlen-Ornamente).
- Teil 1: 63; 140;
- Teil 2: L;
- Teil 4: 197; 202; 404;

118 Guardian
Titel eines Klostervorstehers im Franziskaner- und Kapuzinerorden, der für drei Jahre gewählt wird.
- Teil 1: 50;
- Teil 4: 3; 90;

119 Gürtel
Siehe Kutte.
- Teil 1: 65; 94;
- Teil 3: 63;
- Teil 4: 208;

120 Gutenberg
G. Johannes, Erfinder der Buchdruckerkunst mit beweglichen Lettern. Geb. um 1400, gest. 1467 oder 68 in Mainz. 1455 Gutenberg-Bibel.
- Teil 1: 22;

121 Gymnastik
Leibesübungen, Turnen ohne Geräte. Dient der Körperbeherrschung, zur Erlangung und Erhaltung körperl. Beweglichkeit, zur Gesundung (Heil-Gymnastik).
- Teil 1: 43;

122 Handschuhe
Würdezeichen des Abtes und des Bischofs. Ein Abt ist weitgehend von manuellen Arbeiten befreit, damit er nur noch geistlicher Vater seiner Mönche ist; er trägt für sie die Verantwortung vor Gott.
- Teil 1: 50;
- Teil 4: 3; 226; 403;

123 Heiliger
1. In vielen Religionen übliche Bezeichnung für einen Menschen, der sich durch besondere Werke dem Göttlichen genähert hat.
2. Im Sinne des NT: alle getaufen Christen.
3. In der kath. Kirche: Verstorbene, die durch das kirchliche Lehramt heilig gesprochen worden sind und offiziell verehrt werden. Heiligsprechung ist ein Verfahren der kath. Kirche zur Eintragung in den Kanon (Verzeichnis) der Heiligen. Ihr geht ein langwieriger Prozeß der Seligsprechung voraus (Erlaubnis zu begrenzter öffentlicher Verehrung).
- Teil 1: 6; 8; 9; 102; 140;
- Teil 3: 5; 66; 79;
- Teil 4: 381; 227;

124 Heiligenfigur
Statue eines Heiligen. Dieser trägt zugeordnete Zeichen (Attribute) an denen er zu erkennen ist. (Petrus - Schlüssel; Stephanus - Stein; Florian - Schöpfkelle mit Wasser usw.)
- Teil 1: 140;
- Teil 4: 347; 348; 86; 43; 281;

125 Heiligenlegenden
Siehe Legende.
- Teil 1: 65;
- Teil 4: 213; 214;

126 Heilige Geräte
Siehe Geräte.
- Teil 4: 103; 381;

127 Heiliger Geist
In der christl. Lehre ist Hl. Geist die dritte Person in Gott. Er geht vom Vater und vom Sohne aus und kam zu Pfingsten über die Apostel.
Jesus hatte der Kirche als Tröster den Hl. Geist zugesagt.
- Teil 4: 65; 374; 14; 32;

128 Heiliger Vater
Anrede des Papstes.
Siehe Papst.
- Teil 1: 168;
- Teil 4: 266;

129 Heilige Schrift
Wegen des heilbringenden Inhalts nennt man die Bibel auch Heilige Schrift (Gottes Wort).
- Teil 1: 50;
- Teil 4: 10; 402; 74;

130 Heiliges Land
Auch Jüdisches Land genannt; es ist der geograph. Bereich, in dem Jesus und die Jünger gelebt und gewirkt haben. Seit langer Zeit wird dieses Gebiet von Menschen bewohnt, die überwiegend der jüdischen Religion angehören (daher jüd. Land).
Zuerst hieß es Kanaan (Vor der Landnahme durch die Israeliten im 12. Jahrh. v. Chr.). Die Römer nannten etwa um 150 n. Chr. ihre dortigen Provinzen Palästina.
Die christl. Kirche versteht unter Palästina

das sog. Hl. Land.
Seit der Staatsgründung 1948 heißt das Land Israel, die Bewohner Israeli.
Das Hl. Land liegt östlich von Europa; viele Kirchen zeigen mit Chorraum und Altar nach Osten, denn es ist eine altkirchl. Sitte, sich beim Beten nach Osten zu wenden. Auch ist der Sonnenaufgang ein Symbol für den auferstandenen Christus.
Kreuzfahrer und Pilger zogen im MA ins Hl. Land, um die Stätten der Christenheit von Ungläubigen zu befreien, um dort zu beten. Sie brachten von den Pilgerreisen Reliquien mit.
- Teil 1: 5;
- Teil 3: 58;
- Teil 4: 16; 289;

131 Heiliges Öl
Siehe Öl.
- Teil 4: 253;

132 Heiligtum
Stätte oder Gegenstand religiöser Verehrung. In allen Religionen üblich. Im AT wird der Tempel in Jerusalem als Heiligtum bezeichnet.
- Teil 1: 124;
- Teil 4: 364;

133 Heilkräuter
Arzneipflanzen, die Wirkstoffe gegen gewisse Krankheiten haben. Heilpflanzen sind nicht scharf von Giftplanzen zu trennen, da auch diese - in geringen Mengen verwendet - häufig wertvolle Heilkraft haben können.
- Teil 1: 54; 55; 59;
- Teil 4: 287;

134 Heilquelle - heilkräftiges Wasser
Mineralquelle: das Wasser hat hohen Gehalt an gelösten Salzen und Gasen. Thermalquelle: Mineralquelle, deren Wasser warm oder heiß austritt. Bade-, Trink- und Inhalationskuren.
- Teil 1: 57; 100;
- Teil 3: 21;
- Teil 4: 302;

135 Herberge - Pilgerhaus
Im Mittelalter Häuser, in denen Reisende Unterkunft fanden und Verpflegung erhielten (fahrende Gesellen und Schüler, Pilger auf einer Wallfahrt).
- Teil 1: 160; 173;
- Teil 4: 289; 394;

136 Herodes
Gemeint ist Herodes Antipas, der den Kindermord in Bethlehem befahl, damit er der einzige König der Juden bliebe. Später ließ er Johannes den Täufer hinrichten, als dieser seinen Lebenswandel kritisiert hatte.
- Teil 1: 67;
- Teil 4: 377; 36;

137 Hochzeit
Bei der Eheschließung übliche feierliche Gebräuche.
- Teil 1: 17; 42; 47; 163; 165;
- Teil 4: 373; 319;

138 Höhere Schule
Schulform, in der außer den Kulturtechniken weitere Fächer unterrichtet werden. Sie führt meist zu einem Abschluß, der zum Studium berechtigt (Universität).
- Teil 1: 40;
- Teil 4: 229; 409; 44; 21; 350;

139 Hospital
Krankenhaus
- Teil 1: 59; 60;
- Teil 4: 344; 250; 60;

140 Hostie
Oblate aus ungesäuertem Weizenmehlteig gebacken, sie wird in der kath. Kirche geweiht, in der evang. Kirche gesegnet und als Brot bei Kommunion und Abendmahl gereicht.
- Teil 1: 38; 70;
- Teil 4: 1; 103; 10; 181; 182; 188; 245; 295; 299;

141 Hutzelbrot
Ein weihnachtliches Gebäck, bei dem getrocknete Früchte und Nüsse mit Brotteig verarbeitet werden. Das gebräuchlichste Dörrobst zu diesem Zweck ist die getrocknete Birne, die man auch Hutzel nennt. Zwetschgen und in späterer Zeit Rosinen und Feigen gehören ins Hutzelbrot unserer Tage.
- Teil 1: 97;

142 Imker - Imme
Imme ist ein alter Name für Biene; Imker ist der Beruf des Mannes, der die Bienen hegt und pflegt, um Honig und Wachs zu gewinnen.
- Teil 1: 146; 148;

143 Initialen
Verzierte Großbuchstaben am Anfang einer Seite oder eines Kapitels in mittelalterlichen Handschriften.
- Teil 1: 22;
- Teil 2: N; O; P;
- Teil 4: 57; 239; 278;

144 Instrumentalist
Von Instrument.
1. Werkzeug, Gerät für wissenschaftl. Untersuchungen oder Messungen.
2. Musikinstrument. Tasten-, Saiten-, Blas-, Schlag- mechanische und elektronische Instrumente.
Instrumentalist ist ein Mensch, der ein Musikinstrument spielt.
- Teil 1: 45;
- Teil 2: K;
- Teil 4: 167;

145 Internat
Schülerheim. Durch gemeinsames Wohnen, Schlafen und Lernen bilden die Schüler unter sich und zusammen mit ihren Erziehern eine Lebensgemeinschaft. Internatsschüler werden auch Zöglinge genannt.
- Teil 1: 7; 16; 37; 41;
- Teil 2: C;
- Teil 4: 121; 192; 408;

146 Intensiv
kräftig, wirksam, gesteigert, angespannt, durchdringend.
Intensive Pflege der früheren Zeit kannte als wirksamsten Eingriff den Aderlaß. Er diente der Blutentnahme zur Entlastung des Kreislaufs und zur Blutreinigung. Dabei wurde in die Vene des Ellenbogens eingestochen oder eingeschnitten.
- Teil 1: 59;

147 Jahreszahlen
Siehe Ziffern-Zahlen.
- Teil 1: 63;
- Teil 2: L;
- Teil 4: 404;

148 Jubiläum
Festtag, Gedenktag.
- Teil 1: 34;

149 Jüdisches Land
Siehe Heiliges Land.
- Teil 3: 1;
- Teil 4: 130;

150 Jüngstes Gericht
Auch "Jüngster Tag" oder "Letztes Gericht" genannt. Ein Gericht, in dem Gott das Weltgeschehen abschließen und über jeden Menschen richten wird. Ewiges Leben - ewige Verdammnis.
- Teil 1: 63;
- Teil 4: 333;

151 Kalefaktorium
Wärmestuben des Klosters.
- Teil 1: 30;
- Teil 3: 22;
- Teil 4: 391;

152 Kalvarienberg
Siehe Kreuzweg.
- Teil 4: 198;

153 Kantor
Anfangs Bezeichnung für den liturgischen Sänger, auch Vorsänger, später für den Leiter der Kirchenmusik.
- Teil 1: 45;
- Teil 2: K;
- Teil 4: 53; 144; 167; 259; 300;

154 Kapitelsaal - Kapitel
1. Kapitelsaal ist der Versammlungsraum der Mönche.
2. Kapitel ist der Abschnitt eines Schrifttextes.
- Teil 1: 34; 147;
- Teil 2: A;
- Teil 3: 22;
- Teil 4: 33; 256;

155 Kapelle
1. Kleines kirchl. Bauwerk oder Nebenraum einer Kirche für besondere Zwecke (Taufkapelle, Marienkapelle).
2. In der Musik Bezeichnung für das Zusammenspiel und die Zusammensetzung vieler Instrumente zu einem Klangkörper.
- Teil 1: 8; 9; 11; 63; 64; 138;
- Teil 4: 144; 161; 317;

156 Karolingische Kunst
Kunstepoche des Karolingerreiches. Sie reicht vom Ende des 8. Jahrh. bis zur ersten Hälfte des 10. Jahrhunderts.
- Teil 2: N;
- Teil 4: 239;

157 Karzer
Gefängnis, Arrestraum an höheren Schulen und Universitäten.
- Teil 1: 47;
- Teil 4: 329;

158 Keltern
Trennung des Saftes von Hülsen und Kernen bei der Weinbereitung. Die Presse heißt Kelter, Frucht- oder Traubenpresse.
- Teil 1: 112;

159 Kerze
Langes Wachslicht zur Beleuchtung des Raumes, auch zur Zierde. Brennende Kerzen in der Kirche weisen auf die Gegenwart Gottes hin.
- Teil 1: 1; 8; 9; 70; 96; 147;
- Teil 4: 10;

160 Keuschheit
Keuschheit ist eine durch das Schamgefühl geleitete und bestimmte geschlechtliche Reinheit.
Das Gelübde der Orden versteht unter Keuschheit die körperliche Reinheit durch geschlechtliche Enthaltsamkeit.
Die Hl. Schrift versteht die Reinheit des Geschöpfes als Ebenbild Gottes vom Schöpfungsglauben her. (Auftrag der Fortpflanzung.)
- Teil 1: 65;
- Teil 2: A;
- Teil 3: 20;
- Teil 4: 256; 101;

161 Kirche
1. Christl. Gotteshaus, Bauwerk.
2. Die sich sammelnde Gemeinde.

3. Der Gottesdienst.
4. Alle Gemeinden, die durch Wort und Sakrament verbunden sind.
- Teil 1: 1-23; 45; 53; 64; 70; 135; 138; 140; 147; 160; 166; 175; 179; 180;
- Teil 2: J; N; O; R;
- Teil 3: 1; 4; 7; 10; 14; 22; 30; 36; 39; 50; 64; 66; 67; 68; 70; 71; 73; 74; 75; 97; 100; 122;
- Teil 4: 127; 102;

162 Kirchenbann - Bann
Kirchenbann wird als Kirchenstrafe von Papst oder Bischof verhängt. Er bedeutet Ausschluß aus der Gemeinschaft mit der Kirche (nicht aus der Kirche selbst), er nimmt dem Menschen das Recht, die Sakramente zu empfangen.
- Teil 3: 64; 68; 75; 102;
- Teil 4: 162;

163 Kirchenbücher
1. Kirchl. Tauf-, Trau- und Beerdigungsregister (Personenregister).
Pfarramtl. Eintragungen gelten als öffentliche Urkunden. Standesämter im heutigen Sinne gab es in Deutschland erst später.
Wird aus einem Kirchenbuch ein einzelner Vorgang (z.B. Sterbedatum) abgeschrieben und mit dem Siegel (heute Stempelform) versehen, heißt man das eine beglaubigte Abschrift, einen beurkundeten Auszug.
Kirchenbücher haben vielfach geschichtlichen Wert, weil sie über Jahrhunderte zurückreichen.
2. Die im Gottesdienst verwendeten Bücher: Gebetbücher (Agenden), Messbücher (Missale).
- Teil 1: 63; 70;
- Teil 4: 10; 203; 379; 338; 363;

164 Kirchendiener
Siehe Küster.
- Teil 1: 70;
- Teil 4: 203;

165 Kirchenjahr
Zeitraum, in dem die einzelnen kirchl. Feste liturgisch begangen werden, im Gegensatz zum bürgerlichen Jahr, dem Kalenderjahr. Jede Woche im Kirchenjahr beginnt mit dem Sonntag zur Erinnerung an die Auferstehung Jesu; das Kirchenjahr selbst fängt mit dem 1. Adventsonntag an.
Seit dem 4. Jahrhundert bildeten sich Festkreise um Weihnachten, Ostern und Pfingsten und damit die Grundlagen für die Einteilung des Kirchenjahrs.
- Teil 1: 22; 70;
- Teil 2: F; H;
- Teil 4: 81; 271; 396; 220; 221;

166 Kirchenkunde
Lehrfach an der Schule. Regeln, Ordnungen und Gesetze der Kirche sowie kirchl. Ausdrucksformen werden erklärt (Kirchenjahr, Gottesdienste, Sakrament).
- Teil 1: 40; 70;
- Teil 2: F; G; H;
- Teil 4: 115; 165; 319; 366;

167 Kirchenmusik
Eine für den gottesdienstlichen Bereich bestimmte Musik.
- Teil 1: 45;
- Teil 2: K;
- Teil 3: 89;
- Teil 4: 144; 169; 220; 300;

168 Kirchenschiff
Hauptraum einer Kirche, in Mittelschiff und Seitenschiffe (Langhaus, Längsschiff) und Querschiff unterteilt.
- Teil 1: 1-3;

169 Kirchenvater
Ehrenname für Kirchenlehrer und -Schriftsteller der kath. Kirche. Kirchenväter haben sich als Männer der Heiligkeit, der Rechtgläubigkeit und eines umfassenden theol. Wissens erwiesen. Ihre Schriften und Lehren sind zwischen dem 2. und 7. Jahrh. entstanden. Sie gelten als Zeugen und Garanten der Tradition und haben bis heute großes Gewicht.

Augustinus, 354-430, Lehre von den zwei Reichen (Augustiner-Regel).

Chrysostomos stellte um 400 in Konstantinopel bibl. Schriften zusammen.

Ambrosius, 339-397, Bischof in Mailand, Kirchenmusik.

Hieronymus, 347 - um 420, Vulgata (Klostergründer in Bethlehem).

- Teil 1: 21;
- Teil 2: K;
- Teil 3: 8; 17;
- Teil 4: 212; 366;

170 Kirchenwächter
Siehe Wächter.
- Teil 1: 72;
- Teil 4: 389;

171 Kirchweihe - Kirchweihfest
Bezeichnung für die feierliche Weihe (Konsekration) eines kath. Gotteshauses durch einen Bischof. Besprengen des Altars mit Weihwasser, Übertragung der Relique, Salbung des Altars, Beweihräucherung, Weihe des Kirchengeräts, Weihemesse. Sichtbare Symbole: zwölf Weihekreuze an der Innenwand des Kirchenraumes.
Die Einweihung einer evang. Kirche erfolgt durch Gottesdienst und Abendmahlsfeier.
Das Kirchweihfest wird zur Erinnerung an den Tag der Weihe gefeiert, es kann außerhalb der Kirche mit Jahrmarkt und Volksfest verbunden sein. (Kirmes, Kirbe).
- Teil 1: 1-3; 163-165; 142;
- Teil 4: 10; 40; 103; 188; 308; 397; 398;

172 Klausur
Von Klause = Einsiedelei, Klosterzelle, abgeschlossener Raum.
Klausur ist der abgeschlossene Bezirk im Kloster, der nur den Mönchen bzw. den Nonnen vorbehalten ist. Er hat Zugang zur Kirche. Außenstehenden ist der Zutritt nicht gestattet. Je nach Orden unterscheidet man strenge und einfache Klausur.
(Einsiedler heißen auch Klausner, Eremiten).
- Teil 1: 30; 72; 151; 152;
- Teil 2: A;
- Teil 3: 22; 135;
- Teil 4: 174;

173 Kloster
Bezeichnung für Gebäude, in denen gemeinsam lebende Ordensangehörige (Mönche bzw. Nonnen) wohnen. Das Kloster stellt eine bauliche Einheit dar; Mittelpunkt ist die Kirche, an die sich der Kreuzgang anschließt. Um ihn gruppieren sich Speisesaal, Schlafsaal (oder Zellen) und Refektorium (Klausur).
Prälatenhof mit Abthaus einerseits und ein Wirtschaftshof andererseits vervollständigen die Idealanlage.
Die einzelnen Klöster sind den verschiedenen Orden und deren Aufgaben angepaßt.
- Teil 1: 7; 30-38; 50; 53; 54; 59; 67; 68; 70; 72; 74; 76; 95; 133; 134; 144; 151; 152; 167; 158; 159; 160; 165; 175; 178; 180;
- Teil 2: A; B; K; Q; P; S; N; O; T; R;
- Teil 3: 14; 16; 17; 21; 22; 30; 31; 35; 36; 39; 40; 42; 45; 47; 48; 50; 61; 72;, 95; 135;
- Teil 4: 3; 33;

174 Klosterpforte
Eingang zur Klausur, von einem Mönch bewacht
Ein Sprechgitter ermöglicht die notwendigsten Kontakte zur Außenwelt.
- Teil 1: 30; 68;
- Teil 4: 172; 345;

175 Klösterliches Recht
Siehe Klosterstrafen
- Teil 1: 34;
- Teil 4: 178;

176 Klosterregel
Siehe Ordensregel.
- Teil 1: 34; 65;
- Teil 2: A;
- Teil 3: 8; 16; 17; 18;
- Teil 4: 256;

177 Klosterschule
Klosterschulen waren zusammen mit Domschulen die ersten Bildungsstätten in Mitteleuropa. In den Klosterschulen unterrichteten Mönche oder Nonnen die Novizen ihres Ordens. Später kamen sog. Äußere Abteilungen mit Internat für junge Laien aus vornehmen Häusern dazu.
- Teil 1: 40; 151; 152;
- Teil 2: A; C;
- Teil 3: 10; 21; 40; 42;
- Teil 4: 35; 121; 145;

178 Klosterstrafen
In den versch. Ordensgemeinschaften sind einzelne strafbare Handlungen mit unterschiedlichen Strafen belegt worden. Eines war diesen Strafen gemeinsam: Bei einsichtiger demütiger Haltung nur Verweis oder geringe Strafe - bei Uneinsichtigkeit und starrem Festhalten am eigenen Standpunkt wurde mehr diese Haltung bestraft, als die vorausgegangene böse Tat. Die Strafe sollte zur Besserung dienen und dazu, den gelobten (versprochenen) Gehorsam wieder zu praktizieren.
Der Abt sprach das klösterliche Recht. Er konnte einen Mönch, der sich versündigt hatte und nicht bußfertig war, aus dem Kloster ausstoßen. (Sündergasse, siehe Teil 1: 103).
- Teil 4: 351; 412;

179 Klosterzelle
Nicht in allen Klöstern schreibt die Regel gemeinsame Schlafräume für die Mönche vor (Benediktiner, Zisterzienser). Manche Orden haben für jeden Mönch einen eigenen Raum, er heißt Zelle. (Karthäuser).
(Im Modell ist die Zelle Vorrecht der Priestermönche, siehe Teil 1: 37)
- Teil 2: A;
- Teil 4: 172;

180 Kommentar
Erklärung, auch Zusammenfassung eigener Gedanken.
- Teil 1: 37;

181 Kommunion
a.d.lat. = Gemeinschaft. Empfang des Abendmahles. In evang. und orthod. Kirchen werden den Gläubigen Kelch und Hostie gereicht. In der röm.-kath. Kirche kommuniziert der Priester unter beiderlei Gestalt (Brot und Wein); den Gläubigen wird in der Regel die Hostie gereicht, in den letzten Jahren bei besonderen Anlässen auch der Kelch.
- Teil 1: 38;
- Teil 2: E; K;
- Teil 4: 10; 103; 182; 140;

182 Kommunionbank
(Abendmahlsbank). Kniebank vor dem Altar oder vor dem Altarraum zum Empfang des heiligen Mahles und anderer kirchlicher Segnungen.
- Teil 1: 23;
- Teil 4: 10; 13; 334;

183 Knecht
Ein Mann, der um Lohn arbeitet. Vor allem in der Landwirtschaft wird diese Bezeichnung

für männliche Dienstboten angewandt und hat sich bis in unsere Tage erhalten.
- Teil 1: 11; 72; 95; 116; 129; 155; 158; 159; 178;
- Teil 4: 105; 286;

184 Kniefall
Eine sakrale, rituelle Handlung, durch die der Gläubige den konsekrierten Hostien seine Verehrung erweist, wenn er zum Altar tritt.
- Teil 1: 70; 72;
- Teil 4: 32; 245; 299; 398;

185 Konfession
Verschiedene Bekenntnisformen innerhalb der christlichen Kirchen: röm.-kath.; evang.-luth.; evang.-ref.; evang. unierte Kirche (Vereinigung von luth. und ref.).
- Teil 3: 110; 112; 136;
- Teil 4: 109;

186 Kopfsteinpflaster
Straßenbelag, der entsteht, wenn kleine abgerundete Steine etwa zu 4/5 in die Erde getrieben werden (in alten Städten, z.B. Rothenburg o.T.).
- Teil 1: 136;

187 Koppel
Eingezäunte Viehweide.
- Teil 1: 127;

188 Konsekrieren - Konsekration
Weihehandlung der kath. Kirche. Wandlung von Brot und Wein in Christi Leib und Blut durch Aussprechen der Einsetzungsworte in der Messe durch den Priester.
Weihe von Bischöfen (durch Bischöfe).
Einkleidung von Ordensleuten.
Priesterweihe, Weihe einer Kirche, eines Altars, der Altargeräte Kelch und Patene.
- Teil 1: 70;
- Teil 4: 1; 10; 73; 140; 235; 245; 398;

189 Konvent
Bezeichnung für die Zusammenkunft stimmberechtigter Ordensangehöriger. Der Konvent eines Klosters wählt in geheimer Wahl den Abt.
Heute ist ein Konvent in Kirche und Schule eine Versammlung von Gleichgesinnten, die beraten und Beschlüsse fassen.
- Teil 1: 34; 50;
- Teil 3: 61;

190 Konzentrieren
Steigerung der Aufmerksamkeit auf Gedankengänge oder eine bestimmte Tätigkeit.
- Teil 1: 31;
- Teil 4: 233;

191 Körperbeherrschung
Siehe Klosterschule.
- Teil 1: 41; 43;
- Teil 2: C;
- Teil 4: 177;

192 Kostgeld
Essensgeld, im weiteren Sinne Kosten, die durch das Leben im Internat entstehen.
- Teil 1: 40; 45;
- Teil 4: 206; 145;

193 Krämer
Einer, der Waren anbietet und verkauft. Von Kram = Ware.
- Teil 1: 96;

194 Krankenhaus
Heute übliche Bezeichnung für Hospital, Spital, auch Klinik genannt.
- Teil 1: 59;
- Teil 2: A;
- Teil 3: 2; 22;
- Teil 4: 139;

195 Krankenkost
Leicht verdauliche Speisen, die den Organismus des Kranken nicht belasten: junges Geflügel, Tauben, Eier- und Mehlspeisen sowie helles Brot.
- Teil 1: 143;

196 Kreuz
1. Hinrichtungsgerät im Altertum.
2. Seit dem Tod Christi am Kreuz das Symbol des christlichen Glaubens.
3. Ornament in der Kunst.
4. Zeichen der Würde (Abt, Bischof, Papst u.a.) "Brustkreuz" (Pektorale).
5. Das Kreuz ist ein sehr altes Symbol für die Einheit von zwei entgegengesetzten Punkten (z.B. Himmel und Erde), für Vermittlung im Allgemeinen. Auch als Sinnbild des Lebensbaumes, als Achse der Welt war es in vielen vorchristlichen Völkern gebräuchlich (Ägypter, Griechen, Römer, Germanen, asiatische Völker). Das T-Kreuz (Antoniuskreuz) fand man z.B. sowohl bei assyrischen, wie auch bei amerikanischen Völkern als heiliges Zeichen und Sinnbild für den Mittelpunkt der Welt, für Sonnenkraft und für strömenden Regen aus dem Himmel. In der frühen Christenheit trugen Stäbe der Mönche am oberen Ende die T-Form; sie wurden zum Zeichen der Antoniter-Mönchsorden (Attribut des Wüstenvaters Antonius).
In den Anfängen der christlichen Bildersprache mußte erst eine Scheu vor dem anstößigen und verachtungswürdigen Tod eines Gottes an diesem Marterholz überwunden werden. Das geschah durch ein allmähliches Begreifen des Sühnetodes Christi für die Menschheit. Die ältesten Darstellungen des Gekreuzigten sind aus dem 2. und 3. Jahrhundert erhalten.
In der Regel wurde in der Frühzeit das Kreuz ohne den Gekreuzigten dargestellt. Die Form des lateinischen Kreuzes (die Gestalt, die uns am bekanntesten ist), wurde im Grundriß romanischer und gotischer Kirchen verwendet.

Man unterscheidet mehr als 25 verschiedene Kreuzformen.
- Teil 1: 7; 10; 69; 140; 166; 63;
- Teil 2: G;
- Teil 4: 32; 201; 360;

197 Kreuzgang
Überdachter Säulengang mit Fensterhöhlungen um den Innenhof des Klosters. Er dient als Versammlungsraum vor dem Kirchgang, für liturgische Umzüge und als Ort der Besinnung, der Meditation und des Gebets.
- Teil 1: 20; 31; 63; 135; 140;
- Teil 2: A;
- Teil 3: 22;
- Teil 4: 233;

198 Kreuzweg
1. Historisch: Weg Jesu vom Haus des Pilatus nach Golgatha.
2. Vierzehn Einzeldarstellungen des Leidens und Sterbens Jesu. Der Gläubige benutzt diesen Weg mit den Bildbetrachtungen zu Gebet, Bußübung und Meditation (kleiner Kreuzweg).
3. Am Weg zu einer Wallfahrtskirche (auf dem Kalvarienberg) finden sich in weiten Abständen die vierzehn Stationen des Kreuzsweges (großer Kreuzweg).
- Teil 1: 24; 61; 69;
- Teil 4: 299; 317;

199 Kreuzzeichen
Verwendetes Zeichen beim Bekreuzigen und Segnen.

- Teil 1: 10;
- Teil 4: 32; 196; 76;

200 Krummstab
Aus dem Hirtenstab entstandenes Zeichen der Würde für Bischof und Abt.
- Teil 4: 346;

201 Kruzifix
Kreuz mit dem Körper Jesu. Sinnbildliche Darstellung der Liebe Gottes durch die Opferung Jesu zu unserer Erlösung.
- Teil 1: 37; 10;
- Teil 2: O; P;
- Teil 4: 349; 196; 346; 360;

202 Krypta
In frühchristl. Zeit war die Krypta eine kammerartige Gruft, in der ein Heiliger begraben worden war. Darüber wurde die Kirche so errichtet, daß der Altar über der Gruft lag. Später wurde die Krypta erweitert und diente in Form einer Hallenkrypta (unter dem Chor der Kirche gelegen) als Fürbitte- und Andachtsraum. Die Gläubigen umschritten das Grab innerhalb der Prozessionen und erhofften besondere Gebetserhörungen. Man nannte das Märtyrergrab confessio (von Bekenner).

Später wurden in Krypten auch kirchliche und weltliche Würdenträger bestattet.
- Teil 1: 6; 62;
- Teil 4: 10; 94; 308; 109; 299; 53;

203 Küster
Glöckner, Sakristan, Sigrist, Kirchendiener. Er übt Glöckner- und Hilfsdienste in der Kirche aus.
- Teil 1: 70; 63;
- Teil 2: F;

204 Kuppel
Wölbung, meist in Form einer Halbkugel, über einem Raum mit runder, recht- oder vieleckiger Grundfläche.
- Teil 1: 1-3;
- Teil 2: R;

205 Kulturtechniken
Erlernen von Lesen, Schreiben, Rechnen.
- Teil 1: 40;
- Teil 2: C;
- Teil 4: 177; 388;

206 Kurrende
Singen armer Schüler vor den Häusern der Reichen. Als Klosterschulen in den Städten ihren festen Platz hatten, erbaten sich die Schüler auf diese Weise Geldspenden, um das Kostgeld im Kloster bezahlen zu können. Über eßbare Gaben waren sie auch erfreut.
- Teil 1: 45;

207 Kutsche
Wagen mit Pferdegespann(en) zur Beförderung von Personen, teils mit luxeriöser Ausstattung für Würdenträger.
- Teil 1: 91; 92; 121; 166; 169;

208 Kutte
Ordenstracht, Tracht. Die schmucklose Kleidung der Ordensleute mit Gürtel (Leder) oder Strick. Mönche tragen meist eine Kapuze am Gewand, die Kopfbedeckung der Nonnen heißt Haube. Sie ist aus dem bräutlichen Schleier entstanden. Früher sprach man vom Klostereintritt eines Mädchens: Sie nimmt den Schleier.
- Teil 1: 38; 65; 94;
- Teil 3: 63;

209 Laie
1. Nichtfachmann.
2. Bezeichnung für das Kirchenvolk im Gegensatz zum geweihten Priesterstand. Auch weltl. Würdenträger (z.B. Kaiser) sind Laien.
- Teil 1: 1-3; 63;
- Teil 2: C;
- Teil 3: 38; 47; 52; 68; 75;
- Teil 4: 295; 399;

210 Längsschiff - Langhaus
Siehe Kirchenschiff
- Teil 1: 1-2; 11;
- Teil 4: 168;

211 Landesherr
Siehe Würdenträger und Patron.
- Teil 4: 403; 275;

212 Latein
Mit der Machtentfaltung Roms breitet sich seine Sprache seit dem 3. Jahrh. v. Chr. über die Mittelmeerländer aus und wurde Amtssprache des Röm. Reiches.
Im MA war Latein als Sprache der Kirche, der Geistlichen und Gelehrten lebendig; heute Sprache der kath. Kirche.
- Teil 1: 37; 40; 65; 168;
- Teil 2: K; C; E;
- Teil 3: 19; 42; 74; 82;
- Teil 4: 177; 167; 220;

213 Legende
In der kirchl. Literatur Lebens- und Leidensgeschichten von Heiligen, in Prosa oder Versform, meist mit lehrhaften und erbaulichen Absichten.
(Legendenspiele sind geistl. Dramen, die den Inhalt einer Legende entnehmen. Im MA neben Oster- Weihnachts- und Jedermannsspielen entstanden.)
- Teil 3: 55;
- Teil 4: 214; 301;

214 Lektor
lat. Leser, Vorleser.
- Teil 1: 35;
- Teil 4: 213; 368; 301;

215 Lesepult
Siehe Pult.
- Teil 1: 35;
- Teil 2: P;
- Teil 4: 301;

216 Lettner
Trennwand zwischen Kirchenschiff (Raum für Laien) und Chor der Kirche (Geistlichkeit, Mönche). Von Pulten am Lettner aus wurden Evangelium und Epistel verlesen.
- Teil 1: 20; 23;
- Teil 2: P;
- Teil 4: 301; 209; 70; 74;

217 Leugnen
Die Wahrheit in Abrede stellen, etwas Unwahres behaupten.
- Teil 1: 7;
- Teil 4: 281;

218 Leumund
Der sittliche Ruf eines Menschen. Das Leumundszeugnis gibt Auskunft über seine gute oder schlechte Lebensführung.
- Teil 1: 72;

219 Lichtstock
Zum Licht - oder Wachsstock wurde eine meterlange dünne Kerze in warmem Zustand gebogen und spiralig übereinandergelegt.
- Teil 1: 147;
- Teil 4: 159; 388;

220 Liturgie
Geordnetes, gottesdienstliches Handeln in der Kirche. Charakteristisch ist ein psalmodierender Sprechgesang, als Ausdruck des Bewußtseins, mit Gott, von Gott und zu seinem Lob zu sprechen (gehobene Sprache).
In der kath. Kirche in allen Einzelheiten festgelegt: Handlung, Haltung und Wendungen des Liturgen, Gewänder und Farben.
Verlauf: Gebet, Lesung, Gesang. Die Sprache der Liturgie ist Latein, Kirchensprache, aber auch die Heimatsprache wird (durch Reformen) eingeführt.
In der evang. Kirche wird die Liturgie in der Landessprache gehalten, sie geht teilweise zurück auf Formen des röm.-kath. Meßgottesdienstes.
- Teil 1: 4; 7; 45;
- Teil 2: E; K;
- Teil 3: 50; 91;
- Teil 4: 221; 212; 235; 300; 354; 115; 279;

221 Liturgische Farben
Die Behänge an Altar und Kanzel, auch die Gewänder der Priester werden im Ablauf des Kirchenjahres nach den jeweils vorgeschriebenen Farben ausgewählt. Diese Farben zeigen die Bedeutung des Festtages oder die des Abschnittes im Kirchenjahr an. Seit frühchristl. Zeit: weiß, rot, violett, grün; schwarz kam erst später dazu.
- Teil 1: 38; 70;
- Teil 2: H; F;
- Teil 4: 220; 360; 115; 269; 165;

222 Lüftl-Malerei
Bemalen der Außenfront von Häusern mit Szenen aus biblischen Geschichten, Heiligenlegenden oder des bäuerlichen Lebens (vor allem im Alpengebiet, z.B. Oberammergau).
- Teil 1: 135;

223 Märtyrer
a.d. griech. Zeuge, Bekenner. Als Märtyrer bezeichnet man einen Menschen, der mit dem Leben für seine Überzeugung einsteht, der die Wahrheit höher schätzt als das eigene Leben. Im NT und in der Geschichte der Kirche bis in die Gegenwart sind Märtyrer Blutzeugen des christlichen Glaubens (Christenverfolgungen).
- Teil 1: 67; 9;
- Teil 3: 1; 36; 76;
- Teil 4: 202; 47; 10; 348; 281; 276; 43; 308;

224 Magd
Dienerin, Bezeichnung für Frauen und Mädchen, die um Lohn in der Land- und Hauswirtschaft arbeiten.
- Teil 1: 11; 95; 116; 129; 155; 158; 159; 72; 74-76;
- Teil 3: 176; 178;
- Teil 4: 105; 286;

225 Magister
Ursprünglich höchster Grad des akademischen Studiums, dann Bezeichnung für vollberechtigten Hochschullehrer. Im 17. Jahrhundert Berufsbezeichnung für Lehrer.
- Teil 1: 34;
- Teil 3: 95;
- Teil 4: 352;

226 Manuell
a.d. lat. Hand. Arbeiten mit und von der Hand; Handarbeiten im Gegensatz zu geistigem Arbeiten.
- Teil 1: 70; 69;
- Teil 4: 3;

227 Maria
Mutter Jesu, "Magd des Herrn".
Seit dem 4. Jahrhundert tritt die Verehrung der Maria als Gottesmutter in den Vordergrund der Heiligenverehrung. Durch zwei Dogmen der kath. Kirche erneut vertieft: 1854 "Unbefleckte Emfpängnis" und 1950 "Aufnahme in den Himmel".
Die evang. Kirche lehnt diese Dogmen ab, weil sie nicht in der Bibel begründet sind.

In der bildenden Kunst werden Bilder der Maria (mit dem Jesusknaben) Madonnenbilder genannt.
- Teil 1: 8; 14;
- Teil 3: 94;
- Teil 4: 62; 25; 123; 124;

228 Material
Werkstoffe, die zum Her- und Fertigstellen einer Arbeit nötig sind.
- Teil 1: 47; 147;

229 Mathematik
Lehre von Zahlen, Formen und Ordnungsbeziehungen. Mathem. Denken wird entstanden sein aus dem Zählen von Gegenständen und aus praktischen Aufgaben. (Zählen mit Fingern und Händen - Hausbau, Vermessen von Feldern.) Seit 1800 v. Chr. ist Mathematik in Ägypten nachgewiesen, seit 1200 n. Chr. Weiterentwicklung der Mathematik in Europa.
- Teil 1: 40;
- Teil 4: 177; 138; 352; 404;

230 Mechanisch
1. Den Gesetzen der Mechanik entsprechend.
2. Im übertragenen Sinne: gewohnheitsgemäß, gedankenlos, unbewußt.
- Teil 4: 317;

231 Medicus
a.d. lat. Bezeichnung für Arzt, Heilkundiger. Ein Studium der Medizin schafft die Voraussetzungen für die Ausübung dieser Tätigkeit.
- Teil 1: 54; 56; 59; 69; 100; 151; 152;
- Teil 4: 352;

232 Medikament
Arzneimittel.
- Teil 1: 54;

233 Meditieren - Meditation
Nachdenken, Versenken, sich Vertiefen in Gedankengänge.
Im geistlichen Sinn: sich ins Gebet versenken, über ein Bibelwort, eine Tat Gottes nachdenken. Vor allem im MA Versenkung in das Wesen Gottes (Bernhard von Clairvaux).
- Teil 1: 24; 31; 38; 71;
- Teil 2: A; B; C;
- Teil 4: 94;

234 Medizin
1. Heilkunde.
2. Arznei.
- Teil 1: 59; 146;

235 Messe
1. Sakramentsgottesdienst der kath. Kirche (Opferfeier, Meßopfer) Opferung, Wandlung, Kommunion.
2. Deutsche Messe, Grundform des evang. Sakramentsgottesdienstes, von M.Luther 1525.
3. Begriff der Kirchenmusik: Sammlung der Gesänge zur Messe.
- Teil 1: 7; 21; 65;
- Teil 2: E; K;
- Teil 3: 107;
- Teil 4: 73; 181; 220; 236; 41; 163; 94; 212; 56; 240; 297;

236 Meßgewänder
Liturgisches Obergewand, das der kath. Priester bei der Meßfeier trägt.
- Teil 1: 70;
- Teil 4: 106;

237 Messner
Siehe Küster.
- Teil 1: 7; 70;
- Teil 4: 203;

238 Methode
a.d. griech. Weg zu etwas, richtiger Weg, bewußt entwickelte Art und Weise.
- Teil 1: 54;
- Teil 3: 65;

239 Miniatur
Kleinformatiges Bild, Kleinmalereien in mittelalterlichen Handschriften.
- Teil 1: 22;
- Teil 2: N; O; P;
- Teil 3: 31;
- Teil 4: 156; 114; 57; 39; 143; 278; 74;

240 Ministrant
Knaben (im Kloster Mönche), die dem Priester am Altar dienen.
- Teil 1: 22;
- Teil 4: 235; 89; 297; 209; 243;

241 Mitra
Bischofsmütze, Zeichen der Würde, auch Zeichen der Abtwürde.
- Teil 1: 50;
- Teil 4: 403; 40; 3;

242 Mittelschiff
Siehe Kirchenschiff.
- Teil 1: 1;
- Teil 4: 168;

243 Mönch
von griech., allein lebend. Angehöriger eines kath. männlichen Ordens. Anrede der Mönche untereinander ist Bruder. Beim Eintritt ins Kloster legt der Mönch seinen Geburtsnamen ab und erhält einen geistlichen Namen.
- Teil 1: 19; 30-38; 50; 63; 65; 68; 70; 94; 151; 152;
- Teil 2: A;
- Teil 3: 13; 14; 17; 19; 30; 34; 45; 59; 60; 135;
- Teil 4: 250; 2; 3; 101; 172; 240; 208; 254; 97;

244 Mönchskutte
Siehe Kutte.
- Teil 4: 208;

245 Monstranz
In der kath. Kirche ein Hl. Gefäß zur Aufbewahrung und zum Vorzeigen der geweihten Hostie. Diese wird bei Prozessionen zur Anbetung ausgesetzt und in der Monstranz mitgeführt.
- Teil 1: 70;
- Teil 4: 140; 188; 361; 299; 343;

246 Moritat
Vielstrophiges Lied, das der Bänkelsänger zu einer einfachen Melodie vorträgt. Es erzählt in drastischer Weise von schaurigen Verbrechen und furchtbaren Katastrophen. Der Bänkel- oder Moritatensänger zeigt zur Erläuterung seiner Lieder große Bildtafeln, er steht dazu meist auf einem Bänkchen und weist mit einem Zeigestock auf die Bilder.
- Teil 1: 163-165;

247 Münze
Siehe Prägen.
- Teil 4: 293;

248 Nachtwächter
Siehe Wächter.
- Teil 1: 72;
- Teil 4: 389;

249 Nonne
Klosterfrau, Angehörige eines kath. weiblichen Ordens, in dem feierliche Gelübde abgelegt werden. Die Oberin (Äbtissin) wird meist mit "Ehrwürdige Mutter" angesprochen, die Nonnen nennen sich untereinander Schwester. Sie legen beim Eintritt ins Kloster ihren Geburtsnamen ab und erhalten einen geistlichen Namen.
- Teil 1: 30-38; 94; 11;
- Teil 2: A;
- Teil 3: 14; 42; 60;
- Teil 4: 250; 5; 97; 101; 172; 208; 254;

250 Novize
Neuling, der zwar im Kloster aufgenommen ist, aber noch kein Gelübde abgelegt hat.
- Teil 1: 19; 34; 37; 56; 59; 63; 64; 65; 69;
- Teil 2: A; C;
- Teil 3: 18; 22;
- Teil 4: 101; 256; 2; 97; 370; 252;

251 Noviziat
Die Zeit (mindestens ein Jahr), die ein Neuling vor Ablegung der Gelübde im Kloster als Novize lebt, um sich zu prüfen.
- Teil 1: 65;
- Teil 4: 101; 250;

252 Obrigkeit
Historisch feststehender Begriff für den (die) Träger der weltlichen Gewalt (z.B. Kaiser, König).
Der Begriff Obrigkeit wird auch auf geistliche Obere angewandt (z.B. Abt, Bischof, Legat, Papst).
Der geistlichen Obrigkeit (den geistlichen Oberen) verspricht der Novize Gehorsam.
- Teil 1: 65;
- Teil 3: 106;
- Teil 4: 399;

253 Öl
Flüssiges Fett organischer (pflanzlicher) oder anorganischer Herkunft.
In der kath. Kirche wird Öl zum Brennen des Ewigen Lichtes verwendet. Ferner dient geweihtes Öl zur Krankensalbung, Priesterweihe, Firmung und Taufe. Man bezeichnet es als Salböl (Chrisam). Am Gründonnerstag wird das Gemisch aus Olivenöl und Balsam vom Bischof geweiht. Balsam ist ein Riechstoff aus ölhaltigen Pflanzensäften.
- Teil 1: 70;

254 Orden
1. Gläubige, die sich zu einer Gemeinschaft zusammengeschlossen haben und auf bestimmte Regeln und Ordnungen verpflichtet sind (Gelübde).
2. Kath. Orden: Männer oder Frauen leben in eigenen Häusern (Kloster) nach vorgeschriebenen Ordensregeln, um zu sittlicher und religiöser Vollkommenheit zu gelangen.
3. Evang. Ordensgemeinschaften: Zuerst in England entstanden, in Deutschland verstehen sie sich als Bruderschaften.
- Teil 1: 34; 50;
- Teil 2: A; C; M; S; T;
- Teil 3: 15; 46; 58; 61; 62; 120; 123;
- Teil 4: 243; 249; 173; 3; 33; 63; 90; 101; 208; 257;

255 Ordensgelübde
Siehe Gelübde.
- Teil 1: 68;
- Teil 2: A;
- Teil 4: 101;

256 Ordensregeln
Grundlegende klösterliche Lebensordnungen, die von Ordensstiftern aufgestellt worden sind (Augustin, Basilius, Benedikt von Nursia, Franz von Assisi, Ignatius von Loyola).
- Teil 1: 34;
- Teil 2: A; B;
- Teil 4: 250; 18; 160; 97;

257 Ordenstracht
Auch Tracht genannt, Kleidung von Mönch und Nonne. Sie zeigt je nach Ordenszugehörigkeit Unterscheidungen im Aussehen.
- Teil 2: A;
- Teil 3: 20;
- Teil 4: 208;

258 Organisator - Organisation
von organisieren = in die Wege leiten, eine Ordnung ein- und durchführen. Ein Organisator ist ein Mensch, der die Aufgabe des Organisierens übernommen hat.
- Teil 1: 53;
- Teil 2: K;
- Teil 3: 35; 36; 39;
- Teil 4: 43;

259 Orgel
Musikinstrument, besteht aus Spieltisch mit Manualen (Hände) Pedale (Füße) Registern (Veränderung der Klangfarbe) Blasebalg, Pfeifen und Windlade.
Seit dem 14. Jahrh. haben fast alle größeren Kirchen eine Orgel. Blütezeit der Orgelbaukunst im Barock (Bemalte Orgelflügel).
- Teil 1: 11; 45;
- Teil 2: K;
- Teil 3: 94;
- Teil 4: 167; 153; 226;

260 Original
1. Urschrift, Urbild.
2. Eigene Schöpfung.
3. Eigenartiger, eigenwilliger Mensch.
- Teil 1: 22;

261 Ornament
In sich geschlossene Verzierungsform als Schmuck einzelner Gegenstände und zu ihrer Gliederung.
Hauptmerkmal: rhythmische Reihung der einzelnen Glieder.
- Teil 1: 140;
- Teil 4: 117; 382;

262 Ornat
Vorgeschriebene, festliche, meist reich verzierte Kleidung, die Geistliche bei kirchl. Amtshandlungen tragen. Auch bei weltl. Würdenträgern üblich z.B. Krönungsornat.
- Teil 1: 21; 38; 70;
- Teil 2: F;
- Teil 4: 106; 295;

263 Orthodox
Rechtgläubig, strenggläubig.
In der Geschichte jeder Religion kommen Bewegungen vor, die von sich sagen, sie allein hätten den rechten Glauben, die richtige Meinung. In der evang. Kirche war ab dem 17. Jahrhundert eine Bewegung der Orthodoxie spürbar, ihre Gegenbewegung fand im Pietismus Ausdruck.
Die Ostkirche nennt sich griechisch-orthodox und russisch-orthodox. Das geschieht nicht nur zur besseren Unterscheidung von der röm.-kath. Kirche, sondern der Zug der strengen Rechtgläubigkeit ist ein wichtiges Merkmal der Kirchen in Osteuropa.
- Teil 1: 10;
- Teil 3: 44; 50; 51; 136;

264 Ossuarium
Lat. Wort für Beinhaus. Siehe Beinhaus.
- Teil 1: 63;
- Teil 4: 30;

265 Palast
Weiträumiges Haus, meist um einen Innenhof erbaut, vor allem in führenden Bürgerkreisen der Städte im MA üblich.
- Teil 1: 138;

266 Papst
Bezeichnung für das Oberhaupt der röm.-kath. Kirche. In einem Papstkalender (Verzeichnis der Päpste - um 190 und um 240 die ersten Päpste) wird die apostolische Tradition der römischen Gemeinde auf die Apostel Petrus und Paulus zurückgeführt und damit die Vorrangstellung des Bischofs von Rom gefestigt. Er betrachtet sich als Nachfolger des Apostels Petrus und als Stellvertreter Christi auf Erden. Etwa ab dem 2. Jahrh. nennt er sich Papst. Er hat den Primat (Amtsgewalt) der Kirche inne: Priesteramt, Lehramt, Hirtenamt. (Zeichen: Tiara - die dreifache Krone; Hirtenstab, der in einem Kruzifix endet.) Ein Papst wird mit "Heiliger Vater" oder "Eure Heiligkeit" angesprochen. Er wird vom Kardinalskollegium gewählt und nimmt danach einen neuen Namen aus der Reihe seiner Vorgänger an, um damit seine theol. Richtung und die Schwerpunkte seiner Amtsführung bekannt zu geben. Der Papstsegen heißt "Urbi et orbi", zu deutsch: "Der Stadt (Rom) und dem Erdkreis".
- Teil 1: 50; 168;
- Teil 2: E; K;
- Teil 3: 10; 11; 12; 34; 36; 37; 43; 47; 50; 52; 53; 57; 65; 68; 70; 71; 72; 73; 86; 99; 101; 123; 124; 125;

267 Papyros
Siehe Schriftrollen.
- Teil 4: 325;

268 Paradies
1. Aufenthalt der ersten Menschen vor dem Sündenfall.
2. Aufenthalt der Seligen nach diesem Leben.
3. Teil des Vorhofes einer Kirche, früher ein Ort der Zuflucht für Verfolgte.
- Teil 1: 12; 179;
- Teil 4: 413;

269 Paramente
Kanzel- und Altarbehänge, Gewänder sowie Textilien, die im Zusammenhang mit heiligen Geräten benützt werden. Sie sind meist mit christl. Symbolen geschmückt.
- Teil 1: 21; 38; 70;
- Teil 2: F; G;
- Teil 4: 10; 360; 221;

270 Parlatorium
Das in strengen Orden (Trappisten, Kartäuser) grundsätzlich angeordnete Schweigen durfte nur an wenigen Stunden der Woche gebrochen werden. Ein Austausch von Erfahrungen in geistlichen Übungen war das einzig mögliche Gesprächsthema. Das Parlatorium war der für solche Gespräche vorgesehene Raum.
- Teil 1: 35;

271 Passion - Passionszeit
Passion bezeichnet das Leiden und Sterben Jesu.
Die Passionszeit beginnt mit dem Abschnitt Vorfasten (70 Tage vor Ostern; Perikope: 3. Leidensverkündigung), ihm folgt der Abschnitt Fasten (Beginn: Aschermittwoch, 1. Sonntag: Invokavit). Die letzte Woche der Passionszeit heißt Karwoche (von dem althochdeutschen Wort kara - Trauer, Klage). In ihr erleben die Gläubigen die Geschehnisse von der Gefangennahme Jesu bis zu seinem Tode am Kreuz mit. In der kath. Kirche wird die Passionszeit meist "Fastenzeit" genannt.
(Die Passion ist ein beherrschendes Thema in der christl. Kunst: Spätgotik - leidender Christus.)
- Teil 1: 105; 24;
- Teil 2: F; G; P; H;
- Teil 3: 94;
- Teil 4: 198; 81;

272 Pater - Patres
a.d. lat. Vater.
Mönche, die Theologie studiert haben und zum Priester geweiht worden sind.
Ital. Sprachform: Padre als Anrede des Paters.
- Teil 1: 4; 20; 37; 129; 178;
- Teil 4: 295; 296; 352; 188; 334;

273 Pater noster
Vater-unser-Gebet, so genannt nach den lat. Anfangsworten. Siehe Vaterunser.
- Teil 1: 64;
- Teil 2: E;
- Teil 4: 235; 317; 94; 380;

274 Patient
Der Leidende, der Kranke.
- Teil 1: 56; 57; 58; 59;

275 Patron
1. Ein Heiliger, in dessen Schutz ein Einzelner, eine Gemeinschaft oder ein Ort gestellt ist.
2. Ein Grundherr, der an einer Kirche durch Schenkung des Baugrundes oder durch andere Stiftungen Rechte und Pflichten hat (Patronat) Rechte - Stellenbesetzung; Pflichten - Instandhaltung.
- Teil 4: 330;

276 Paulus
Ursprünglich Saulus, hatte als jüdischer Schriftgelehrter die Christen bekämpft, wurde vor Damaskus bekehrt und von Jesus zum Apostel berufen. Er begann ein Leben als einer der eifrigsten Prediger der Lehre Christi und unternahm Missionsreisen durch weite Teile der damals bekannten Welt. Die Paulusbriefe im NT sind bedeutende Zeugnisse der frühen Christenheit. Entscheidende Bedeutung hatte Paulus für die Verbreitung (Heidenchristen) und Gestaltung des Urchristentums. Er starb wahrscheinlich während der Christenverfolgung unter Kaiser Nero 64 n. Chr. in Rom als Märtyrer.
- Teil 2: K;
- Teil 3: 1; 5; 8;
- Teil 4: 14; 223;

277 Pedell
Aufseher an Hochschulen, Schuldiener, auch Behördenbote.
- Teil 1: 42; 47;

278 Pergament
Besonders feine Lederart für Schreibzwecke. In der Stadt Pergamon (Kleinasien) beherrschte man die Kunst, Ziegenleder durch Spaltung und Spezialbehandlung glatt und sehr dünn herzustellen. Es war auf beiden Seiten zu beschriften. Diese Erfindung aus den letzten Jahrhunderten v. Chr. ermöglichte später - etwa ab 300 n. Chr. - die Entstehung des Buches als Codex (übereinandergelegte, geheftete Pergamentbögen).
- Teil 1: 21;
- Teil 2: O; P;
- Teil 4: 39; 325;

279 Perikopen
Biblische Abschnitte, die als Lesung aus dem AT und den Evangelien und Episteln des NT für einen Teil der Messe vorgeschrieben sind. Perikopen kennt die evang. Kirche als Lesungs- und Predigttexte.
- Teil 1: 22; 23;
- Teil 4: 220;

280 Pest
Eine epidemische Krankheit, die in früheren Jahrhunderten auch in Europa die Bevölke-

rung in immer neuen Wellen heimgesucht hat.
Durch strenge Hygiene kam sie zum Erlöschen. Die Pest wurde vom Floh der Ratte
übertragen, bei ausgebrochener Krankheit
auch von Mensch zu Mensch. Die Haut verfärbte sich wegen mangelnder Sauerstoffzufuhr düsterblau, daher auch die Bezeichnung
"Schwarzer Tod".
- Teil 1: 56;
- Teil 3: 60; 133;
- Teil 4: 336; 344; 284;

281 Petrus
Ursprünglich Simon, war Fischer am See Genezareth und wurde Jünger von Johannes dem
Täufer. Jesus berief ihn in seine eigene
Jüngerschar. (Petrusbekenntnis, dreimaliges Verleugnen des Herrn). Als Apostel
übernahm er die Führung der jungen Kirche
(Bischof von Rom - erster Papst nach kath.
Lehre), Missionsreisen (Judenchristen).
Wahrscheinlich starb er bei den Christenverfolgungen unter Kaiser Nero um 64 n. Chr.
den Märtyrertod.
- Teil 1: 7;
- Teil 3: 12;
- Teil 4: 266; 223; 14;

282 Pferdegeschirr
Befestigungsmöglichkeit des Pferdes am Wagen, um ihn zu ziehen. Den Vorgang des
Festmachens an Deichsel und Wagen heißt
man anspannen.
- Teil 1: 86;

283 Pfister
Frühere Bezeichnung für Bäcker.
- Teil 1: 97;

284 Pflegeheim
Im Gegensatz zum Krankenhaus ist das Pflegeheim ein Heim für alte, pflegebedürftige
Menschen, die in ihren täglichen Verrichtungen (Anziehen, Waschen, Essen usw.) hilflos geworden sind. Krank im eigentlichen
Sinne sind sie oft nicht, aber Altersgebrechen machen ihnen zu schaffen.
Früher, vor allem in Pestzeiten, wurden
die von der Seuche befallenen Menschen im
Pflegeheim bis zum Tode betreut. Überwiegend wurde die Pflege von Mönchen oder
Nonnen übernommen. Die Kranken fühlten
sich bei ihnen vor allem geistlich geborgen.
- Teil 1: 56;
- Teil 3: 2;
- Teil 4: 280; 336;

285 Pforte
Türe, kleines, meist bewachtes Tor. Siehe
Wächter.
- Teil 1: 151; 152;
- Teil 4: 389;

286 Pfründe
1. Eine mit Einkünften aus Ländereien verbundene Pfarrstelle ("fette Pfründe").

2. Altenheim, in dem der Einzelne seinen Lebensunterhalt nicht selbst bezahlen mußte,
sondern ihn - meist für langjährige Dienste -
von einer (kirchlichen) Organisation geschenkt bekam. (Im Modell ist die Pfründe
das Altenheim für Knechte und Mägde).
- Teil 1: 155;
- Teil 4: 105;

287 Pharmazeut
Apotheker, Heilmittelkundiger. Pharmazie
ist die Wissenschaft von der sachgemäßen Beschaffenheit und Herstellung der Arzneimittel.
- Teil 1: 54; 59; 151; 152;

288 Philosophie - philosophisch
Geisteswissenschaft, die sich mit den Gründen des menschlichen Lebens befaßt und sich
um die Ergründung der Welträtsel bemüht.
- Teil 1: 37;
- Teil 3: 42; 82;

289 Pilger
Ein Mensch, der eine weite Reise mit allen
Anstrengungen und Entbehrungen auf sich
nimmt, um an einem Wallfahrtsort (oder im
Heiligen Land) vor einem Gnadenbild im Gebet Hilfe und Vergebung zu finden.
Gründe einer Pilgerfahrt konnten sein: ein
Gelübde (ein Versprechen an Gott), oder der
Teil einer Sühne für eine böse Tat.
- Teil 1: 160;
- Teil 3: 58;
- Teil 4: 394; 135; 299; 130;

290 Pökeln
Haltbarmachen von Fleisch durch Einlegen in
eine Salzlauge. Oft wurde das Fleisch zusätzlich noch geräuchert.
- Teil 1: 98;

291 Portal
Große Türe, Tor von großen Ausmaßen. Reich
verzierte Kirchentüre.
- Teil 1: 13-20; 179; 180; 70; 140; 175;
- Teil 2: O; P;

292 Prächtig
Von Pracht = etwas in seiner Art Vortreffliches, Großartiges; etwas, das glänzend in
die Augen fällt, verziert und geschmückt ist.
- Teil 1: 53; 140; 175; 180;

293 Prägen - Prägung
1. Prägen von Münzen: Das Übertragen eines
Bildes auf eine Münze heißt prägen. Es ist
spiegelverkehrt auf den Prägestempel eingraviert, durch starke Schläge auf den Stempel erscheint das gewünschte Bild auf dem
darunterliegenden Metallstück (Münzen
schlagen). Die Erlaubnis, Münzen zu prägen, heißt Münzrecht; die Werkstatt, in der
geprägt wird, Münze. (Heute werden Münzen
maschinell hergestellt.)
2. Aus dem Vorgang des Münzenprägens leitet sich ein Begriff aus der Verhaltensfor-

schung ab: Einprägen, "eine Prägung erhalten". Damit ist eine besondere Form des Lernens gemeint, ein unbewußtes Lernen, ein Festhalten am Erlernten.
- Teil 1: 150;
- Teil 2: C;
- Teil 4: 177;

294 Prälat - Prälatenhof
1. In der kath. Kirche: Priester, die zugleich ein Amt nach äußeren Rechtsbegriffen bekleiden; wie Bischöfe, Ordensobere, auch Priester, die ein von der Diözese abgetrenntes Gebiet leiten.
2. Ehrentitel, der vom Papst verliehen wird.
3. Höhere Beamte in der päpstlichen Verwaltung.
4. In einigen evang. Landeskirchen ist Prälat ein üblicher Titel für den Leiter eines Teilgebietes (Sprengel).
5. Die Prälatenhöfe der Klöster entstanden im 18. Jahrhundert als Teile der Fürstabteien der Barockzeit als Sitz der Prälaten, die als Mitarbeiter des Abtes auf juristischem oder verwaltungstechnischem Gebiet eingesetzt waren.
- Teil 1: 53;
- Teil 3: 135;
- Teil 4: 3; 4;

295 Priester
Geistlicher der kath. Kirche. Abgeschlossenes Studium der Theologie ist Voraussetzung zur Priesterweihe.
Mehrere Priester und ihre geistlichen Führer nennt man Klerus; diese Bezeichnung wird meist im Gegensatz zu weltlichen Herrschern verwendet.
- Teil 1: 4; 10; 18; 21; 41; 54; 63; 70; 103; 151; 152;
- Teil 2: E;
- Teil 3: 30; 121;
- Teil 4: 296; 40; 272; 73;

296 Priesterweihe
Sakrament der kath. Kirche. Es bevollmächtigt den Priester unwiderruflich, das Opfer Christi in der Messe zu vergegenwärtigen und die Sakramente zu spenden.
- Teil 1: 34; 37; 38;
- Teil 3: 95;
- Teil 4: 40; 272;

297 Prior - Priorin
Andere Bezeichnung für Vorsteher eines Männerklosters; manchmal auch Leiter eines Filialklosters, das dem Abt des Stammklosters untergeordnet ist; auch Stellvertreter des Abts. Priorin ist die Vorsteherin eines Frauenklosters, auch Name für die Leiterin eines Filialklosters.
- Teil 1: 50;
- Teil 4: 4;

298 Produkt - Produzieren
1. Erzeugnis, Ergebnis.
2. Mathematischer Begriff.
3. Produzieren heißt herstellen, erzeugen.
- Teil 1: 74-76;

299 Prozession
Feierlicher Umzug, Bittgang.
Die bekannteste Prozession der kath. Kirche ist die Fronleichnams-Prozession (Fronleichnam heißt "der geopferte Leib des Herrn").
Am 60. Tag nach Gründonnerstag (2. Donnerstag nach Pfingsten) wird die Monstranz von Priestern in feierlichem Zuge durch Straßen und über Felder getragen. Die Gemeinde schließt sich singend und betend an.
Im klösterlichen Leben ist die Prozession ein Bestandteil der liturgischen Übungen.
- Teil 1: 31; 53; 115;
- Teil 4: 245; 394; 197; 198;

300 Psalmen - Psalmengesänge
150 Lieder und Gebete der Israelitischen Gemeinde, die im AT im Buch der Psalmen (Psalter) zusammengefaßt sind. Man unterscheidet: Lob-, Dank- und Klagelieder der Gemeinde und des einzelnen Beters; ferner Lieder zur Wallfahrt, vom Gesetz, vom König, von der Schöpfung und von der Geschichte.
Die Namen David oder Salomo (Könige von Israel) im Zusammenhang mit einem Psalm sagen meist nichts über den Verfasser aus, sie bezeichnen oft nur eine innere Zugehörigkeit (zeitlich, inhaltlich).
Mit Psalmist meint man den unbekannten Dichter.
Psalmengesang oder Psalmodie (psalmodieren) ist ein liturgischer Wechselgesang oder ein Wechselgesang von Psalmen und anderen biblischen Texten im Gottesdienst.
- Teil 1: 65;
- Teil 2: B; E; K;
- Teil 4: 53; 354; 220; 167;

301 Pult
Gestell mit schräger Fläche zum Schreiben und Lesen sowie zum Beten. Die verschiedenen Höhen der Pulte waren den jeweiligen Zwecken angepaßt: am hohen Pult wurde im Stehen geschrieben und gelesen; das niedere Pult für den Knieenden diente zum Gebet.
Das Lesepult in frühchristlichen Kirchen nannte man Ambo, daraus entstand später die Kanzel.
- Teil 1: 22; 23; 70; 35;
- Teil 2: P;
- Teil 4: 214; 213; 70; 74; 323;

302 Quelle
Natürliche Austrittstelle des Grundwassers.
- Teil 1: 100; 123;
- Teil 4: 134;

303 Querschiff
Siehe Kirchenschiff.
- Teil 1: 3; 18; 20;
- Teil 4: 168;

304 Refektorium
   Speisesaal eines Klosters.
   - Teil 1: 35; 147;
   - Teil 2: A; B;
   - Teil 3: 22;

305 Rekonvaleszenz - Rekonvaleszent
   Wiedergesundung, Genesung, die Wochen der Erholung, ehe die Arbeit wieder aufgenommen werden kann. Rekonvaleszent ist ein Kranker, der schon beinahe gesund ist, aber noch ein wenig Schonung braucht.
   - Teil 1: 58;

306 Rektor
   Vorstand, auch Bezeichnung für Abt. Heute meist Leiter einer Schule.
   - Teil 1: 50;
   - Teil 4: 3;

307 Relief
   Darstellung, die sich halbplastisch aus einer Fläche erhebt. Werkstoffe: Ton, Holz, Stein, Gips, Elfenbein, Metall, Wachs.
   - Teil 1: 24;
   - Teil 2: Q;
   - Teil 4: 117; 111;

308 Reliquie
   Überreste des Leichnams (Gebeine) oder der Gebrauchsgegenstände von Heiligen; ferner Gegenstände, die mit Jesus in Bezug stehen (Rock, Kreuz, Nägel des Kreuzes).
   Ab dem 3. Jahrh. barg der Altar einer Kirche eine Reliquie. Ihre Verehrung ist eine in der kath. Kirche besondere Art der Gottesverehrung (im Geschöpf und in der Sache wird Gott geehrt).
   Die Frage nach der Echtheit der Reliquie ist nach kath. Auffassung unbedeutend, sie festzustellen ist Sache der Geschichte, nicht der Glaubenslehre. Die kath. Kirche ist gegen Fälschung und Handel der Reliquien.
   Der Behälter, der zur Aufbewahrung oder Schaustellung einer Reliquie dient, heißt Reliquiar. (Meisterwerke der Goldschmiede- und Holzschnitzkunst).
   - Teil 1: 6; 72; 82;
   - Teil 2: O;
   - Teil 4: 223; 123; 202; 10; 324; 130;

309 Remise
   Wagenschuppen für mehrere Wagen und Kutschen.
   - Teil 1: 92;
   - Teil 4: 207;

310 Remter
   auch Rempter geschrieben, ist der Speisesaal in Klöstern und Burgen des Deutsch-Ritter-Ordens.
   - Teil 1: 35;
   - Teil 4: 304;

311 Renaissance
   a.d. franz. "Wiedergeburt". Eine sich in sämtlichen Lebens- und Geistesbereichen vollziehende Kulturwende vom Mittelalter zur Neuzeit. Beispiel: Rathaus zu Paderborn.
   - Teil 2: L; Q;
   - Teil 3: 92; 93;

312 Reuse
   Fischereigerät, ein faßartiger Behälter aus Holz, Weidengeflecht oder Garn, der sich nach innen trichterförmig verengt und die schon gefangenen Fische am Zurückschwimmen hindert.
   - Teil 1: 105;

313 Richtstätte
   Ort der Hinrichtung, Galgenberg.
   Auf den Kirchenbann, der über Ketzer verhängt wurde, folgte meist die Strafe der weltlichen Gerichte: Todesstrafe (Verbrennen).
   - Teil 1: 103;
   - Teil 4: 162;

314 Ring
   Siehe Würde eines Standes - Würdenträger.
   - Teil 1: 50;
   - Teil 4: 403;

315 Ritus - Ritual - rituell
   1. Aus den Mythen stammende Gebräuche, kultische Handlungen und ihre Darstellung (z.B. Tänze) in vielen Völkern.
   2. In den christl. Kirchen Bezeichnung für gottesdienstliche Gebräuche und Sitten.
   - Teil 1: 72;
   - Teil 2: A;
   - Teil 4: 115; 397; 398; 184;

316 Romanik
   Stilbegriff der abendländischen Kunst von ca. 950 bis ca. 1250. Beispiel: Dom zu Speyer.
   - Teil 2: O;

317 Rosenkranz
   1. Eine in der kath. Kirche übliche Aneinanderreihung von Gebeten (Vaterunser und Ave Maria), die anhand der Perlengruppen abwechselnd gesprochen werden. Um ein mechanisches Hersagen von Gebetsworten zu vermeiden, denkt der Beter dabei andächtig an die Kindheit Jesu, an sein Leiden und Sterben und an seine Verherrlichung nach Tod und Auferstehung (freudenreicher, schmerzensreicher und glorreicher Rosenkranz).
   Die Entstehung des Rosenkranzes geht bis ins 12. Jahrhundert zurück.
   2. Die geweihte Perlenschnur, die durch 5 große und je 10 kleine Perlen dazwischen, zur Festlegung der vorgeschriebenen Gebetsfolge dient.
   - Teil 1: 64;
   - Teil 4: 112; 273; 25; 41; 94;

318 Säkularisation
   1. Enteignung kirchl. Eigentums durch den Staat.

2. Entbindung kath. Ordensleute vom Gelübde; Beendigung der Ordensgemeinschaft.
3. Durch die Säkularisation wurden ab 1803 nahezu alle Klöster in Mitteleuropa zerstört oder zweckentfremdet. Die Bauten wurden zu Erziehungsanstalten, Irrenhäusern, Gefängnissen, Kasernen und Schulen.
In Deutschland wurden ca. 80 Abteien und über 200 Klöster aufgelöst. Als einzige Länder sind die Schweiz und Österreich vor der Säkularisation verschont geblieben.
- Teil 2: S;

319 Sakrament
a.d. lat. heilige Handlung. Von Christus selbst eingesetzte heilige Handlung, die den Menschen göttliche Gnade bringt.
Kath. Kirche: Taufe, Firmung, Eheschliessung, Buße, Eucharistie, letzte Ölung, Priesterweihe.
Evang. Kirche: Taufe, Abendmahl.
Orthod. Kirchen: Sieben Sakramente wie kath. Kirche, nennen sie Mysterium.
- Teil 1: 4;
- Teil 3: 100; 121;
- Teil 4: 1; 363; 73; 296;

320 Sakristei
Aufbewahrungsort der gottesdienstlichen Geräte, Raum für Geistliche zum Umkleiden und zum Aufenthalt vor und nach dem Gottesdienst.
- Teil 1: 21;
- Teil 4: 240;

321 Sanduhr
Siehe Stundenglas.
- Teil 1: 7;
- Teil 4: 355;

322 Schiff
1. Kirchenbau: Siehe Kirchenschiff.
2. Symbol für Gemeinde und Oekumene.
- Teil 1: 1-3;
- Teil 2: G;
- Teil 4: 168;

323 Schreibstube
Deutsches Wort für Skriptorium. In der Schreibstube wurde an Stehpulten geschrieben, Schreibgeräte (Pinsel, Kielfedern) hergestellt und aufbewahrt, ebenso die Tinten und Farben.
- Teil 1: 22;
- Teil 4: 332;

324 Schrein
Mittelteil des Flügelaltars, Aufbewahrungsort von Reliquien. Meist eine aus Holz gefertigte Lade, ein Kasten oder Schrank, der reich verziert wurde. (Schrein-Schreiner).
- Teil 1: 72; 82;
- Teil 4: 10; 11; 308;

325 Schriftrollen - Rollenbücher
Frühform der Bücher, aus Papyros oder Pergament gefertigt, an Stäben befestigt und aufgerollt. (Schriftrollen in der Synagoge - Funde von Schriftrollen in Höhlen am Toten Meer)
Siehe Pergament.
Papyros: Wurde aus dem Mark einer Staude gleichen Namens hergestellt. Etwa ab 400 v. Chr. in Rollenform von Ägypten in die ganze, damals bekannte Welt ausgeführt.
- Teil 1: 21;
- Teil 4: 278; 57;

326 Schule
Siehe Klosterschule.
- Teil 1: 37; 40;
- Teil 4: 177;

327 Schulgeld
Bezahlung für Teilnahme am Unterricht einer Lehranstalt. Siehe Schulpflicht.
Stipendium heißt eine Geldbeihilfe, die vor allem Schülern und Studenten für die Zeit ihres Studiums gewährt wird (aus staatlichen oder privaten Mitteln).
- Teil 1: 40;
- Teil 4: 328; 350;

328 Schulpflicht
Besteht heute in Deutschland für jeden jungen Menschen vom 6. - 15. Lebensjahr. Die Verfassung garantiert Schulgeldfreiheit. (Ausnahmen: Privatschulen und sog. Wahlschulen nach erfüllter Schulpflicht).
Durch die Bemühungen Pestalozzi's (Schweizer Pädagoge 1746 - 1827) wurden die Volksschulen Träger einer Grundausbildung, die allen Kindern zugänglich ist.
Durch die verschiedenen Herrschaftsgebiete in Deutschland ist für das Einführen der Schulpflicht keine gleichlautende Jahreszahl anzugeben (Preußen z.B. 1717).
- Teil 1: 40;

329 Schulstrafen
Meist eine Folge von Übertretungen der bestehenden Schulordnung (Gebote, Verbote). Schulstrafen sind: Verweis, Strafarbeiten geistiger oder manueller Art, Arrest im Karzer, Züchtigung.
- Teil 1: 47; 79;
- Teil 4: 351; 177; 226;

330 Schutzpatron
Heiliger der kath. Kirche, in dessen Schutz sich ein Einzelner, ein Berufsstand oder eine Kirche stellt.
- Teil 1: 9; 15;
- Teil 4: 213; 275;

331 Schweigezeit
Zeitraum, in dem im Kloster nicht gesprochen werden durfte. Siehe Parlatorium.
- Teil 1: 35;
- Teil 4: 270;

332 Scriptorium
a.d. lat. Bezeichnung für Schreibstube.
- Teil 1: 22;
- Teil 4: 278; 301; 239; 143; 325;

333 Seelenmesse
Bittgottesdienst für Verstorbene.
- Teil 1: 63;
- Teil 2: E;

334 Segen - Segnung
1. Heilbringende Worte (im Gegensatz zum Fluch), die mit Handlungen (Handauflegen, Zeichen des Kreuzes) verbunden sein können.
2. In der kath. Kirche gehört der Segen des Priesters zu den Sakramentalien (z.B. Trauung).
3. In der evang. Kirche wird der Segen als Zuspruch verstanden.
- Teil 1: 10; 63; 129;
- Teil 2: E;
- Teil 3: 4;
- Teil 4: 374; 65; 398;

335 Seitenschiff
Siehe Kirchenschiff.
- Teil 1: 2; 20;
- Teil 4: 168;

336 Siechenhaus
Pflegeheim für Menschen, die nicht mehr vollständig gesund werden. (siech " an langwieriger Krankheit leiden, hilfsbedürftig sein.).
- Teil 1: 56;
- Teil 3: 2;
- Teil 4: 284; 344; 27;

337 Sieden
Siehe Sud.
- Teil 1: 99; 112;
- Teil 4: 358;

338 Siegel
Reliefartiges Zeichen aus Metall oder Wachs (farblos, grün, meist rot), das zur Beglaubigung einer Urkunde und zum Verschließen von Briefen und Behältern diente (Geldkasette). Es wurde mit Siegelstempeln gefertigt. Urkunden aufgedrückt und ihnen mit Pergamentstreifen oder Schnüren angehängt. In der Mitte zeigte das Siegel ein Bild (Wappen) in der Umschrift den Namen des Siegelführers. Im MA wurden lose Siegel als Schutz- und Geleitzeichen verwendet. Um Mißbrauch zu vermeiden, wurde der Siegelstempel sorgfältig bewahrt. (Amt des Siegelbewahrers am Kaiserhof). Andere, ältere Schreibweise für Siegel ist Sigill.
- Teil 1: 50; 147;
- Teil 3: 102;
- Teil 4: 379; 163; 3; 307; 388;

339 Septuagesimae
Name des 1. Sonntags im Abschnitt Vorfasten des Kirchenjahres. (Andere Namen der Sonntage siehe Kirchenjahr - H).
- Teil 1: 112;
- Teil 2: H;
- Teil 4: 165;

340 Sirup
Endprodukt beim Kochen von Zuckerrübenschnitzeln, es ergibt eine konzentrierte, zähflüssige Zuckerlösung.
- Teil 1: 146;

341 Sonnenuhr
Einfaches Gerät, um mit Hilfe des Sonnenstandes die Tageszeit zu bestimmen.
- Teil 1: 7;
- Teil 4: 355;

342 Sortieren
Nach Arten, Sorten ordnen; sichten; aussondern.
- Teil 1: 79;

243 Spalier
1. Gerüst aus Latten zum Anbinden und Ziehen von Obstbäumen (Spalierobst).
2. Gasse von Menschen gebildet, Ehrenreihen.
- Teil 1: 94;
- Teil 4: 411;

344 Spital
Abkürzungsform von Hospital; Krankenhaus, auch Pflegeheim, oft dem Hl. Geist geweiht. Von Angehörigen der Bettelorden geführt, besondere Bedeutung in Pest-, Kriegs- und anderen Notzeiten.
- Teil 1: 59;
- Teil 3: 58; 60;
- Teil 4: 336; 280; 38; 27; 284;

345 Sprechgitter
Ein in die Tür zur Klausur eingelassenes Gitter. Die nötigsten Kontakte zur Außenwelt erfolgten hier.
- Teil 1: 30; 151; 152;
- Teil 4: 172;

346 Stab
Zeichen der Würde. Zepter, Marschallstab z.B. für weltliche Würdenträger. Bei geistl. Würdenträgern: Bischofsstab, auch Krummstab genannt, aus dem Hirtenstab entstanden. Der Stab des Papstes endet in einem Kruzifix.
- Teil 1: 50;
- Teil 4: 403; 3; 40;

347 Statue
Standbild, Bildsäule. Aus Stein oder Holz geformte Einzeldarstellung einer Figur, meist auf einem Sockel. Statuetten sind kleine Statuen.
- Teil 1: 8; 9; 102;
- Teil 4: 113; 124;

348 Stephanus
Einer der sieben Diakone der Urgemeinde.
Er starb als erster Märtyrer der Kirche.
- Teil 1: 67;
- Teil 3: 1;
- Teil 4: 60; 223; 378;

349 Sterbekreuz
1. Geweihtes Kreuz, das dem Besitzer in seiner Sterbestunde die Vergebung aller Sünden verheißt.
2. Tragekreuz, das dem Sarg auf dem Weg zum Friedhof vorausgetragen wird.
- Teil 1: 70;
- Teil 4: 201; 196;

350 Stipendium
Siehe Schulgeld.
- Teil 4: 327;

351 Strafe
Im allgemeinen Folgen einer strafbaren Handlung. (Verbrechen, Vergehen, Übertretungen). Zweck der Strafe: Sühne, Erziehung und Besserung des Täters, Abschreckung vor einer Wiederholung.
Im AT hatte Strafe den Sinn der Vergeltung, aber maßlose Willkür wurde durch die Gesetzgebung ausgeschaltet (Auge um Auge). Die Strafe wirkte auch als Schutzmaßnahme für das Volk, mit dem Gott einen Bund geschlossen hatte. In den Strafen Gottes im AT wird immer wieder väterlicher Wille sichtbar.
Im NT überwindet Jesus das Böse durch Erlösung und Vergebung. Strafe ist in Liebe eingeschlossen und so sollten es die Menschen untereinander auch halten.
- Teil 4: 329; 178; 177;

352 Studieren - Studium
Forschen, erforschen, eine Hochschule besuchen - Wissenschaftliche Arbeiten, Forschung.
Studiersaal ist der Raum im Internat für häusliches Studieren.
- Teil 1: 37; 38; 41; 65;
- Teil 2: C;
- Teil 3: 39; 61; 95; 96; 123;

353 Stukkateur - Stuck
Gestalter von Innenräumen (Kirchen, Paläste) mit plastischem Schmuck.
Stuckmarmor: Imitation (Nachbildung) von Marmorsäulen aus Gips, Leim und Farben.
Stukkateur heißt der Künstler, der mit Stuck arbeitet.
- Teil 1: 138; 168;
- Teil 2: R;
- Teil 4: 28; 311;

354 Stundengebet
Gebetsübungen nach den Regeln des Ordens. Für das christl. Abendland stellte Benedikt von Nursia täglich sieben Gebetszeiten auf; Matutin (Mette), Prim, Terz, Sext, Non, Vesper, Complet. Viele Orden schlossen sich den Benediktinern an.
- Teil 1: 7; 20; 65;
- Teil 2: A; B; K;
- Teil 3: 16; 19;
- Teil 4: 33; 300; 220; 256; 197; 111;

355 Stundenglas
Gerät zum Zeitmessen. Nach dem Stundenglas wurden die heutigen Eieruhren gebaut. Das Stundenglas gilt auch als Symbol für die Vergänglichkeit des menschlichen Lebens.
- Teil 1: 7;
- Teil 4: 341; 321;

356 Stundenglocke
Vom Türmer zu jeder vollen Stunde angeschlagene Glocke; die Anzahl der Schläge gab die Zeit bekannt. Nachts sang der Nachtwächter danach die Verse "Hört, ihr Herrn, und laßt euch sagen..."
- Teil 1: 7;
- Teil 4: 355;

357 Substanz
1. Der Stoff, aus dem in der Natur alle Körper bestehen (Materie).
2. Kern oder Wesen einer Sache.
3. Geistiger Inhalt von ausgedrückten Gedanken oder Gefühlen.
- Teil 1: 54;

358 Sud
Eine durch sprudelndes Kochen (Sieden) gewonnene Lösung.
- Teil 1: 99;

359 Superior
Bezeichnung für den Abt oder seinen Stellvertreter, auch für das Oberhaupt eines Filialklosters.
- Teil 1: 50;
- Teil 4: 3; 84;

360 Symbol
Sinnbildliche Darstellung; ein durch ein Bild oder ein Zeichen ausgedrückter Gedanke. (In der Antike auch Erkennungszeichen.) In der christl. Religion sind Symbole Zeichen, die auf mehr hinweisen, als sie darstellen (z.B. Taube, Lamm, Weinstock). Symbol ist ein Versuch, dem Göttlichen menschlichen Ausdruck zu geben; eine Aussage über Jesus Christus zu machen.
- Teil 1: 33; 5; 7;
- Teil 2: G; L;
- Teil 3: 63;
- Teil 4: 269; 171; 196; 112;

361 Tabernakel
In der kath. Kirche Aufbewahrungsort der konsekrierten Hostien. Meist ein kunstvoll verziertes Gehäuse, früher das Sakramentshäuschen.
- Teil 1: 70;
- Teil 4: 10; 188; 245; 184; 319; 381;

362 Taubenschlag
Taubenstall auf einem Pfahl oder als Dachaufbau, mit Einfluglöchern und Sitzstangen innen und außen.
- Teil 1: 143;
- Teil 4: 195;

363 Taufe
In den christl. Kirchen erstes Sakrament zur Aufnahme in die Gemeinschaft. Sie wird im Namen des dreieinigen Gottes mit geweihtem oder schlichtem Wasser vollzogen und dabei der Täufling mit seinem Namen angesprochen. Das dreimalige Begießen oder Besprengen des Kopfes wird vom Geistlichen vorgenommen, in Notfällen darf die Taufe auch von jedem Christen vollzogen werden (Nottaufe). Sie wird in ein Kirchenbuch eingetragen und ein Taufschein ausgestellt.
- Teil 1: 7; 33; 70;
- Teil 3: 5; 6; 7; 8; 32;
- Teil 4: 319; 398; 163;

364 Tempel
Von Säulen begrenzter, geweihter Raum; Bauwerk, das der Götter- oder Ahnenverehrung dient. Zwei Ausnahmen:
bei christl. Völkern: Kirche, Dom, Münster.
bei Völkern des Islams (Mohammedaner): Moschee.
Aus dem Altertum Reste von großartigen Tempelbauten erhalten: Tempelmauer in Jerusalem, Akropolis in Athen, ferner in Italien, Indien, China, Japan, Mittel- und Südamerika.
Tempel in Jerusalem ist Hauptanbetungsstätte der Juden gewesen. (Erster Tempelbau von König Salomo im 10. Jahrh. v. Chr.; nach Zerstörung und Rückkehr des Volkes Israel aus der babylonischen Gefangenschaft zweiter Tempel im 6. Jahrh. v. Chr. Von den Römern 70 n. Chr. wurden Tempel und Stadt zerstört.)
- Teil 1: 124;
- Teil 2: K;
- Teil 4: 132; 130;

365 Testament
1. Die Bibel ist in Altes und Neues Testament gegliedert. Die Abkürzungen sind AT und NT.
2. Schriftsatz oder Urkunde mit dem letzten Willen eines Verstorbenen. Es regelt die Verteilung des Erbes und muß eigenhändig vor Zeugen unterschrieben worden sein. Heute ist das Erbrecht gesetzlich geregelt (z.B. erbberechtigt sind Ehegatten, Kinder, Enkel); früher war das nicht so. Waren die Erben nicht einig, suchten sie einen Schlichter, der das Vertrauen eines jeden besaß. (In der Modellbeschreibung ist der Abt als Schlichter tätig.)
- Teil 1: 68;
- Teil 4: 379; 71;

366 Theologie - theologisch
a.d. griech. Rede von Gott. Die Wissenschaft vom Glauben und von der Lehre der Kirche.
Einteilung: Bibelwissenschaft (Ursprung des christl. Glaubens); Kirchengeschichte, Konfessionskunde, Dogmengeschichte (Entwicklung); Dogmatik oder Glaubenslehre und Ethik oder Auseinandersetzung mit anderen Weltanschauungen und Religionen (Wesen und Erkenntnisgehalt); Predigt, Seelsorge, Liturgie, religiöse Erziehung, Mission (Wege und Bedingungen der heutigen Verwirklichung des Glaubens).
- Teil 1: 37;
- Teil 2: A; C; Q;
- Teil 3: 21; 42; 95;
- Teil 4: 352; 185; 62; 220;

367 Tischgebet
Eine in der Christenheit übliche Sitte, im Gebet vor und nach der Mahlzeit Gott als dem Geber der Gaben zu danken.
- Teil 1: 35;
- Teil 4: 94;

368 Tischglocke
1. Kleine Glocke, die dem Abt bei Tisch zum Zeichengeben diente (Singen und Beten, Beginn und Ende von Lesung und Mahlzeit).
2. Glocken zum Rufen von Dienern.
3. Glocke des Parlamentspräsidenten, um zur Ordnung zu rufen.
- Teil 1: 35;
- Teil 4: 3; 214;

369 Töpferscheibe
Scheibe, die durch eine untere Schwungscheibe mit Fußantrieb zum Drehen gebracht wird. Auf ihr formt der Töpfer während des Rotierens den Tonklumpen mit der Hand oder mit Hilfe einer Schablone zu Schalen, Krügen, Töpfen, Vasen u.s.w.
- Teil 1: 93;

370 Tonsur
In Mönchsorden übliches Abschneiden des Haupthaares, sodaß nur ein Haarkranz verbleibt. Früher auch ein Zeichen der kath. Kirche bei der Aufnahme in den Klerikerstand.
- Teil 1: 65;
- Teil 4: 250; 295;

371 Torf
Im Moor gestochenes Material, das als Übergangsstufe zur Braunkohle gilt. Ehe Torf als Heizmaterial verwendet werden kann, muß er durch Pressen und Trocknen an der Luft das Wasser verlieren. Torf dient auch zum Isolieren, Einstreuen im Stall und zur Verbesserung der Gartenerde.
- Teil 1: 125;

372 Torhüter - Torwächter
Siehe Wächter.
- Teil 1: 7; 72;
- Teil 4: 389;

373 Trauung
Feierliches Zusammengeben von Mann und Frau zur Ehe, Eheschließung vor und durch Priester, Pfarrer oder Beamten des Standesamtes.
- Teil 1: 13; 70;
- Teil 4: 137; 319; 295; 163;

374 Trinität - Trinitätsformel
Bezeichnung für den dreieinigen Gott der Christenheit: Gott Vater, Gott Sohn, Gott Heiliger Geist.
Segensformel: Im Namen des Vaters und des Sohnes und des Heiligen Geistes. Amen.
- Teil 1: 10; 129; 178;
- Teil 4: 65; 334; 32;

375 Türmer
Wächter auf dem Turm (Kirchturm oder Befestigungsturm).
- Teil 1: 7; 72;

376 Turmhelm
Abschlußkonstruktion eines Turmes.
- Teil 1: 7;
- Teil 2: P;

377 Unschuldige Kindlein
Nach dem Gedenk-Kalender der alten Kirche wird am 28. Dezember an die sog. Unschuldigen Kindlein gedacht. Gemeint sind die beim Kindermord in Bethlehem getöteten Säuglinge, die als erste ihr Leben für Jesus verloren haben. (Nach früherer Auffassung waren Kinder im Stande der Unschuld. Erst im Laufe des Lebens wurden sie zu sündhaften Menschen).
- Teil 1: 67;
- Teil 4: 136; 348;

378 Urgemeinde
Die erste christl. Gemeinde in Jerusalem, in der Maria und die Jünger Jesu, zusammen mit anderen Augenzeugen lebten. Sie versuchten nach Apg. 4-5 neue Arten einer Lebensform zu finden, um in ihr die Lehre Jesu zu verwirklichen. (Ähnliche Beweggründe, wie später bei Klostergründungen.)
- Teil 1: 68;
- Teil 3: 1;
- Teil 4: 130; 14; 60;

379 Urkunde
Wichtiges, amtliches Schriftstück, das zum Zeichen seiner Rechtmäßigkeit mit Unterschriften, Siegel oder Stempel versehen ist.
- Teil 1: 65; 147;
- Teil 3: 102;
- Teil 4: 338; 163;

380 Vaterunser
(a.d. lat. = Pater noster) Gebet der Christenheit, das in den Evangelien (Matth. 6 und Luk. 11) aufgezeichnet ist. Es wurde den Jüngern von Jesus auf ihre Bitte hin gelehrt; es ist Bestandteil eines jeden Gottesdienstes. Während es von der Gemeinde gebetet wird, läutete in der evang. Kirche eine Glocke. Bestrebungen um ein gleichlautendes Vaterunser für kath. und evang. Kirchen waren erfolgreich.
- Teil 1: 7; 64; 103;
- Teil 2: E;
- Teil 3: 108;
- Teil 4: 273; 94; 115; 74; 317;

381 Verehrung (erweisen)
Achtung entgegenbringen, sehr achten. In der kath. Kirche werden Heilige und heilige, geweihte Gegenstände verehrt. Der geweihten Hostie erweist der Gläubige durch einen Kniefall Verehrung, ebenso Altar, Altargeräten, Gnadenbildern, Reliquien.
- Teil 1: 6; 8; 70;
- Teil 3: 66;
- Teil 4: 10; 103; 361; 140; 188; 184; 245; 113; 299; 394;

382 Verzierung
Schmückendes Beiwerk, Schmuck von Gegenständen durch farbliche Mittel; Schnitzereien aus Holz und Elfenbein; Stuckornamente; Ornamente aus Stein gehauen; Zierrat aus Metall; Schmückendes an Gold- und Silberarbeiten; Stickereien an Textilien; Verschönerungen an Wachskerzen usw.
- Teil 1: 4; 13; 21; 22; 23; 53; 63; 80; 82; 135; 138; 147; 176;
- Teil 4: 54;

383 Vierung
Die Stelle im Kirchenbau, an der sich Langhaus und Querschiff überschneiden.
- Teil 1: 1-3;

384 Vorhof
Siehe Paradies.
- Teil 1: 12;
- Teil 4: 268;

385 Vorsteher
Leiter, Verantwortlicher für eine Gemeinschaft.
- Teil 1: 50;
- Teil 2: M;
- Teil 4: 3;

386 Wabe
Die aus Wachs (sechseckige Zellen) bestehenden Wände des Bienenstockes.
- Teil 1: 147; 148;
- Teil 4: 388; 142;

387 Wachsstock
Siehe Lichtstock.
- Teil 1: 147;
- Teil 4: 219;

388 Wachszieher
Berufsgruppe, die früher Kerzen herstellte, indem sie Dochte (geflochtene Fäden) durch

erwärmtes, flüssiges Bienenwachs zog. Der Wachszieher verzierte die Kerzen, auch fertigte er Wachstafeln für Schüler zum Schreibenlernen und Siegelwachs an.
- Teil 1: 147;
- Teil 2: C; J;
- Teil 4: 142; 159;

389 Wächter
Ein Mensch, der berufsmäßig darauf achtet (obacht gibt), daß das ihm anvertraute Eigentum und Gut keinen Schaden leidet oder abhanden kommt.
Im Kloster(modell) gibt es: Torwächter, Türmer, Torhüter, Aufseher, Kirchenwächter, Feldhüter, Nachtwächter.
Sie üben ihre Tätigkeit aus an: Pforten, Einlaß, Turm, Wächter- und Aufseherhaus.
- Teil 1: 72; 150;
- Teil 4: 172; 285;

390 Wahl
Siehe geheime Wahl.
- Teil 4: 96;

391 Wärmestuben
Deutsches Wort für Kalefaktorium. Räume des Klosters, die beheizt werden konnten und den Mönchen oder Nonnen stundenweise zum Aufwärmen dienten. Die meisten Räume waren nicht heizbar.
- Teil 1: 30; 35;
- Teil 4: 151;

392 Waisenhaus
Heim für elternlose Kinder.
- Teil 1: 67; 68;
- Teil 2: A;
- Teil 3: 2; 22;
- Teil 4: 393; 27; 401; 60; 85;

393 Waisenkind
Ein Kind, das Vater und Mutter verloren hatte. Lebte noch ein Elternteil, war es Halbwaise. Findelkinder waren in der Regel Waisen, denn die Eltern waren unbekannt.
- Teil 1: 67; 68; 69;
- Teil 2: C;
- Teil 3: 2; 54;
- Teil 4: 392;

394 Wallfahrt
Reise oder Fahrt zu einem Wallfahrtsort. Dort werden Gnadenbilder aufgesucht, ihnen Verehrung entgegengebracht und Gnadenbeweise, Gebetserhörungen und Segnungen erhofft.

Heute werden in der kath. Kirche Wallfahrten meist zu den Heiligtümern in Rom und zu Stätten der Marienverehrung unternommen (z.B. Lourdes).
- Teil 1: 166;
- Teil 3: 56;
- Teil 4: 113; 381; 317; 299; 130; 289; 227;

395 Wappen
In der ersten Hälfte des 12. Jahrh. entstanden Wappen zur Kennzeichnung des Ritters, der in seiner Rüstung nicht mehr zu erkennen war. Ein Wappen ist ein schildförmiges, umrandetes farbiges Zeichen. Die Familie des Ritters behielt es bei, es wurde erblich. Später wurden Wappen auch von nicht ritterlichen Kreisen übernommen. Geistliche, Bürger, auch Städte, Bistümer und Klöster nahmen Wappen an. (Bei geistl. Wappen ist der Krummstab im Bild.)
- Teil 1: 50; 63;
- Teil 4: 3; 6; 173; 200;

396 Weihnachtskrippe
Bildliche Darstellung von Christi Geburt im Stall von Bethlehem. Die Figur des Kindes, Maria und Joseph, die Hirten, die drei Weisen, Ochs und Esel und viele Schafe sind die wichtigsten Gestalten; sie bestehen aus Holz oder Wachs, später aus Porzellan.
Die Blütezeit der Krippenkunst liegt in der Stilepoche des Barock. Die Krippe wurde in der Kirche aufgestellt, damit die Gläubigen - vor allem die Kinder - das Weihnachtsgeschehen vor Augen hatten und es sich einprägen konnten.
- Teil 1: 80; 147;
- Teil 2: J;
- Teil 3: 84;
- Teil 4: 165; 28; 108;

397 Weihrauch
In der kath. Kirche wird Weihrauch durch Verbrennen wohlriechender Harze erzeugt. Weihrauch gilt als Symbol aufsteigender Gebete und wird im feierlichen Gottesdienst verwendet.
- Teil 1: 70;
- Teil 4: 360; 240; 115;

398 Weihwasser
In der kath. Kirche wird Weihwasser zu vielen Segnungen und beim Bekreuzigen (Benetzen mit den Fingerspitzen) verwendet. Es wird vom Priester durch Gebet, Exorzismus und durch Beigabe von Salz geweiht.
- Teil 1: 10; 63; 70; 72;
- Teil 4: 32; 334; 76; 42;

399 Weltlich
Im Gegensatz zu geistlich sind die Belange des Menschen gemeint, die sich aus seinem Leben in dieser Welt ergeben (körperliche, sterbliche, irdische).
Im kirchlichen Sprachgebrauch wird der Laie weltlich genannt, er ist ein Mensch ohne Weihen (z.B. weltliche Würdenträger).
- Teil 1: 6; 13; 167;
- Teil 2: K;
- Teil 3: 38; 43;
- Teil 4: 209; 99; 252;

400 Werg
Kurze Fasern von Hanf und Flachs. Werg wird als Dichtungsmittel verwendet, früher auch zur Herstellung von Fackeln.
- Teil 1: 147;
- Teil 4: 77;

401 Werke der Barmherzigkeit
Dienste der christl. Nächstenliebe an Witwen, Waisen und Alten. Bei der Urgemeinde in Jerusalem wurden sieben Dienste ausgeübt. Speisen der Hungrigen, Tränken der Durstigen, Bekleiden der Nackten, Beherbergen der Fremden, Trösten der Gefangenen, Besuchen der Kranken, (Begraben der Toten). Vergleiche dazu Matth. 25.
- Teil 1: 30; 68;
- Teil 3: 2;
- Teil 4: 27; 60;

402 Wille Gottes
("Der Abt lebt nach dem Willen Gottes".)
Wille Gottes ist das durch die heilige Schrift mitgeteilte, grundsätzliche Vorhaben Gottes mit den Menschen; er wurde von der Kirche in Geboten und Regeln zusammengefaßt.
- Teil 1: 50;
- Teil 3: 7;
- Teil 4: 3; 256;

403 Würde eines Standes - Würdenträger
Bei Geistlichen und Herrschern spricht man von der Würde ihres Standes. Sie wird hervorgerufen durch Herkunft (Adelsstand) und durch das Amt, das sie übertragen bekommen haben. Diese Amtswürde fordert Ehrfurcht, Respekt und Anerkennung der Autorirät.
Geistl. Würdenträger sind: Papst, Bischof, Abt, Äbtissin, Prälat, ferner der Priester- und Ordensstand.
Zeichen der Würde (Insignien): bei Bischof und Abt: Stab, Ring, Mitra, Brustkreuz, Siegel und Wappen, Handschuhe;
bei der Äbtissin: Krummstab, Brustkreuz, Ring.
Der Papst: Tiara, Hirtenstab, der in einem Kruzifix endet.
Weltl. Würdenträger waren: Kaiser, König, Fürst, Herzog, Graf, Adelige, hochgestellte Beamte.
Insignien: Krone, Zepter, Reichsapfel, Wappen und Siegel, Hut und Feder.
- Teil 1: 6; 7; 13; 50; 167; 173;
- Teil 3: 37;
- Teil 4: 6; 266; 40; 3; 4; 294; 295; 272; 346; 314; 241; 196;

404 Zahlen und Ziffern.
Zahlzeichen.
1. Römische Ziffern:
I für 1   C für 100
V für 5   D für 500
X für 10   M für 1000
L für 50

Durch Zusammenzählen und vorangestelltes Wegnehmen entstehen:
IV für 4   XI für 11
VI für 6   XL für 40 usw.
IX für 9   Beispiel: MCMLXXIII für 1973
2. Arabische Zahlen (unser System):
1 2 3 4 5 6 7 8 9 0
- Teil 1: 7;
- Teil 2: L;
- Teil 4: 229; 117;

405 Zehntscheuer - der Zehnte
Die Zehntscheuer ist ein Lagerhaus im Kloster für Ernteabgaben. Diese werden vom Cellerar verwaltet.
Der Name Zehnte kommt von den Abgaben der Frommen, die von jeder Ernte den zehnten Teil Gott und damit den Armen gegeben haben. Der "Zehnte" geht zurück bis in die Zeit des AT.
- Teil 1: 73; 124;
- Teil 4: 7; 364;

406 Zelle
Siehe Klosterzelle.
- Teil 1: 37;
- Teil 3: 22; 31;
- Teil 4: 179;

407 Zieren
Siehe Verzierung.
- Teil 1: 176;
- Teil 4: 382;

408 Zögling
Schüler, der im Internat wohnt; ganz allgem.: ein junger Mensch, der zu erziehen ist.
- Teil 1: 16;
- Teil 2: C;
- Teil 4: 145; 177;

409 Zoologie - Zoologe
Wissenschaft von den Tieren - Tierkundler.
- Teil 1: 37;
- Teil 4: 352;

410 Zuber
Großes Holzgefäß mit niedriger Wandung.
- Teil 1: 100;
- Teil 4: 80;

411 Züchter - Züchten
Pflanzen und Tiere vermehren. Dabei sollen die für den Menschen und seine Bedürfnisse wichtigen Eigenschaften erhaltenbleiben und ausgebaut werden.
In den Klöstern wurden diese Arbeiten als Folge des göttlichen Auftrages: "Macht euch die Erde untertan" übernommen und entwickelt; vor allem wurde in den Anfangszeiten der Klöster das Land kultiviert.
- Teil 1: 74-76; 144; 55;
- Teil 2: A;

412 Züchtigung
Körperliche Züchtigung ist eine Strafart, die im allgemeinen dann angewandt wurde, wenn Worte, gutes Zureden oder andere Strafen nicht halfen.
Geistige Züchtigung ist eine sprachliche Zurechtweisung. Sie wird bei hochmütiger Haltung angewandt mit dem Ziel, den Hochmütigen wieder bereit zu machen zum Leben in einer Gemeinschaft; nicht um ihn zu demütigen.
- Teil 1: 47;
- Teil 4: 351; 329; 178;

413 Zuflucht
Zuflucht suchen heißt Schutz suchen. Im Bereich des Klosters (auch bei vielen romanischen Kirchen) gab es das "Paradies" am Kircheneingang. Dort fanden Verfolgte Schutz vor dem Zugriff weltlicher Mächte.
Im weltlichen Bereich des Klosters durften in Kriegszeiten Alte, Kranke, Gebrechliche und Mütter mit Kindern hinter den Klostermauern Schutz suchen.
- Teil 1: 12; 72; 179;
- Teil 4: 268;

Literaturverzeichnis

Barthel, Gustav: Der Kunstführer. C. Bertelsmann Verlag, Gütersloh, 1962 3. Auflage.

Bertelsmann-Lexikon-Redaktion: Ich sag Dir alles. C. Bertelsmann Verlag, Gütersloh, 20. Auflage 1955[6]

Braunfels, Wolfgang: Abendländische Klosterbaukunst, M. DuMont Schauberg, Köln 1969

Der kleine Brockhaus. Eberhard Brockhaus, Wiesbaden 1952

Erb, Jörg: Wolke der Zeugen. Johannes Stauda-Verlag, Kassel 1958

Evang. Reichsfrauenhilfe (Herausg.): Lob Gott getrost mit Singen. Stiftungsverlag Potsdam. Letztes Vorwort 1935.

v. Kienle, Richard: Fremdwörterlexikon. Keysersche Verlagsbuchhandlung München (Bertelsmann Lesering)

Kissling, Hermann: Unsere Kirche, Gegenstand einer Kunstkunde. Calwer Verlag, Stuttgart 1967

Knaurs Jugendlexikon, Droemersche Verlagsanstalt München 1953

Lexikon-Institut-Bertelsmann: Das moderne Lexikon. Bertelsmann Lexikonverlag Gütersloh, Berlin, München, Wien 1970 A

Lipffert, Klementine: Symbol-Fibel. Johannes Stauda-Verlag Kassel 1956

Messerer, Wilhelm: Karolingische Kunst, M. DuMont Schauberg, Köln 1973

Ohliger, Ernst: Gottes Volk in allen Völkern. Vandenhoeck und Ruprecht, Göttingen 1967

Pekrun, Richard: Das deutsche Wort. Georg Dollheim Verlag Leipzig 1933

Peters, Arno und Anneliese: Synchronoptische Weltgeschichte. Universum-Verlag, Frankfurt 1952

Ploetz, Karl: Auszug aus der Geschichte. A.G. Ploetz-Verlag Würzburg 1960 26. Auflage.

Rang, Martin: Die Kirche in Vergangenheit und Gegenwart. Vandenhoeck und Ruprecht Göttingen 1970

Rang-Schlisske-Ohliger: Die Geschichte der Kirche. Vandenhoeck und Ruprecht Göttingen 8. Aufl. 1962

Riemerschmidt, Ulrich: Weihnachten. Marion von Schröder Verlag Hamburg 1962

Schnoor, Hans; Welt der Tonkunst. Bertelsmann Verlag Gütersloh 1960

Zierer Otto: Bild der Jahrhunderte. Sebastian Lux Verlag Murnau (Bertelsmann Lesering)

Sachbuch Religion, zusammengestellt und herausgegeben von Gert Otto Gemeinschaftsausgabe des Furche-Verlag Hamburg und des Patmos-Verlag Düsseldorf. 3. Auflage 1971

Josef Fuchs, Katholische Kirchengeschichte, Ausgabe A mit Angang für die Diözese Rottenburg, Köselverlag München.

Damals und heute 1, Geschichte für Hauptschulen Ausgabe B 5. und 6. Schuljahr, Ernst Klett Verlag Stuttgart, 1. Auflage.

Gerd Heinz-Mohr, Lexikon der Symbole. Eugen Diederichs Verlag Düsseldorf, Köln, 2. Auflage 1972

Christian Rietschel, Sinnzeichen des Glaubens, Johannes Stauda-Verlag Kassel 1965.

ferner: Katholischer Katechismus der Bistümer Deutschlands. Lizenzausgabe der im Verlag Herder in Freiburg i.B. erschienenen Musterausgabe des Deutschen Einheitskatechismus. Herstellung und Vertrieb für die Diözese Rottenburg: Schwabenverlag AG Stuttgart.